教育部人文社会科学重点研究基地四川大学南亚研究所
教育部国别和区域研究培育基地四川大学南亚研究所
四川大学区域历史与边疆学学科群

全球经济治理中的新兴经济体合作

Cooperation among the Emerging Economies
in the Global Economic Governance

张 立 ◎著

时事出版社
北京

本书受教育部人文社会科学规划基金项目（09YJAGJW013）资助

目　　录

第一章　导论　_001
　第一节　选题　_002
　　一、研究对象及其界定　_002
　　二、选题依据和理由　_003
　第二节　文献综述　_009
　　一、已获得的文献　_009
　　二、概念框架和研究背景　_035
　第三节　研究方法　_037
　第四节　知识创新　_038
　第五节　主要内容　_039
第二章　新兴经济体的成长及其全球经济治理合作的兴起　_043
　第一节　新兴经济体的成长　_044
　第二节　新兴经济体的崛起与全球经济治理　_049
　　一、全球经济治理体系的建立与发展　_049
　　二、新兴经济体融入全球经济治理的进程　_056
　第三节　新兴经济体在全球经济治理中的合作　_061
　　一、全球经济治理的制度非中性特征　_062
　　二、全球经济治理体系的缺陷　_065
　　三、新兴经济体在全球经济治理中的合作表现与趋势　_068

第三章　全球经济治理中的霸权与机制合作论　_073

第一节　全球经济治理中的霸权合作论　_075
一、霸权的界定　_076
二、霸权稳定论的基本观点　_077
三、对霸权合作论的评价　_080

第二节　霸权之后的机制合作论　_081
一、机制合作论的基本观点　_082
二、对国际机制合作论的评价　_085

第三节　非霸权合作的可能性　_088
一、霸权合作论与机制合作论的未尽之处　_088
二、非霸权合作的发动机制　_095
三、非霸权合作的基本变革模式　_097

第四章　非霸权合作：基于历史的考察与理论分析　_101

第一节　斯蒂芬·克莱斯勒的南北关系理论述评　_103
一、斯蒂芬·克莱斯勒的南北关系理论　_103
二、斯蒂芬·克莱斯勒的南北关系理论对全球经济治理中非霸权合作的借鉴与启示　_108

第二节　新南南合作复兴的可能性　_111
一、新南南合作的复兴基础　_112
二、萨米尔·阿明的南南合作复兴观　_114
三、新南南合作的"双循环"论　_117

第三节　非霸权合作的理论推导：一个整合的框架　_119
一、非霸权国家的国内因素　_120
二、非霸权国家间的整合因素　_124
三、外部阻力因素　_127

第五章　金砖机制与中印全球经济治理合作　_129

第一节　"金砖"概念的提出与金砖合作的发展　_131
一、"金砖"概念的问世与金砖合作的诞生　_131
二、金砖合作的发展　_133

第二节 金砖合作的发展动因 _139

 一、文献述评 _139

 二、创意与偶然因素的贡献 _143

 三、金砖机制中的中印合作：战略地位与利害关系 _145

第四节 中印金砖合作对全球经济治理的影响与限度 _149

 一、金砖合作对全球经济治理的影响 _149

 二、金砖合作的限度 _152

第五节 金砖合作的理论意义与中印加强金砖治理合作的建议 _155

 一、金砖合作的理论意义 _155

 二、中印加强金砖治理合作的建议 _156

第六章 G20机制与中印全球经济治理合作 _159

第一节 金融危机与G20的创立 _161

第二节 中印的G20战略：共识与分歧 _166

 一、中国的G20战略 _166

 二、印度的G20战略 _169

 三、中印G20战略的共识与分歧 _171

第三节 G20中的中印经济治理合作进展与限制 _172

第四节 G20合作的启示及中印G20治理合作前景 _178

 一、G20合作的启示 _178

 二、中印G20治理合作前景与建议 _179

第七章 地区层面的中印经济治理合作：以孟中印缅经济走廊（BCIM）为例 _183

第一节 地区主义及其与全球经济治理的内在关联 _184

第二节 BCIM的提出 _189

 一、地区主义潮流的兴起 _190

 二、地区认同意识的形成 _191

 三、地区合作利益显现 _192

 四、中印的同步崛起 _192

第三节　BCIM 的进展与问题　_193
　　一、基础设施条件过于落后　_195
　　二、贸易不平衡　_195
　　三、边界地区非经济因素影响　_196
　　四、域外国家的介入　_196
第四节　不容乐观的 BCIM 建设前景　_197
第五节　结论与启示　_199

第八章　新兴经济体全球经济治理合作前景与中国选择　_201
第一节　新兴经济体非霸权合作模式的特点　_203
第二节　非霸权合作的效率提升之道　_207
　　一、创意推进合作　_207
　　二、危机应对推进合作　_208
　　三、增强领导力以推进合作　_209
第三节　中国与新兴经济体的全球经济治理合作的
　　　　意义与策略　_210
　　一、全球经济治理中非霸权合作对于中国的意义　_211
　　二、中国与新兴经济体的全球经济治理合作策略　_213

参考文献　_219
致谢　_233

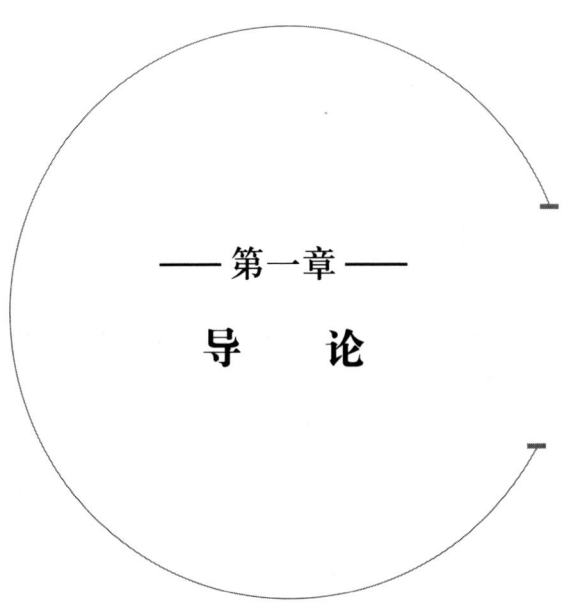

第一章

导　论

第一节 选题

一、研究对象及其界定

新兴经济体（Emerging Economy）是指二战后，特别是21世纪以来在国际上经济增长较快的一些发展中国家和转型国家，不包括工业化和经济现代化起步较早的资本主义发达国家（如中西欧诸国、美国和日本等）。全球经济治理是指全球经济秩序与其一整套制度、机制、规范、规则和程序等，而且连同它们的实际运行。或者说，全球经济治理是全球治理的一个重大分支，依凭各种制度安排、机制设计和规范规则体系去应对、处理和协调经济领域内的全球性问题。新兴经济体合作是指新兴经济体之间为了共同的目的或利益，从而进行协调配合的各种行为努力与相互和谐状态。本书的研究对象主要属于国际政治经济学领域。与此同时，由于它既与新兴国家的对外合作和国际竞争战略密切相关，也深刻地涉及新兴国家与老牌发达国家之间的复杂互动，因而它也属于国际关系和国家对外战略领域。

冷战结束后，伴随着全球化兴起和形势变化，国际关系研究领域正处于一个重大变革时期：全球治理理论的兴起就是体现这场变革的一个主要方面。[1] 作为国际政治研究中的一个新兴领域，全球经济治理旨在解决全球化所带来的各种全球性经济问题，这些问题与人类的生存发展和社会的繁荣兴衰息息相关，各国需要携起手来共同应对。从国际贸易、国际金融、国际投资、贫困与发展援助等的稳定运转，到地区一体化与全球化进

---

[1] ［美］马丁·休伊森、蒂莫西·辛克莱，张胜军编译："全球治理理论的兴起"，《马克思主义与现实》2002年第1期，第43—50页。

程的展开；从国际经济组织的建立、运行和变革完善，到国际经济规范与经济发展模式理念等的革新……诸如此类的议题，都是全球经济治理关心与研究的对象。然而，各国在思考与应对这些公共性问题的过程中，各自的想法与利益诉求并不天然地自动一致，合作也绝非唾手可得。正如美国著名政治学家罗伯特·基欧汉（Robert O. Keohane）所指，假定将国家视为理性和自利的行为体，就需要认识到国家间关系存在着和谐、合作与纷争三种不同的状态。其中，和谐是指在这种状态中，行为者的政策能自动地促使其他行为者目标的实现。但是，如果行为者的政策被其他行为者视为阻碍它们目标的实现，那么这就是纷争；只有行为者对政策做出调整，使之变得与他人的政策相容，这种状态才称得上合作。[1] 基欧汉认为，合作并不总是和谐的，它可以源于不一致，也往往产生于艰难谈判中，[2] 包括了国家间在政策和行动上相互调试的行为。[3] 近年来，随着经济的持续高增长，新兴经济体在全球经济治理中的身影变得越来越活跃，尽管它们千差万别，但相互间仍在贸易、金融、气候谈判、地区发展、国际经济组织中开展了一系列颇有影响的协调配合行动，有力地维护了自身的利益，推动了全球经济治理的调整变革。这种合作现象引起了国际社会的关注，其合作动因与前景也成为本书的研究主题。

二、选题依据和理由

在当代，新兴经济体的崛起正在成为人类社会发展历程中最为激动人心的现象之一。第二次世界大战结束后至今，一大批曾经极度落后贫穷的国家摆脱了殖民束缚，走上了独立重建道路。经过数十年的不懈努力和各种探索，一批国家紧跟西方先进工业化国家的步伐，从众多后起国家中脱

---

[1] [美] 罗伯特·基欧汉，苏长和等译：《霸权之后：世界政治经济中的合作与纷争》，上海世纪出版集团2001年版，第62—64页。
[2] 崔守军："相互依赖与国际合作的相关性考察"，《国际关系学院学报》2002年第5期，第13—18页。
[3] 苏长和：《全球公共问题与国际合作：一种制度的分析》，上海人民出版社2000年版，第61页。

颖而出，经济进入持续增长轨道，国力显著攀升，一举成为世界瞩目的新兴经济体。如在冷战时期，有东亚"四小龙"以及拉丁美洲的墨西哥、巴西和阿根廷；在冷战结束后，有俄罗斯、印度、中国、巴西、南非、印尼、越南等。这些国家人口庞大密集、斗志昂扬、后劲十足，正在成为国际政治经济舞台上的新角色和新明星，无时无刻不在冲击着现有的以西方发达国家为主导的国际政治经济格局，其影响到底会有多深多远，至今难下定论。

从国际治理视角看，经济治理领域与新兴经济体的崛起及持续发展的关系最为直接而重大，其所受到的后者造成的冲击也最为显著而直接。虽然新兴经济体的成长曾经大大受益于现行全球经济治理体系的支持，但是该体系的建立初衷是为了体现和维护霸权国家的利益，[①] 它不可能与作为被支配对象的新兴经济体的利益和诉求相一致，这两者间有着先天的、内在的矛盾关系。这种不和谐关系在现行贸易、金融和投资规则上已经反映得十分明显，这些国际性规则几乎都旨在照顾西方发达国家在产业、投资和金融领域等方面的利益并发挥其优势，而非一视同仁地对待新兴经济体，因而新兴经济体在与发达国家通过沟通对话等方式进行直接的抗争的同时，它们相互之间也加强了互动联系，掀起了合作的大序曲、大浪潮。从双边到多边、从地区到全球、从贸易到投资，新兴经济体之间的各种合作行动方兴未艾，它们协调立场，发出共同声音，质疑既有规则，提出新的解决方案。由此，新兴经济体的合作日渐成为当今国际关系与全球经济治理中的一大新潮流和新趋势。这种局面不禁令人回想起20世纪70年代发展中国家联合起来呼吁建立国际经济新秩序的情景。但是，上一次南南合作以推动全球经济治理转变为目标的努力却收效甚微。反观今日，时代背景已迥然不同，新兴经济体与发达国家利益交织、难解难分，各新兴经济体的内部状况也大相径庭，这就引出了本书所关心的一系列问题：新兴经济体这种合作态势的出现是偶然的吗？这种合作能走多远、多久？会不

---

① [美]约翰·伊肯伯里，赵明昊译：《自由主义利维坦：美利坚世界秩序的起源、危机和转型》，上海人民出版社2013年版。

会招致失败？如何才能避免失败？这种合作将以何种形式得以推进？是渐进式还是大爆炸式？是搞修正主义改良还是革命性的推倒重来？这种合作又将分布于哪些领域？总之，围绕着全球经济治理中的新兴经济体合作这一中心论题，可以衍生出一系列具体的问题，有待我们去探讨和解答。

更进一步地看，按照西方国际政治学的主流观点，全球经济治理规则不仅由实力超群的霸权国家构建，而且就算霸权衰落后，这些业已运行中的规则制度也能凭借历史惯性和内在弹性得以自行延续维持，因而全球经济秩序将保持稳定，变革并不那么容易发生。这将使得新兴力量通过改变现行秩序以扭转利益分配格局的美好愿望落空。那么，对新兴经济体而言，情况是否真的就如此悲观呢？如何才能打破旧的秩序框架，重构新的利益关系？经济实力的增强和经济权力的流散将会带来什么样的政治影响和政治后果呢？回顾历史，最近的一次全球治理框架更替，也就是美国治下的全球秩序替换掉英国治下的全球秩序，也是经历过两次惨痛的世界大战才实现的。这似乎意味着，秩序的更替尤其是如吉尔平所说的体系的变更，很难在不付出殊死努力或重大代价的情况下得到实现。[①] 但是，如果发达经济体固执己见，又将如何面对联合起来的新兴经济体施加的压力与挑战呢？它们能够对新兴经济体合作采取视而不见的"驼鸟"态度吗？或者它们能够通过细小的让步来进行安抚吗？但是，无论如何它们都不应当轻视新兴经济体的发展冲动和勃勃雄心。这种冲动既源自各国"人民群众日益增长的物质文化需求和落后生产之间的矛盾"，也源自崛起后所带来

---

① 吉尔平为我们提供了一个用来描述国际政治变革的类型学模式（[美] 罗伯特·吉尔平，宋新宁、杜建平译：《世界政治中的战争与变革》，上海人民出版社2007年版，第39—44页）。他区分了国际政治变革的三种类型：体系的变更、系统性变革和互动的变化。体系的变更包括国际体系本身的特征所发生的主要变化，体系的特征主要是指构成该体系的各种实体或主要行为者的性质，国际体系的特征是由该体系最重要的实体如帝国、民族国家或者多国公司等所决定的。系统性变革涉及一个国际体系统治的变化，是一种体系内部的变化而不是体系本身的变更，它包括权力在国际上分配的变化、威望等级的变化以及体系中具体规则和权利的变化。互动的变化，其含义是指一种国际体系中的行为者之间政治、经济以及其他方面的互动，或者是各种进程的变化，这类变化不包括该体系权力和威望的所有等级的变化，但通常包括具体体现在国际体系中的权利和规则的变化。按照吉尔平的这一分类，仅有互动的变化尚不足以称为世界新秩序，只有体系的变更和系统性变革才能带来世界秩序的真正革新。

的对国家持续发展的信心与欲望的进一步提升,而且有关过去辉煌历史的经久记忆也令一些新兴经济体雄心万丈。所以,如果现行治理体系已经成为它们前进道路上的绊脚石,发达国家要想浇灭新兴经济体变革全球经济治理的梦想几乎是徒劳的。近年来新兴经济体之间的一些合作已经表明,如果现行治理体系不能朝着它们的设想进行演进,它们就不排除另起炉灶的可能,比如金砖银行以及亚投行的设立,就是新兴经济体这种意志与决心的反映。与此同时,全球贸易谈判近年来的停滞不前,以及地区化贸易协定的时兴,也反映出新兴经济体并不再安于逆来顺受地听任发达国家的支配。在国际投资领域,有关劳工、环境标准、知识产权等的争议持续不断,同样表明了新兴经济体与发达国家在投资规则上的分歧。另外,这种割裂还存在于资本流动和汇率机制等金融领域。因此,伴随新兴经济体的崛起和合作的加强,其与全球经济治理体系已经表现出一种看似日益严重且明显的内在紧张关系。这种紧张是新兴经济体的积极进取与主导现行治理体系的发达经济体的消极保守两个方面的各种动能综合作用的结果。正是在此背景下,全球经济治理需要变革已被视为共识。

然而,需要变革是一回事,新兴经济体能否持续推动有利于自身利益的变革实现又是另一回事。在变革的梦想与现实之间还有着一条深深的鸿沟,诸多阻力因素令这一新颖的合作趋势面临着很大的不确定性。首先,它们离有效隔绝发达国家的干预影响仍相距甚远。新兴经济体虽然已经实现起飞,但是发达国家群体在总体实力上仍占优势,更重要的是,发达国家在技术、金融和知识上的优势并没有被打破,正是这些优势构成了发达国家在相互依赖关系上的主动或支配地位,新兴经济体并没有摆脱所谓的边缘国家对中心国家的依附态势,因此新兴经济体或将不得不在一定程度上屈服于力量对比的无情现实,不是破坏而是被"收编"纳入由发达国家主导的现行经济治理体系。其次,现行经济治理体系的持续运行也与新兴经济体利益攸关。新兴经济体仍将获益于现行体系所提供的诸多国际公共品,无论是在规范、理念或是更为实际的协调功能、资源提供等方面,现行体系都展现出其不可断然取代的价值与现实意义。新兴经济体仍将继续受惠于这样一个远非完美的框架,所以在变与不变中该如何取舍,新兴经济体需要通过不断的尝试来把握界限。第三，新兴经济体之间的异质性和各国发展的不平衡性将可能进一步阻碍它们的联合与团结。新兴经济体各自对全球经济治理的关切要受制于本国国情和发展战略的影响，这决定了它们的合作会受到各国历史、文化、地缘、经济发展水平以及政治结构特征等诸多因素的复杂影响，当某些因素不断变化并与其他因素相结合而产生新的化学反应时，合作的不确定性也就增加了。更重要的是，新兴经济体之间的增长发展很难完全保持同步，这是由各国增长的机遇与限制有所不同决定的，而这种不平衡性也会令它们的合作受到干扰或影响。比如，经济周期的极度不同步就会大大增加它们在宏观经济政策协调上的难度。第四，发达国家的分化瓦解战略也可能会损害新兴经济体的团结，阻滞其合作的深入进行。这种楔子战略在国际政治中并不罕见，而且发达国家的个别让利显然远比整体让利更加合算，所以基于发达国家的威胁利诱，个别新兴经济体不得不退出合作的情况也是有可能发生的。

综上所述，新兴经济体合作的确既受不竭的内因驱动，又面临外因的重重束缚。在新兴经济体合作变革的愿望与现行全球经济治理体系的保守防御之间，存在着一种并不容易调和的内在紧张关系。在各种复杂的动能困扰下，新兴经济体合作至少展示出两种可能的发展前景：一种是相对乐观、开放的，认为新兴经济体能够扮演重要乃至关键性的角色；另一种则大致是悲观的、保守的，认为新兴经济体对全球经济治理秩序变革的意义不大。这两种前景，究竟哪种出现的概率更大，以及这两种不同前景又会如何得以发生，这便是本书试图作答并给出细致论证分析说明的核心主题。这样，选取本论题展开深入研究，也就不仅具有智识探究上的丰富价值，能够帮助我们密切跟踪现实形势，把握现实中的大趋势、大变化，及时地给予系统的思考分析，加深对现有相关理论的理解、反思和创新探索，同时对于新兴经济体来讲，更有着实践和操作层面上的重要政策指导意义。

首先，有利于加深对新兴经济体的认知与了解。纵观当今世界有影响的几大新兴经济体国家，它们大都具有良好的经济发展基础。良好的资源禀赋、庞大的人口以及国内治理结构的不断完善是它们共同的特征，也是它们崛起的内因之所在。开放的全球经济秩序则为它们腾飞提供了外来动力和广阔的发展天地。这两者的结合不仅是新兴经济体过去，也将是其今后继续崛起的秘诀。只要这两方面不出现根本性的逆转变化，那么这种势头就注定不会中断。虽然在这一过程中，由于自身政策失误或经济周期性变化等的影响，新兴经济体的崛起不会一帆风顺地直线上升，而是会动荡起伏，但是良好的经济基本面加上较低的发展起点所显示出的巨大潜力，仍意味着它们的发展曲线将呈螺旋上升之势。对于这样一类拥有可观经济发展潜力的群体，无论如何都不能轻视。它们的经济实力可以转化为经济权力和经济影响力，也可以转化为政治和军事权能。在国际体系和地区体系的层面，它们都在不停地改变着现行的力量结构分布。它们将是更加举足轻重的国际行为体的优先备选国，将首先在经济、其次在政治或其他领域施展它们的能量，为自身的利益或理想而发声和争取。它们的价值取向和行为选择将塑造或改变世界的总体环境。所以，加强对它们发展态势和影响力的研究，就是我们理解当今世界并据此做出正确应对的重要前提。

其次，有利于深入理解新兴经济体合作的实质及其对未来全球经济治理秩序发展变革走向的影响。在蔚然兴起的新兴经济体合作潮流面前，如果没有冷静清醒的分析，则容易产生盲目乐观的情绪，导致高估新兴经济体合作的意义与影响，进而会误判国际形势的发展与走向。实际上，在推动新兴经济体加强全球经济治理合作的诸多因素中，有些动能必然是长效的，有些则是即时性的，还有来自现有治理体系内部的抵制阻挠也在不停地发挥抑制作用。只有全面客观地认识到这种复杂性，认识到来自新兴经济体的变革力量与来自发达国家的守成势力之间的内在紧张关系，才可能真正理解新兴经济体合作的实质及其发展前景，也才能根据各国的政策和行为推断出未来全球经济治理发展的可能趋向。轻信源自媒体的新兴经济体成功合作报道只会令我们误入歧途，让我们对形势可能出现的转折性变化缺少必要的准备，当然也就更谈不上提前做好防范措施，促使我们及时填补新兴经济体合作的裂痕，并令新兴经济体合作继续发挥推动自身进步和让世界共同受益的正能量功效。

第三，有利于中国制定和实施科学的新兴经济体合作战略，促进中国的利益与和平崛起。通过加深对新兴经济体合作现象的认识，还可以为中国制定科学的新兴经济体合作战略提供帮助。中国作为新兴经济体中实力最强的一员，已经在新兴经济体全球经济治理合作中扮演了关键性角色。但是，面对复杂的形势和未定的前景，未来中国应当如何抉择？中国是应当担当新兴经济体中的领导者，还是应当充任新兴经济体与发达国家之间的桥梁？中国能够借助实施新兴经济体合作战略充分维护自身利益吗？要回答好这些问题，就需要中国尽早明确界定自身的新兴经济体合作战略。这一战略将指明中国的合作目标、合作思想、合作领域与合作政策工具等。该战略的制定与实施将显著增强中国在加强与新兴经济体合作关系中的主动性、前后连贯性和政策的内在一致性，从而把握好新兴经济体合作兴起的机遇，促进中国的利益最大化与和平崛起。

总之，新兴经济体的崛起与互动加深是当代全球政治经济发展中的重大趋势与显著特点之一。它不仅关系到新兴经济体的发展，也关系到新兴大国与守成大国间的互动，决定着国际格局的走向与和平冲突关系的变化，不应忽视其理论探索，而应加强对这类重大现象的关注投入。这一主题因此具有理论与实践上的双重重要意义。

第二节　文献综述

一、已获得的文献

新兴经济体的兴起是近年来世界经济中备受瞩目的现象之一。在学术界，对新兴经济体的关注早在20世纪80年代就已经开始了。21世纪后，中国和印度的持续高速增长震惊了世界,① 此后金砖国家概念的提出和金砖国家机制的建立更是让新兴经济体风头日盛,其高歌猛进与发达国家的低速徘徊形成鲜明对比,其国际声望也随之显著上升。新兴经济体在经济上取得的成功改变了国际权力分布,也产生了政治上的溢出效应。学术界对新兴经济体的关注则由传统的经济学领域转向国际关系和国际政治领域。一度偃旗息鼓并有些被遗忘了的国际政治经济秩序中的南北斗争问题,以及新兴经济体与全球治理的关联,也再度被提起并重新受到重视。② 当然,大量的文献仍集中在全球经济治理这一更为时兴的领域。与南北关系这一概念相比,全球经济治理这一概念至少显得中性得多,对立意涵没有那么一目了然,而是显得更加包容大气。这或许也是这一概念得以在西方主导的主流学术话境中流行起来的一个重要原因。

然而,事实上,全球治理概念的提出同样可追溯到 20 世纪 70 年代,如美国哈佛大学教授斯坦利·霍夫曼(Stanley Hoffmann)在其 1978 年出版的名著《支配地位还是世界秩序》中就描述了全球治理的基本框架特征。他指出,在战后的全球范围内,有三个秩序结构:第一是审时度势的秩序,这就是由两个超级大国逐渐形成和发展了的博弈规则;第二是联合国;第三是西方世界的经济秩序,即在战后初期所形成的西方世界经济秩序中,包括有布雷顿森林货币体系、关税和贸易总协定、欧洲经济合作组织(即后来的经济合作和发展组织)、世界银行和国际货币基金组织等。③ 他的这一描述堪称发学术界之先声,而且除了苏联崩塌导致第一个结构不复存在外,后两个结构都还在持续运转,发挥着重要作用。此后,全球治理作为较为认可的正式学术概念被提出并流行开来,则与新兴经济体的崛起时间基本同步,大致始于冷战终结后的 20 世纪 90 年代,而在西方学者和联合国相关机构等的热议下,相关研究又继续发酵,至今还看不出有多

---

① Lloyd, John, Alex Turkeltaub, "India and China Are The Only Real Brics in the Wall", *Financial Times*, 4 December, 17, 2006.

② 王跃生、马相东:"全球经济'双循环'与'新南南合作'",《国际经济评论》2014 年第 2 期,第 61—83 页。

③ 金应忠:《国际关系理论比较研究》,中国社会科学出版社 1992 年版,第 408—409 页。

少过气的迹象。文献检索的情况表明，根据各界关注的焦点差异，可以将全球治理的研究大致分为两个阶段：第一个阶段是在 2008 年国际金融危机以前，全球治理关注的范围比较广，涵盖全球政治、经济和社会安全等各个方面的问题。正如美国纽约城市大学学者托马斯·韦斯（Thomas G. Weiss）等所指，全球治理在 20 世纪 90 年代诞生于学术理论和实际政策之间的联合，并与过去 20 年里全球化的其他元现象缠绕在一起。美国学者詹姆斯·罗西瑙（James N. Rosenau）在 1992 年主编了一部非常理论化的著作《没有政府的治理》[1]，而几乎在同一时间，瑞典政府推动成立了政策导向的"全球治理委员会"，这两个事件都极大地激发了人们对全球治理的兴趣。1995 年联合国在成立 50 周年之际又发表了"全球治理委员会"的报告《天涯成比邻》，阐明了"全球治理"的概念和价值以及"全球治理"同全球安保、经济全球化、改革联合国和加强全世界法治的关系等。[2] 这些进展为后来一大批著作的诞生铺平了道路，这些著作关注不断增长的全球复杂性、全球化的管理以及国际机构面对的挑战等主题。"在不过 10 年的时间里，（全球治理）这个概念就已从默默无闻的行列，跃升为国际事务的实践与研究领域中的核心主题之一。"[3] 第二个阶段则是在 2008 年国际金融危机爆发以后，由于全球经济深受其害，全球治理的焦点更多地转向了与经济相关的领域（即便包括气候谈判在内的事件也与各国的碳经济发展紧密相联），国内外出现了大量探讨有关贸易、金融、投资和经济复苏发展等在内的全球经济治理问题的文献。[4] 而在实践中，2008 年以后在全球经济治理中也有不少新事件发生，如《巴塞尔协议Ⅲ》出台，旨在加强对银行和金融风险防范控制；"G20"和"金砖四国"等协调机制变

---

[1] James N. Rosenau, Ernst-Otto Czempiel, *Governance without Government: Order and Change in World Politics*, Cambridge University Press, 1992.

[2] Commission on Global Governance, *Our Global Neighborhood*, Oxford University Press, 1995; D. Held, et al., *Global Transformations: Politics, Economics and Culture*, Stanford University Press, 1999.

[3] [美]托马斯·韦斯、[英]罗登·威尔金森，谢来辉译："反思全球治理：复杂性、权威、权力和变革"，《国外理论动态》2015 年第 10 期。

[4] 陈承新："国内'全球治理'研究述评"，《政治学研究》2009 年第 1 期，第 118—126 页。

得更加成熟，等等。笔者认为，对全球经济治理的关注之所以不断升温，不仅是响应迫切的现实需求的结果，也是全球治理改善应从相对较为容易的"低政治"领域中的"经济问题"做起的必然结果。

就具体内容而言，有关全球治理的研究则极其庞杂广泛。仅从视角上，就大致涵盖了政治学（公共管理）、国际政治（国际关系）、社会学和经济学四个大领域。另外，还有为数众多的论文专著是跨专业、跨学科的综合性研究，其涉及到的层次从国内到国际，再延伸到地区和全球，所涉的议题也堪称包罗万象，军事、政治、安全、卫生、经济、文化和社会等各个领域的现象问题无所不见，采用的方法则形形色色，涵盖了理性选择、历史主义、现实主义、自由主义、激进主义、建构主义、世界主义、女权主义等各个流派。西方一些知名学者的代表性成果也有不少译介到国内。[①] 至少对国内相关专业人士而言，对治理概念和理论的一般性研究，就算没有接近泛滥，至少也已达到普及化和耳熟能详的程度，"治理"一词更是全面而频繁地出现于国内公共管理领域，"治理"与"管理""统治"基本混淆不清，只是"治理"一词的运用似乎显得更加时髦、新派和现代而已。因此，本书不打算过多地阐述有关全球治理的一般性理论（即便这些内容构成了本书的研究基础），而是将重点放在与本书关系更加密切的主题，即新兴经济体在全球经济治理中的合作背景、动因、现状、问题与前景之上。下面，根据研究内容的不同，笔者将相关文献分类归纳如下，由此可大致管窥既有研究的总体进展。

（一）全球经济治理的概念

理论的建构通常包括概念的提出和命题的扩展，这些概念和命题由对现象和事实进行"去伪存真、去粗取精、由此及彼、由表及里"等一系列

[①] ［美］奥兰·扬，陈玉刚、薄燕译：《世界事务中的治理》，上海世纪出版社 2007 年版；［美］戴维·赫尔德、［英］安东尼·麦克格鲁，曹荣湘、龙虎等译：《治理全球化：权力、权威与全球治理》，社会科学文献出版社 2004 年版；［美］大卫·A. 鲍德温，肖欢容译：《新现实主义和新自由主义》，浙江人民出版社 2001 年版；［英］戴维·赫尔德等，杨雪冬译：《全球大变革：全球化时代的政治、经济与文化》，社会科学文献出版社 2001 年版；［美］詹姆斯·罗西瑙，张胜军、刘小林等译：《没有政府的治理》，江西人民出版社 2001 年版。

的抽象和提炼工作而得,并由此为观察现实提供一套相对完整的认知模式。全球治理理论的建构和发展过程也是如此。大量学者通过对全球秩序的观察思考,从治理视角提出了认识世界的新范式。

有关全球治理的一般理论,赫尔德(Held)、罗塞瑙(James N. Rosenau)、伊森(M Hewson)、奈(Nye)、奥兰·杨(Oran R. Young)、星野昭吉(Akiyoshi Hoshino)[1] 等学者已经在他们的著作中给予了较为系统性的阐述。在本书中,我们接受德国学者朱恩(M. Zürn)的观点,认为全球治理就是"旨在发展一整套包括制度、规则及新型国际合作机制在内的体制,以此为基础不断应对全球挑战和跨国现象所产生的问题"。[2] 它包括五大要素:全球治理的价值、全球治理的规制、全球治理的主体或基本单元、全球治理的对象或客体,以及全球治理的结果。这些要素的集合就构成了一个相对完整的全球治理框架。[3] 为了更好地理解全球治理概念,荷兰学者亨克·奥弗比克(Henk Overbeek)从历史的纵向视角审视了全球治理概念的由来与本质,[4] 美国学者马丁·休伊森(Matin Hewson)等则从横向的角度展开了考察。[5]

理解了全球治理概念,也就更容易理解全球经济治理这个子概念。可以将后者视作前者在经济领域的延伸应用,是经济活动与治理关系的反映。[6] 中国学者庞中英认为,通常人们所谈的理论和实践上的全球经济治

---

[1] Held, David, Anthony McGrew, Eds. *Governing Globalization*, Cambridge, UK: Polity Press. 2002; James N. Rosenau, Ernst-Otto Czempiel, *Governance without Government: Order and Change in World Politics*, Cambridge University Press, 1992; M Hewson, TJ Sinclair, *Approaches to Global Governance Theory*, State University of New York Press. 1999; Nye, J. S. Jr., Donahue, J. D., *Governance in a Globalizing World*, Brookings Institution Press: Washington D. C., 2000; [日] 星野昭吉, 刘小林译:"全球治理的结构与向度",《南开学报(哲学社会科学版)》2011年第3期,第1—7页。

[2] M. Zürn, "Global Governance under legitimacy Pressure", *Government and Opposition*, Vol. 39, No. 2, 2004, pp. 260-287.

[3] 俞可平:"全球治理引论",《马克思主义与现实》2002年第1期,第20—32页。

[4] [荷] 亨克·奥弗比克,来辉译:"作为一个学术概念的全球治理:走向成熟还是衰落?",《国外理论动态》2013年第1期,第22—26页。

[5] [美] 马丁·休伊森、[美] 蒂莫西·辛克莱,张胜军译:"全球治理理论的兴起",《马克思主义与现实》2002年第1期,第43—50页。

[6] 裴长洪:"全球经济治理、公共品与中国扩大开放",《经济研究》2014年第3期,第4—19页。

理指的还是国家对世界经济的调控。这里的国家指的是单独某个国家,也指的是若干个国家的联合。从历史经验来看,全球经济治理就是指通过一系列的国际制度和国际规则来调控、治理世界经济。[1] 这些国际制度和国际规则一般被分成三类:[2] 第一类是正式的、全球多边的国际规则和制度性的安排,它们试图使世界经济建立在规则的基础上,使参加这些规则的国家都按照规则办事、受到规则的约束。例如,1947 年于古巴哈瓦那签订的关贸总协定(GATT)和冷战结束后取代关贸总协定的世贸组织(WTO)即为此类。第二类是非正式的、只有数个国家参与的国家集团机制,参与国通过一定的机制和安排,磋商和协调它们之间的经济政策。20 世纪 70 年代诞生的"七国集团"(G7)就是这样的机制。第三类是地区性的经济治理,即在某个地区(指世界性地区或者世界性地区的次地区),邻国之间实现经济整合与贸易和投资政策的和谐化与自由化。笔者赞同从调控视角来认识全球经济治理的实质,因为全球经济治理的对象就是当今全球经济日益一体化、市场化所带来的各种市场失灵问题。在国家范围内,市场失灵问题主要是由权威的政府机构来组织应对的,其目标就是以此促进增长与发展,并在效率与公平之间取得合适的平衡。然而在世界范围内,缺乏一个法定的、权威的世界政府,调控主体的缺失也就很容易导致这一问题无解。霸权国家在理论上可以扮演这个角色,但是霸权国家却面临着如何"征税"和确保"合法性"两大难题。因此,全球经济治理远比国内宏观经济调控复杂,相关主体更多,利益冲突的协调难度更大。

(二)全球治理现状与问题

全球治理源于全球问题,这些问题主要体现在以下三个方面:全球共同关心的问题、人类可持续发展的问题以及全球竞赛规则。要解决这些问

---

[1] Lisa L. Martin, "International Economic Institutions", in R. A. W. Rhodes, Sarah A. Binder and Bert A. Rockman, eds., *The Oxford Handbook of Political Institutions*, Oxford University Press, 2006.
[2] 庞中英:"1945 年以来的全球经济治理及其教训",《国际观察》2011 年第 2 期,第 1—8 页。

题,就需要国家间的合作和集体行动。① 然而,许多研究却认为,与全球问题的紧迫性和日渐增多性相比,现行治理体现与框架却存在诸多不足与扭曲。② 当前,国际社会各方几乎都同意:全球经济治理亟需重大改革。③

著名的全球治理问题学者麦克格鲁(Anthony McGrew)批判了当前的多层全球治理制度,斥其为扭曲的,且存在诸多结构性缺陷,④ 如管理的不足、合理性的不足、协调的不足、服从的不足等。麦克格鲁的观点揭示了全球治理体系矛盾的内在根源,虽然他在一定程度上忽略了其存在的积极意义。

在老体制问题重重的同时,一些新的矛盾也在出现。⑤ 如全球金融危机、气候变化、恐怖主义、减贫与发展等层出不穷的全球性问题,让联合国、世界银行、国际货币基金组织、国际原子能机构等全球治理机制不堪重负,出现严重的治理"赤字"。同时,以中国、印度、巴西等国为代表的新兴大国的群体性崛起要求推动国际体系朝着多极化方向发展,这增大了治理体系变革的压力。特别是2008年国际金融危机爆发以后,地区主义特别是贸易地区主义广泛兴起,影响到多边贸易协定的推进;同时新兴经济体尽管已成为世界复苏和增长的引擎,但是现行国际机制运行惯性以及其他政治因素的影响,使得新经济体未能在全球经济治理中发挥应有的作用。⑥ 此外,西方国家处在制定和执行国际规则的地位,并不打算放弃

---

① [英]戴维·赫尔德,杨娜译:"重构全球治理",《南京大学学报(哲学、人文、社科版)》2011年第2期,第19—29页。

② Coleman, William D., and T. Porter. "International Institutions, Globalisation and Democracy: Assessing the Challenges", *Global Society* 14.3 (2000): 377-398.

③ 庞中英:"效果不彰的多边主义和国际领导赤字——兼论中国在国际集体行动中的领导责任",《世界经济与政治》2010年第6期,第15页。Weiss, T. G. "Governance, good governance and global governance: Conceptual and actual challenges", *Third World Quarterly*, 2000 (21), 5: 795-814; Fred Halliday, M. Doornbos, "'Good Governance': The Rise and Decline of a Policy Metaphor?", *Journal of Development Studies*, 2001 (37), 6: 93-108.

④ [英]托尼·麦克格鲁,陈家刚编译:"走向真正的全球治理",《马克思主义与现实》2002年第1期,第33—42页。

⑤ Fred Halliday, "Global Governance: Prospects and Problems", *Citizenship Studies*, 2000, Volume 4 (1): 19-33.

⑥ Kirton, John J, "Canada's Kananaskis G8 Summit: What Can and Should Be Done?" *Canadian Foreign Policy*, 2002, 9 (June): 31-48.

对全球经济治理的控制权和领导权，甚至拖延时间，抵制和阻止不利于自身的改革，同时却要求发展中大国在全球经济治理中承担更大的国际责任。[1]

因此，当前围绕全球经济治理改革的博弈正在不断加剧。[2] 一方面，各国力争在现有国际治理中的话语权与影响力。原有大国相对实力下降，但仍然极力维护其在国际治理体系中的地位。新兴大国不断争取提升在国际治理体系中的份额，争取更多的话语权、决策权。另一方面，主要国家不断提出新的国际治理倡议，推动建立新的国际机构与规则。比如，G20、金砖国家、亚洲基础设施投资银行等新机制快速涌现，这对各个国家的软实力提出了更高的要求。总之，第二次世界大战结束后确定的全球秩序已经持续了70年，总体上保障了世界的和平与繁荣，但受多种力量的推动，全球经济治理已来到变革期。

然而，尽管国际社会赞同全球经济治理亟需改革，但共识似乎也仅止于此。暂且不论在具体操作层面存在的诸多争论，即使在改革应当基于何种理念的根本性问题上，迄今还远未达成一致。[3] 而全球经济治理在分别经历了内嵌的自由主义、新自由主义主导之后，正处在规制自由主义、世界自由主义和更具颠覆性的模式等各种观念竞争的不确定时期，[4] 未来发展前景依然不甚明朗。

（三）新兴经济体的崛起与全球权力转移

近数十年来，新兴经济体在世界舞台上扮演着越来越重要的角色，[5]但直到目前，对于新兴经济体的定义和分类在学术界还没有达成共识。人

---

[1] 庞中英、王瑞平："从战略高度认识金砖国家合作与完善全球经济治理之间的关系"，《当代世界》2013年第4期，第5—8页。

[2] 隆国强："新兴大国的竞争力升级战略"，《管理世界》2016年第1期，第2—9页。

[3] Andrew Heywood, *Global Politics*, Pal-grave Macmillan, 2011, pp. 475–476.

[4] 孙伊然："全球经济治理的观念变迁：重建内嵌的自由主义？"，《外交评论》2011年第3期，第16—32页。

[5] J. Harris, "Emerging third world powers: China, India and Brazil", *Race & Class*, 2005, 46 (3), pp. 7–27.

们还常使用"新兴市场"(Emerging Market)和"新兴市场经济体"(Emerging Market Economy)等范畴与其混用。[1] 英国《经济学家》曾经将新兴经济体分成两个梯队：第一梯队为中国、巴西、印度、俄罗斯和南非，也称"金砖国家"；第二梯队包括墨西哥、韩国、波兰、土耳其、哈萨克斯坦、埃及等"新钻"国家。[2] 张宇燕等介绍了有关新兴经济体的不同定义和判定标准，将新兴经济体界定为：第二次世界大战后经济相对快速增长、具有较大经济规模和人口总量、目前人均收入相对较低、经济开放程度较高、具有广泛代表性的发展中经济体。[3] 按照此标准，他们认为，G20中的11个发展中国家（E11），即阿根廷、巴西、中国、印度、印度尼西亚、韩国、墨西哥、俄罗斯、沙特阿拉伯、南非和土耳其，相对而言最能满足上述七项标准。[4] 这些国家作为一个整体，无论是在总体经济规模还是国际贸易、国际资本流动和重点产品产出等方面，都已经具有世界性的影响力，正日益成为国际舞台上举足轻重的力量。但同时，他们也强调，E11存在的问题还很多。我们赞同这种分类，事实上在我们看来，对于新兴经济体的定义无需太过精确，大抵也就是近年来经济增长较快的一些大型或中等国家，[5] 除了经济发展潜力大，它们在领土面积和人口数量方面

---

[1] Krueger, A., "The rise of the emerging markets", *Law and Business Review of the Americas*, 2012（118）, 445 – 454; Sebastian Edwards, *Capital Flows and the Emerging Economies: Theory, Evidence, and Controversies*, The University of Chicago Press, 2000; Martin Feldstein, *Economic and Financial Crises in Emerging Market Economies*, The University of Chicago Press, 2003; Staehr, Karsten. *Palgrave Dictionary of Emerging Markets and Transition Economics*, Palgrave Macmillan UK, 2016; Ceyda Oner, Luis Cubeddu, "Emerging Markets Face Tough Climb Back to Past Growth Levels", June 12, 2014, http://www.imf.org/external/pubs/ft/survey/so/2014/POL061214A.htm.

[2] 复旦大学新兴市场经济研究中心课题组："新兴经济体当前动荡的原因及中国的应对"，《复旦学报（社会科学版）》2014年第6期，第145—150页。

[3] 张宇燕、田丰："新兴经济体的界定及其在世界经济格局中的地位"，《国际经济评论》2010年第4期，第7—26页。

[4] 也有观点认为俄罗斯不应属于新兴经济体范畴，它其实只是想抵制自己的衰落并力求再度复兴为全球主要大国。参见：S. NEIL MACFARLANE, "The 'R' in BRICs: is Russia an Emerging Power?", *International Affairs*, Volume 82, Issue 1, January, 2006, pp. 41 – 57.

[5] Nölke, Andreas, et al., "Domestic Structures, Foreign Economic Policies and Global Economic Order: Implications from the Rise of Large Emerging Economies", *European Journal of International Relations* 21.3（2014）, pp. 538 – 567.

也在世界上居于靠前位置，因而有希望在未来成长为地区或全球性的大国，E11成员都符合这一标准。但是，韩国属于OECD国家和美国的同盟国家，墨西哥属于北美协定成员，沙特以能源输出为主的经济结构过于单一，土耳其世俗化仍不时面临挑战，[1]因此金砖国家以及东盟国家中的印尼和越南等将更能代表新兴经济体的崛起，[2]也将是本书的主要考察对象。

进入21世纪以来，世界经济在发生前所未有的变化，特点是新兴经济体群体性崛起，成为世界经济主力军，尤其是中、印、俄、巴等新兴大国更成为全球经济重要引擎，加速国际力量格局变迁，推动多极化进程发展，力量重心开始向新兴经济体倾斜。[3]全球三组力量——"旧与新"（美欧日与新兴经济体）、七国集团与金砖国家、三大经济板块（北美、西欧、亚洲）之间激烈碰撞并加速重组。[4]与世界历史中以往的新兴国家经济崛起相比，金砖国家的经济崛起具有如下新的特点：[5]（1）群体性，这些国家广泛分布在亚洲、非洲、拉丁美洲、欧洲各大洲；（2）快速性，近十多年来，金砖国家经济年均增长率比世界平均增长率高出约1倍，比发达经济体增长率高出2倍以上，从而使这些国家的追赶和超越势头明显；（3）赶超主体的体量超大性，金砖五国拥有全球26%的疆域、42%的人口、16%的经济产出、13%的国际贸易额和50%的外汇储备存量等；[6]（4）赶超进程不均衡性，在不同时期，不同国家不完全一致；（5）赶超进程的初始性，发展质量不高，与发达国家差距依然巨大。金砖国家的赶超式成果还只是初步的、比较单一的和非高质量的，其可持续性也遭受质疑。

---

[1] "土耳其总统总理公开反驳'土耳其应终结世俗化'言论"，http://www.guancha.cn/Third-World/2016_04_28_358490.shtml。

[2] Hau, Matthias Vom, J. Scott, and D. Hulme, "Beyond the BRICs: Alternative Strategies of Influence in the Global Politics of Development", *The Power of the Chinese Dragon*, Palgrave Macmillan UK, 2012, pp. 187-204.

[3] 陈凤英："新兴经济体与21世纪国际经济秩序变迁"，《外交评论》2011年第3期，第1—15页。

[4] Mansfield, E., "Rising Powers in The Global Economy: Issues and Questions", *International Studies Review*, 2014, 16, pp. 437-466.

[5] 林跃勤："新兴经济体加速崛起与金砖国家赶超发展"，《中共宁波市委党校学报》2011年第4期，第79—86页。

[6] 均按2010年数据统计，并按汇率法计算。

然而，就算是新兴经济体仍不免存在各种各样的问题，但国际社会依然普遍认为，"金砖国家"等新兴经济体群体性崛起，是全球力量格局变迁的催化剂，使世界经济格局出现"西衰东兴"态势，影响十分深远。[1] 未来相当长时期内，东方与西方、西方内部与东方内部之间的矛盾与冲突会不断出现，尤其是这一切均将发生在体制内与体制外之间，竞争与博弈将异常激烈。可见，未来10—20年（2020—2030年）将是建立国际经济新秩序的关键期，将给新兴经济体提供巨大的活动空间和施展才华的宽阔舞台。

（四）新兴经济体崛起对全球治理的影响

德斯特拉迪（Destradi）[2]、威尔森（D. Wilson）[3]、卡普林斯盖（Kaplinsky）[4]、斯切尔（Schirm）[5] 以及德国学者德克·梅斯纳（Dir Messner）等分析了新兴经济体崛起后所带来的影响与冲击。威尔森等认为，金砖国家的成长给世界带来了更多的好处，比如市场的扩大、更高的投资回报率、建立一个更加和平繁荣世界的新合作者，但同时它们也对传统产业和人权、知识产权保护、环境标准、自由市场体制以及民主政府等带来了潜在的挑战。公司应当预先制定战略以适应这一新的商业环境，政府也应设计和实施新的政策以促进与金砖国家的互利关系。特别值得一提的是梅斯纳等所做的开创性研究，[6] 其在《全球治理舞台上的中国和印度》一文中指出，冷战后多行为体、多层面的全球治理体系的兴起并没有为发展中国

---

[1] 复旦大学新兴市场经济研究中心课题组："新兴经济体当前动荡的原因及中国的应对"，《复旦学报（社会科学版）》2014年第6期，第147页。

[2] Destradi, Sandra, and C. Jakobeit, "Global Governance Debates and Dilemmas: Emerging Powers' Perspectives and Roles in Global Trade and Climate Governance", *Strategic Analysis*, 2015 (39), 1: 60 – 72.

[3] Purushothaman, Roopa, and D. Wilson, "Global Economics Paper No. 99, Dreaming with BRICs: The Path to 2050", Goldman Sachs, 2003.

[4] Kaplinsky, Raphael, Dirk Messner, "The Impact of Asian Drivers on the Developing World", *World Development*, 2008, 36 (2): 197 – 209.

[5] Stefan A. Schirm, "Leaders in Need of Followers: Emerging Powers in Global Governance", *European Journal of International Relations*, 2010, 16 (16): 197 – 221.

[6] ［德］德克·梅斯纳、［德］约翰·汉弗莱，赵景芳译："全球治理舞台上的中国和印度"，《世界经济与政治》2006年第6期，第7—16页。

家创造出更多的有效参与全球治理制度的空间,而"9·11"事件则加剧了发展中国家在全球体系中的边缘化。然而,正是在这种背景下,中国和印度却崛起为世界经济和全球治理舞台上的关键性参与者,并以强大的力量开始重塑全球治理架构。作者认为,中国与印度的崛起对工业化国家的发展政策、对西方特别是美国的全球霸权带来了新的挑战。作者的主要贡献在于,敏锐地关注到了中国和印度的权势变化及其对全球经济治理结构所带来的冲击和影响,并且列出了未来的研究议程,为后续研究指明了方向。这些议题至今仍然缺少研究,也将是本书着力探讨的重点。但是此文的缺点在于,由于分析的宏观性,基本处于点到即止的地步,议程的提出也缺少逻辑性,没有加以深入的论证和有效的组织。

加拿大学者安德鲁·库珀(AF Cooper)和波兰学者阿加诺·安特科维茨(A Antkiewicz)主编的《全球治理中的新兴国家:来自海利根达姆进程的经验》是与本书关系最为密切的专著之一。[①] 库珀等认为,21世纪初期,世界正在目睹一场相当可观的全球权力转移进程。如果没有来自南方世界的一些大型新兴经济体的合作,任何主要的国际治理挑战都难以得到解决。南方新兴大国在经济、政治和外交上的崛起,将会对世界新秩序的建立产生多重、连锁的影响逐渐变得显而易见。在该书中,来自多个国家的国际关系专家检视了在可能的八国集团转型中关键新兴国家的位置及角色,并分析了它们深层次参与全球治理所带来的挑战和希望。该书还考察了推动全球治理转型的制度性替代选择,分析了各主要新兴国家的观念、经济战略、表现及外交影响之间的关系。该书分别介绍了中国、印度、巴西、南非、墨西哥、东盟以及俄罗斯等几大全球主要新兴经济体与G8的关系,主张G8应增强与上述新兴经济体的接触,将其纳入到现行全球治理体系中来。从全书的总体定位来看,是站在G8的立场来考虑如何处理好既定治理结构与新兴力量间的动态平衡关系。该书的主要优点是分析比较全面,尤其是对各新兴经济体的分析比较深入到位,而且其提出的接触

---

① AF Cooper, A Antkiewicz, *Emerging Powers in Global Governance*, Wilfrid Laurier University Press, 2008. 另可参见其中译本:[加]安德鲁·库珀、[波]阿加诺·安特科维茨,史明涛、马骏等译:《全球治理中的新兴国家:来自海利根达姆进程的经验》,上海人民出版社2009年版。

战略也基本反映了发达国家的实际政策取向。但是该书的缺点是，缺少从发展的视角以及联合的视角来看待新兴经济体的力量变化和角色调整，也缺少从新兴经济体的立场来探讨全球经济治理的价值、规范与演进目标。

(五) 国际合作理论

国际合作理论的核心是对国家间的合作动因等给予系统性的解释与证明。国际合作通常包括国际政治、经济、安全和文化等多个领域的合作。各个领域合作的动因并不完全一样，然而它们之间又存在着相互影响、相互制约或促进的有机联系。人为地将这些合作割裂开来有时只是为了理论上的方便，但在实际中是无法做到的。基于本书的研究需要，我们只介绍有关政治和经济合作的主要理论，对于安全和文化合作等则略而不谈。

在国际关系学者看来，在国际政治中实现合作并不容易。这是因为国际社会缺乏具有强制力的世界政府，以国际无政府状态 (anarchy) 为主要特征。那么，国际合作又如何成为可能呢？对此，现实主义和自由主义分别给出了不同的答案，成为分析西方以及全球合作现象的最有影响的两大范式。[1] 现实主义合作理论的代表是霸权稳定论，自由主义合作理论的代表是国际制度论。霸权稳定论是由美国学者查尔斯·金德尔伯格 (Charles P. Kindlleberger) 首创，[2] 另一位美国学者罗伯特·吉尔平 (Robert Gilpin)

---

[1] 英国学派提出的国际社会理论则从规范的角度探讨了国家间合作，认为这一合作确实是可能的，某种形式的国际社会也确实是存在的。如布尔认为，"在一组国家意识到了一定的共同利益和共同价值之后，这些国家设想它们自己在处理相互间的关系时受制于一组共同规则 (规范)，并分享共同制度的作用。这时，它们就形成一个社会"。参见：Hedley Bull, *The Anarchical Society: A Study of Order in World Politics*, (2nd edition), New York: Columbia University Press, 1995, p. 13; Hedley Bull and Adam Watson (ed.), *The Expansion of International Society*, Oxford: Oxford University Press, 1984, p. 1; Barry Buzan, "From International System to International Society: Structural Realism and Regime Theory Meet the English School", *International Organization*, Vol. 47, No. 3, 1993, p. 330.

[2] 关于霸权的讨论，参见 [美] 查尔斯·金德尔伯格，高祖贵译：《世界经济霸权1500—1990》，商务印书馆2003年版；C P. Kindleberger, "Dominance and Leadership in the International Economy: Exploitation, Public Goods, and Free Rides", *International Studies Quarterly*, Vol. 25, No. 2, 1981, pp. 242 – 254; David A. Lake, "Leadership, Hegemony, and the International Economy: Naked Emperor or Tattered Monarch with Potential?", *International Studies Quarterly*, Vol. 37, No. 4, 1993, pp. 459 – 489.

加以系统完善的，① 其核心思想是：一个强国在世界居于核心地位，而且在其主导下整合出的一系列国际制度和国际规范是世界和平与稳定最有力的保障。② 霸主国的实力对于合作的形成至关重要。而霸权促进国际经济合作的具体例子，一是从拿破仑战争结束到第一次世界大战爆发，那时英国把世界经济引入了自由竞争时代，二是美国在第二次世界大战之后主导建立了以"关税及贸易总协定"（GATT）和国际货币基金组织（IMF）为主体的国际自由经济秩序。与现实主义合作理论强调霸权国的存在和各国对相对获益的关注有所不同，自由主义合作理论则认为在霸权国不存在的情况下，国际合作仍会发生，国际制度有助于克服实现国际合作的种种障碍而实现国家之间的合作。为此，自由主义引入了博弈理论的方法和功能理论的方法。③ 博弈理论的方法认为，理性的利己主义者的国家通过相互作用在无政府状态下可以实现合作并形成制度。运用功能理论方法来研究合作的代表学者是罗伯特·基欧汉。他在《霸权之后》一书中运用微观经济学的市场失灵理论来解释国际机制如何克服政治性市场失灵所带来的一些问题（即阻止合作的因素）而实现合作。④ 美国学者奥尔森（Mancur Olson）从成本—收益的角度指出成员数增多会引发协商解决的成本加大、搭便车的动机增强会抑制集体行动的实现，从而也为分析国际合作问题提供了新的视角。⑤

与国际政治领域的合作理论相比，经济学领域的合作理论则要丰富得多。其对国际合作的关注则主要是从资源配置效率和经济福利提升这两个角度来展开分析的，具体涉及到国际贸易、国际投资、国际金融以及地区或全球经贸合作等多个领域。而每个领域又包含了各种不同的理论或说

---

① 樊勇明："霸权稳定论的理论与政策"，《现代国际关系》2000年第9期，第20—23页。
② [美]罗伯特·吉尔平，杨宇光等译：《国际关系政治经济学》，经济科学出版社1989年版，第87—88页。
③ 金亨真："西方国际关系理论中新现实主义和新自由主义的国际合作论"，《国际论坛》2004年第5期，第1—6页。
④ Robert O. Keohane, *After Hegemony: Cooperation and Discord in the World Political Economy*, Princeton University Press, 1984, p. 49.
⑤ [美]曼瑟尔·奥尔森著，陈郁等译：《集体行动的逻辑》，上海三联书店、上海人民出版社1995年版，第19—30页。

明。比如，仅仅在贸易领域，就有绝对比较优势理论、相对比较优势理论、要素禀赋优势理论等，这些理论都对国际贸易的发生动因给予了阐释。但限于篇幅关系，在此不再一一罗列介绍。需要指出的是，近年来，随着国家间相互依存关系的不断加深，政治问题和经济问题的界限也不再如过去那么泾渭分明，而是日渐融合。这在理论上也有所反映。比如，随着全球和区域一体化的推进，相关理论也从早期的关税同盟理论、自由区贸易理论、大市场理论等以国际贸易为重点，转而向空间、制度等方面扩展，引入了新区域主义、新经济地理理论和新制度经济学等研究视角。[①] 这些视角混杂了来自政治学与经济学领域的相关概念与原理。特别是在分析欧洲一体化现象的需求刺激下，国际政治领域涌现出新功能主义、政府间主义、自由政府主义等理论，为理解地区一体化道路提供了有别于经济学理论的新思路。[②]

（六）全球经济治理中的新兴经济体合作与金砖机制的进展

新兴经济体之间的合作明显升温，是近年来全球经济治理中一个令人瞩目的新现象。相关文献分析了这一合作的进展、动因、意义影响与前景。其中，金砖机制的形成为新兴经济体参与全球经济治理搭建了重要的合作平台，相关的文献也在增多。[③]

美国学者马修·斯蒂芬（Matthew D. Stephen）认为，[④] 在全球治理的不同领域，新兴经济体对由美国及其盟友主导建立的既有机制的应对策略

[①] 王珏、陈雯："全球化视角的区域主义与区域一体化理论阐释"，《地理科学进展》2013年第7期，第1082—1091页。

[②] 肖欢容："地区主义理论的历史演进"，中国社会科学院研究生院，2002年。

[③] Armijo, Leslie Elliott, "The Brics Countries (Brazil Russa, India, and China) as Aanalytical Category: Mirage or Insight?", *Asian Perspective*, 2007 (31) 4: 7 - 42; Weaver, Catherine, "The Rise of China: Continuity or Change in the Global Governance of Development?", *Ethics & International Affairs*, 2015 (29) 4: 419 - 431; Hou, Zhenbo, Z. Hou, "The BRICS and Global Governance Reform: Can the BRICS Provide Leadership", *Development*, 2013 (56) 3: 356 - 362.

[④] Matthew D. Stephen, "Rising Regional Powers and International Institutions: The Foreign Policy Orientations of India, Brazil and South Africa", *Global Society*, Volume 26, Issue 3, 2012, pp. 289 - 309.

有所不同。在贸易领域，它们主要采取的是破坏战略；在货币和安全领域，则主要是制衡和顺从战略。既有的大量案例显示它们被整合进现有的霸权规范和收编入现行的国际机制中，同时它们也力求制衡在位霸权的影响，并且改革现行机制，以使其更符合一个更加以南方为导向的、主权至上的世界秩序设想。

中国学者杨洁勉分析了新兴大国之间在国际体系的理念、历史背景、国家目标以及国家行为等方面拥有的共性特点，以及它们之间存在的各种矛盾和分歧，肯定了其成绩，也指出了未来的方向。[1] 他指出，一个以"多极多边、协商谈判和基于规则"为基本框架结构和以"多元多体"为主要特征的新国际体系雏形已经依稀可见，估计将于2020—2030年间基本完成。同时他又表示，新兴大国各自面临众多的政治、经济、社会、安全等挑战，在争取国际体系话语权和规制权的进程中还需经历长期的和困难的磨合。在笔者看来，他的这一看法并没有真正揭示出问题的实质，甚至存在一定的模糊乃至矛盾之处——既然新兴经济体面临着各种挑战和长期而困难的磨合，那么新兴经济体未来是否一定能在"多极多边"占有一席之地也就并不十分确定，那么所谓的"多极多边"也就可能是发达经济体内部之间的"多极多边"。

中国学者朱峰分析了新兴大国崛起与发达国家相互间合作的关系，认为新兴大国的崛起不会带来世界秩序的动荡和瓦解，反而为东西方之间共同建设一个更加均衡、包容和具有代表性的世界秩序提供了可能，而且他还主张加强新兴国家间的合作，以更好地发挥其作为世界经济与政治"新兴力量"的作用。[2] 笔者认为，这一观点肯定了新兴经济体崛起的积极意义，但是却对新兴经济体与发达经济国家在世界秩序中明显存在的利益冲突重视不够。事实上，基于掌控秩序主导权（如成为主导性国际货币）能够带来巨大的经济利益和政治影响，发达国家为了捍卫既有的支配权，是

---

[1] 杨洁勉："新兴大国群体在国际体系转型中的战略选择"，《世界经济与政治》2008年第6期，第6—12页。

[2] 朱锋："新兴大国的合作机制建设——推动国际制度发展的新动力？"，《当代世界》2010年第11期，第7—10页。

不会轻易做出让步的,两者间的冲突存在着激化的可能性。若看不到这一点,只能视为盲目的乐观。

中国学者石斌从历史的角度回顾了战后以来围绕国际秩序变革所发生的三次斗争高潮,分析了当今新兴大国群体性崛起所带来的变化以及与西方发达国家存在的三个层次的竞争。[①] 其贡献在于,将历史和现实相结合,指明了新兴经济体与发达经济体在全球经济治理问题上的利益冲突关系和内在紧张关系,也表明了新兴经济体通过合作实现全球经济治理体系变革这一任务的艰巨性。

加拿大学者桑顿(John Kirton)介绍了八国集团同中国、印度、巴西、南非、墨西哥五个新兴发展中大国就知识产权、投资、发展、能源效率四个议题开展对话的"海利根达姆进程"情况,就发达国家与新兴国家在全球治理领域进行合作的背景及未来进行了分析。[②] 桑顿的这一研究表明了发达国家对新兴经济体态度的转变,以及发达国家开始主动适应全球力量格局的变化而展开对全球经济治理变革的探索。这也正是新兴经济体合作推动全球经济治理这一新趋势的表现之一。但是桑顿的研究主要是从发达国家的视角来展开的,其研究的着眼点在于探讨发达国家如何能够更好地"驾驭"或"管理"与新兴经济体的合作,以继续保持发达国家的有利地位,因此这也启示着新兴经济体国家同样应加强相关的协调,以期更好地掌控与发达国家的沟通对话进程。在分析八国集团治理机制时,桑顿还提出了从协商、导向、决策、传递、制度发展五个层面来分析八国集团峰会的功能这一思路。这是很有借鉴意义的。在这五个层面的功能中,协商功能最为重要,制度发展功能处于末位,但无论是哪个功能,都有着各自的解释变量。

金砖国家合作机制是主要新兴经济体开展全球经济治理合作的重要依托,在推动国际金融治理改善上发挥了积极作用,未来仍有可能在新兴经

[①] 石斌:"秩序转型、国际分配正义与新兴大国的历史责任",《世界经济与政治》2010年第12期,第69—100页。

[②] [加]约翰·柯顿,朱杰进译:"强化全球治理:八国集团、中国与海利根达姆进程",《国际观察》2008年第4期,第45—52页。

济体的合作中扮演显眼的角色。① 美国学者格罗斯尼（M. A. Glosny）指出，② 金砖合作给中国带来了几个好处：稳定了国际环境、帮助了其他发展中国家、巩固了其作为发展中国家一员的身份、与其他金砖国家协调以最大化其力量、藏身其中避免引起负面关注。但与此同时，受一些根本性差异的限制，未来的合作空间也是有限的。比如，美国对于每个金砖成员的持续重要性和金砖内部的竞争。印度学者辛格（Singh）等认为，③ 金砖国家要想在世界秩序中成为一个更加显赫且有影响力的权势组织，还需要做大量的工作，比如采取有效措施使其经济和政治分歧最小化、树立坚定与诚实的合作信念、明确目标导向、令任务分配有时间约束、挑战和支持共同的国际组织候选人等。中国学者卢锋等探讨了金砖国家合作的经济背景和内涵，认为金砖国家概念的提出及其合作机制的产生，是"金砖五国"等新兴经济体实力壮大并伴随全球经济格局深刻演变的产物。④ 中国学者周方银认为金砖合作的影响因素主要有三个方面：（1）当前国际格局的现状，以及金砖国家实力上升对国际格局产生的冲击；（2）西方国家对金砖合作的应对策略；（3）金砖国家自身在金砖合作中的利益考虑及其相互作用。⑤ 俄罗斯学者谢·卢涅夫（S. Lunev）等着重从文明文化的视角探讨了金砖国家的合作潜力与文化文明因素的作用。⑥ 还有学者从动态的角度分析了金砖合作机制的转型与目标取向，认为金砖国家合作机制目前正从一

---

① H. F. Cheng, M. Gutierrez, A. Mahajan, Y. Shachmurove, M. Shahrokhi, "A Future Global Economy to Be Built by BRICs", *Global Finance Journal*, 2007 (18) 2, pp. 143 – 156; Kingah, Stephen, C. Quiliconi, "Introduction: The BRICS in Global and Regional Governance", *Global and Regional Leadership of BRICS Countries*, Springer International Publishing, 2016.

② M. A. Glosny, "China and the BRICs: A Real (but Limited) Partnership in A Unipolar World", *Polity*, 2010 (42) 1, pp. 100 – 129.

③ Singh, Suresh P., Dube, "Memory, BRICS and the World Order: A Beginner's Guide", May 30, 2014, http://ssrn.com/abstract=2443522 orhttp://dx.doi.org/10.2139/ssrn.2443652.

④ 卢锋、李远芳、杨业伟："'金砖五国'的合作背景和前景"，《国际政治研究》2011年第2期，第1—21页。

⑤ 周方银："金砖合作机制能走多远？——对国家博弈过程与利益基础的分析"，《学术前沿》2014年第11期，第84—95页。

⑥ ［俄］谢尔盖·伊万诺维奇·卢涅夫，刘锟译："金砖国家的合作潜力与文化文明因素"，《俄罗斯文艺》2014年第4期，第133—140页。

个"侧重经济治理、务虚为主"的"对话论坛"向"政治与经济治理并重、务虚和务实相结合"的"全方位协调机制"转型。① 相比乐观主义的态度，也有质疑的声音。如美国学者杰布斯（Jacobs）认为，② 金砖国家的角色被夸大了。其实全球权力维度是多方面的，金砖国家还远远不能超越传统大国，而将金砖国家作为一个整体也轻视了它们在经济实力和国内政治等方面的差异性。以上这些研究虽然没有什么错误，但是并不完整深入。比如，为何是这几个而没有别的国家？为何没有产生别的合作组织或合作机制？各种因素又如何作用于金砖国家的合作？这些因素的分量是否有所区别？文明文化因素究竟是促进力量还是阻碍力量？推动金砖国家由"务虚"对话向"务实"合作的原因又在何处？诸如此类的问题，还有待于我们去解答。

（七）全球经济治理中的中国角色及与新兴经济体的合作

中国是新兴经济体中实力最强、影响力最大的成员之一，如何看待其在全球经济治理中的角色和影响，其与新兴经济体的合作进展如何，以及其未来如何推进新兴经济体间的合作，也引起了学者们的热议。③

---

① 朱杰进："金砖国家合作机制的转型"，《国际观察》2014 年第 3 期，第 59—73 页。
② Jacobs, Lindsay Marie, and R. V. Rossem, "The BRIC Phantom: A Comparative Analysis of the BRICs As A Category of Rising Powers", *Journal of Policy Modeling* 36. S1 (2014), pp. 47–66.
③ G. Chin, R. Thakur, "Will China Change the Rules of Global Order?", *The Washington Quarterly*, 33 (4) (2010), pp. 119–138; R. Dellios, "The Rise of China as a Global Power", *Culture Mandala: The Bulletin of the Centre for East–West Cultural and Economic Studies*, 6 (2) (2005); William H. Overholt, "China in the Global Financial Crisis: Rising Influence, Rising Challenges", *Washington Quarterly* 33. 1 (2010): 21–34; Garrett, Geoffrey, "G2 in G20: China, the United States and the World after the Global Financial Crisis", *Global Policy* 1. 1 (2010): 29–39; Breslin, Shaun, *China's Global Power/China as a Global Power, Assessing China's Power*. Palgrave Macmillan US, 2015; Dessein, Bart, *Interpreting China as a Regional and Global Power: Nationalism and Historical Consciousness in World Politics*, Palgrave Macmillan, 2014; Duggan, Niall, *The Rise of China within Global Governance. Interpreting China as a Regional and Global Power*, Palgrave Macmillan UK, 2014; Wang, Hongying and James N. Rosenau (2009), "China and Global Governance", *Asian Perspective* 33 (3): 5–39; Ikenberry, G. J. (2008), "The rise of China and the future of the West: Can the liberal system survive?", *Foreign Affairs*, 87: 23–37; Duggan, Niall, *The Rise of China within Global Governance, Interpreting China as a Regional and Global Power*, Palgrave Macmillan UK, 2014; Gu, Jing, J. Humphrey, and D. Messner. "Global Governance and Developing Countries: The Implications of the Rise of China", *World Development* 36. 2 (2008): 274–292.

庞中英回顾了中国自20世纪80年代以来融入全球经济的大致历程，一针见血地指出中国过去一直是全球治理的对象和目标，[①] 而2008年以来的全球金融危机则提出了"全球治理转型"的要求，也为中国从被全球治理到参与全球治理、在全球治理中发挥更大的作用提供了机会。作为全球治理体系中的新兴大国，中国已在诸如G20这样的现成全球治理框架中成为协调与老牌大国关系（包括美国和欧洲）的主要力量。由于中国对全球治理的依赖将加深，而全球治理的供给又不足，中国需要发挥国际领导作用，担当21世纪的全球治理主要设计者的角色。[②] 为此，中国应当积极推动外交转型，从"不"的外交转为"有"的外交。[③] 笔者认为，庞先生对中国在全球经济治理中角色变化的分析符合实际，中国的确正在成为国际格局中一支受到全球瞩目的新兴力量，而且为了维护自身的利益，中国也有必要担当起更加重要的角色。但是问题在于，中国能否成为全球治理的主要设计者并不确定，一是中国还缺少相关的实践经验，二是中国外交如何成功实现从"不"到"有"的转型也并是个容易解决的问题。

在事关中国参与全球经济治理的战略问题上，学者们基本持积极而又不失审慎的态度。如中国学者蔡拓认为，[④] 由于中国对国际规则不甚熟悉，中国尚是发展中国家，加之中国公民社会尚处于生成初创期，中国需要一种区别于西方主流全球治理理论的特殊理论视角，即国内层面的全球治理，具体是指：（1）把全球治理内化为本土的跨国合作；（2）把全球治理锁定于全球问题的治理；（3）把全球治理植根于本国公民社会的培育和基层民主的建设。这种观点看似颇有道理，但实际上过于保守。中国不可能因为不甚熟悉国际规则就放弃积极参与，那样的话可能会丧失机遇。另外，有别于西方主流全球治理理论的特殊理论又该如何推而广之，获得国

[①] 庞中英："全球治理的转型——从世界治理中国到中国治理世界？"，《华夏时报》2012年第93期，第34页。

[②] 庞中英："全球治理的中国角色：复杂但清晰"，《学术前沿》2015年第8期，第86—95页。

[③] 庞中英："中国在国际体系中的地位与作用"，《现代国际关系》2006年第4期，第17—22页。

[④] 蔡拓："全球治理的中国视角与实践"，《中国社会科学》2004年第1期，第93—106页。

际认可,这又是个很现实问题,除非中国一直立足于国内循环而不着眼于在全球化的空间中谋求更大的发展。中国学者陈伟光等认为,[①] 中国需要从整体上布局和设计参与战略,具体有三种模式:一是国家合作模式,即与其他新兴国家通过金砖国家峰会等合作平台来参与;二是区域合作模式,即利用中国—东盟自贸区、上合组织、博鳌亚洲论坛等提升中国参与全球经济治理的能动性和创造性;三是国家主导下的多元参与,即鼓励次国家政府、非政府组织、跨国公司与政府一起参与全球经济治理。这种观点对于推动与新兴经济体之间的合作颇有借鉴意义。但是,它只是从合作实施路径这一层面而论的,中国还需要有其他方面的合作战略考虑。还有观点认为,[②] 根据中国经济的发展态势和全球经济治理体系调整、改革的现实需求,中国应作为国际制度体系的深度参与者、重要建设者和共同改善者,按照参与进程的渐进性、参与方式的合作性和参与层面的国内外统筹性原则融入全球经济治理体系。这种观点当然从原则上讲是正确的,中国不可能一蹴而就地实现目标,只能根据自己的实力和判断力来逐步增强对全球经济治理的影响。美国学者谢尔德(Will Shield)认为,[③] 中国寻求的是走中间道路,既不致力于推翻现行治理体系,但也不打算完全遵守它,而是同时发展一套平等体系。

全球经济治理主要探讨经济问题,也有文献从经济学视角展开了分析。如中国学者裴长洪从对全球公共品的需求特点和供给能力的角度展开了比较分析,以此来衡量中国在全球经济治理中的地位,得出了中国的全球公共品供给能力仍有待增强的结论。他认为,中国要发挥负责任大国的作用,增强全球公共品的供给能力,除了增强国力之外,还需进一步扩大

[①] 陈伟光、申丽娟:"2014 全球治理和全球经济治理的边界:一个比较分析框架",《战略决策研究》2014 年第 1 期,第 24—35 页。
[②] 广东国际战略研究院课题组:"中国参与全球经济治理的战略:未来 10 - 15 年",《改革》2014 年第 5 期,第 51 - 67 页。
[③] Will Shield, The Middle Way: China and Global Economic Governance Journal: Survival, Volume 55, Issue 6, December 2013, pp. 147 - 168.

开放，使中国的经济体制更适应参与制定全球规则的需要。[1] 他通过相对客观的定量分析得出的结论是颇有说服力的，而且这种定量分析方法也弥补了定性分析过多的不足，值得提倡。

出于参与全球治理的需要，中国与外部世界的交往越来越多地以国际制度外交的形式展开。[2] 中国与各类全球性国际组织、地区性国际组织、多边制度、国际条约机制以及非正式国际机制之间的联系和互动也日益成为国内外学术界关注的一大热点。[3] 这些已有的文献主要关注三类问题：中国对国际制度的参与、中国对国际制度的遵守、国际制度对中国外交行为的影响。[4] 其研究出发点是将中国与国际制度的关系理解为融入和被塑

---

[1] 裴长洪："全球经济治理、公共品与中国扩大开放"，《经济研究》2014年第3期，第19页。

[2] Johnston, Alastair Iain, *Social States*: *China in International Institutions*, *1980－2000*, Princeton, N. J.: Princeton University Press. 2008; Gerald Chen, *China and International Organizations*: *Participation in Non－Governmental Organizations since 1971*, Oxford: Oxford University Press, 1989; Harold Jacobson and Michael Oksenberg, *China's Participation in the IMF*, *the World Bank*, *and GATT*: *Toward a Global Economic Order*, Ann Arbor: University of Michigan Press, 1990; Samuel Kim, "China and the United Nations", in Economy and Oksenberg, eds., *China Joins the World*: *Progress and Prospects*, NY: Council on Foreign Relstions Press, 1999.

[3] Harold K. Jacobson and Michel Oksenberg, *China's Participation in the IMF*, *the World Bank*, *and GATT*: *Toward a Global Economic Order*, University of Michigan Press, 1990; [美]伊丽莎白·埃克诺米、[美]米歇尔·奥克森伯格，华宏勋、闫循华等译：《中国参与世界》，新华出版社2001年版。

[4] Adriana Erthal Abdenur, China and the BRICS Development Bank: Legitimacy and Multilateralism in South－South Cooperation, *IDS BULLETIN*, Volume 45, Issue 4, July 2014, Pages: 85－101; Jonathan Luckhurst, "Building Cooperation between the BRICS and Leading Industrialized States", *Latin American Policy*, Volume 4, Issue 2, December 2013, pp. 251－268; Christian Downie, "Global Energy Governance: Do the BRICs Have the Energy to Drive Reform?", *International Affairs*, Volume 91, Issue 4, July 2015, pp. 799－812; Stephan Keukeleire, Bas Hooijmaaijers, "The BRICS and Other Emerging Power Alliances and Multilateral Organizations in the Asia－Pacific and the Global South: Challenges for the European Union and Its View on Multilateralism", *Journal of Common Market Studies*, Volume 52, Issue 3, May 2014, pp. 582－599; Ferdinand, Peter, Jue Wang, "China and the IMF－From Mimicry towards Pragmatic International Institutional Pluralism", *International Affairs*, 2003, 89 (4): 895－910; Blanchard, Jean Marc F, "The Dynamics of China's Accession to the WTO: Counting Sense, Coalitions and Constructs", *Asian Journal of Social Science*, 2013, (4) 1.3－4: 263－286; Carlson, Allen R, "China and International Institutions: Alternate Paths to Global Power", *China Journal*, 2005 (57) 1: 245－247; Marc Lanteigne, *China and International Institutions*: *Alternate Paths to Global Power*, Routledge, 2005.

造的过程。然而，随着中国国家权力和影响力的上升，中国在所参与的国际制度中已不再是完全被动地接受既定的形式和内容安排，而是愈来愈多地表现出主动、积极的姿态，或提出制度设计方案，或倡议建立特定形式和内容的国际制度。这一现象是已有文献没有充分注意到的。如中国学者刘宏松就以 WTO 多哈回合谈判和 G20 进程为案例，考察了中国在全球治理中的改革倡议及其特点，指出随着中国国家权力和影响力的上升，中国对国际制度的主动塑造已成为中国参与全球治理的重要内容，尤其是中国利用全球治理面临改革的机遇，积极有为，提出了一系列的改革倡议。在倡议行动中，中国主张全球治理机制应在不改变基本原则的前提下做出适当调整，不谋求对联合倡议的主导，秉持促进发展的理念，未来中国还大有可为之处。[①]

中国学者薛澜等则表示，新兴大国有可能成为塑造未来全球治理体系的设计师，但实现这一愿景的重要前提条件，是新兴大国的学者和思想库在全球治理领域研究的转型，这就要求学者们能够去思考世界面临的各种问题与治理事务，以类似关心国家发展的心情和研究使命感去探索全球问题的治理。[②] 然而，如前所述，问题不在于是否有学者研究的需要，而在于如何建立有效的激励机制来鼓励学者们纷纷投身于全球治理问题的探索，这一点才是关键所在。

（八）中等强国的理论与探讨

在现代国际关系中，大国通常扮演着举足轻重、极其显眼的角色，与小国的默默无闻形成鲜明对比。但近年来，一批夹在两者之中的所谓"中等强国"引起了国内外学者的热情关注。这些研究探讨了中等强国的定义和划分标准，分析了中等强国在国际体系中的地位和影响，并就中国与中

[①] 刘宏松："中国在全球治理中的改革倡议：基于 WTO 多哈回合谈判和 G20 进程的分析"，《国际展望》2012 年第 5 期，第 14—29 页。

[②] 薛澜、俞晗之："迈向公共管理范式的全球治理——基于'问题—主体—机制'框架的分析"，《中国社会科学》2015 年第 11 期，第 76—91 页。

等强国的关系处理提出了大量的思路建议。①

如英国历史学家霍尔布拉德（Carsten Holbraad）等认为，中等强国作为一个专用于国际关系领域的术语名词，是从大、中、小国家层级划分的基础上延伸扩展而来，其身份选定和资质考评依据等级秩序的国际社会客观现实并随着时代主题的变化、体系结构的变迁以及国际环境的变动而发展。② 加拿大学者亚当·切普尼克（Adam Chapnick）提出了从功能型、行为型和等级制型等角度对中等强国进行分类的三种模式。③ 加拿大学者罗伯特·考克斯（Robert Cox）认为中等强国在管控国际风险方面能发挥一定作用。④ 美国学者保罗·肯尼迪（Paul Kennedy）强调了中等强国的动态性。⑤

一些研究分析了中等强国受到关注的原因，认为它们在国际社会中的地位、利益、共有观念和认同等使其成为塑造全球多边治理的重要力量。⑥ 一些研究结合具体国家，如印度尼西亚、韩国、加拿大、澳大利来等中等强国，阐述了它们的外交战略与国际影响。如印度尼西亚旨在扮演东盟的核心角色，成为东盟的"共主"和东盟地区的"代言人"；⑦ 韩国希望在大国间实行追随与平衡的两手策略；⑧ 加拿大在追随美国的同时，也力求

---

① 潘迎春："'中等国家'理论的缘起"，《世界经济与政治论坛》2009年第5期，第119—125页；[墨] G. 冈萨雷斯，汤小译："何谓'中等强国'？"，《国外社会科学》1986年第6期，第43页。

② 丁工："中等强国与中国周边外交"，《世界经济与政治》2014年第7期，第24—43页。

③ 金灿荣、戴维来、金君达："中等强国崛起与中国外交的新着力点"，《现代国际关系》2014年第8期，第1—8页。

④ 同上。

⑤ 同上。

⑥ 魏光启："中等国家与全球多边治理"，《太平洋学报》2010年第12期，第36—44页；戴维来："中等强国集团化的理论研究：发展趋势与中国应对"，《太平洋学报》2015年第2期，第30—41页；戴维来："中等强国的国际领导权问题初探"，《世界经济与政治论坛》2016年第3期，第52—69页。

⑦ 戴维来："印度尼西亚的中等强国战略及其对中国的影响"，《东南亚研究》2015年第4期，第12—16页。

⑧ 刘雨辰："韩国的中等强国外交：动因、目标与策略"，《国际论坛》2015年第5期，第72—79页。

为国际社会提供安全和社会领域的公共品;① 澳大利亚则力求确保持久繁荣和现有国际政治地位。② 鉴于中等强国的独特地位与影响,中国学者主张,应当在国家政策和实践层面给予其更多的关注和重视,这对中国有着重要的价值。③ 还有学者认为中等强国是重要的贸易伙伴,并且在地区安全、核扩散以及人权和气候变化等全球治理方面都是潜在的联盟或对手。④

总体而言,中等强国与新兴经济体的范畴存在诸多交集,两个群体有诸多重合之处,不少中等强国也是新兴经济体中的典型代表,但是这两个概念也有一些差异。最为重要的区别表现为两点:一是新兴经济体主要是指非西方的后起发展中国家,按照这个标准,澳大利亚、加拿大等中等强国就不属于新兴经济体;二是新兴经济体主要是指经济发展较快和总体经济实力排名较为靠前的国家,按照这个标准,哈萨克斯坦、巴基斯坦、伊朗等中等强国也不属于新兴经济体。中等强国的理论研究对于本研究虽有一定的借鉴意义,但两者的研究对象和研究重心又有明显差别。中等强国涵盖的对象更加复杂,一些发达的西方国家也包括在内,如加、澳以及更加宽泛意义而论的英、法等欧洲经济强国,这种复杂性导致对中等强国的研究显得更加模糊和难以归类。与新兴经济体这个概念相比,中等强国内部间的异质性更强,更难寻找到一致的外交目标和交往战略。从实践来看,与新兴经济体间表现出联合和合作的积极愿望有所不同的是,在中等国家间基本看不到较为明显的集团化合作迹象,除了追求本国国际地位的上升和谋取更大的国际利益和影响力这一国际社会成员的共同愿望之外,中等强国间在发展重点和外交战略上都没有太多的共性。就参与全球治理和全球经济治理而言,中等强国间的分歧也远远超出新兴经济体之间的分

---

① 钱皓:"中等强国参与国际事务的路径研究——以加拿大为例",《世界经济与政治》2007年第6期,第47—54页。
② 于镭、[澳]萨姆苏尔·康:"'中等强国'在全球体系中生存策略的理论分析——兼论中澳战略伙伴关系",《太平洋学报》2014年第1期,第49—60页。
③ 金灿荣:"中国外交须给予中等强国恰当定位",《国际展望》2010年第5期,第20—21页。
④ Bruce Gilley, Andrew O'Neil, *Middle Powers and the Rise of China*, Georgetown University Press, 2014.

歧,所以我们不打算采用中等强国的视角来展开探讨,只是把中等强国的理论研究作为有益的参考。

(九) 总结性评论

上述八个方面的文献,对全球治理的缘起、演进、现状以及新兴经济体的崛起、互动合作等展开了较为全面的研究,廓清了一些基础性的理论问题,为后续研究提供了指引和新的起点。从既有研究中,我们可以得出以下几个结论:一是全球治理和全球经济治理理论与实践的兴起是时代变化的结果,也是时代发展进步的要求。加强对全球治理的研究,理论意义重大,现实需求紧迫。二是全球治理现状不容乐观,老问题新矛盾还在不断涌现。全球治理正处于变革转型的关口。但是,未来究竟如何发展,各方对此众说纷纭却无定论。三是继西方先行工业国实现战后复苏并成功推动经济全球化浪潮之后,一大批发展中国家通过融入西方主导的全球经济体系取得了良好的经济绩效,正在展现出蓬勃的群体性崛起态势。它们的崛起既改变了自身的面貌,也导致了全球经济格局的重构。作为全球经济交往活动中的一支新生力量,它们也对原有的全球经济治理体系带来了挑战。四是既有的国际合作理论从国际关系和经济学等不同视角对国家间合作动因给予了很好的解释,但不应忽视的是,这些合作理论主要是从西方发达国家间的合作实践提炼得出的结论,它们是否同样能有效地运用于解释和预测新兴大国间的合作,还有待给予检验或证明。五是新兴经济体之间已经在全球经济治理中展现出积极的合作势头,金砖合作机制的建立就是最为典型的代表,但与此同时,既有文献也纷纷指出了存在的各种制约因素。这就引出一个问题,新兴经济体的全球经济治理合作将会是昙花一现,还是会四季常青?另外,从类似金砖合作机制这样的合作案例中,又能得出哪些有益的经验或不足的教训?六是中国作为新兴经济体中最有实力的国家,已经在参与和推动新兴经济体的合作中扮演了能动而重要的角色,而且随着中国与全球经济的联系愈益紧密及中国的实力继续上升,中国将有必要更加深度地介入全球经济治理,担当更加显赫吃重的角色。然而,在这一过程中,中国应当如何协调好与发达经济体和其他新兴经济体之间的关系？中国是否应当以及如何推进与新兴经济体之间的合作呢？对于这些问题，既有文献尚缺乏比较深入的研究，而这些却正是中国当前急需加以回答和实践的大问题。综上所述，文献梳理既为后续的研究打下了基础，也为其指明了方向，尤其是以上指出的那些问题，恰恰为本论题的研究提供了目标，而在此基础上展开的研究，也就具备了一定的价值与意义。

二、概念框架和研究背景

既有文献表明，随着经济全球化的到来和新兴经济体的群体性崛起，新兴经济体携手合作参与全球经济治理，正在成为当今时代的一大新潮流、新态势。特别是进入21世纪以后，美欧等地爆发了最新一轮全球金融危机，令传统经济治理体系的缺陷暴露得十分明显，有待加以及时修补、调整或变革，全球经济治理转型也由此成为亟待解决的优先领域。而在全球经济治理不断运行发展的过程中，新兴经济体的角色也在不断发生变化，正由以前无足轻重的"治理对象"转变为能动的"治理主体"或全球经济治理舞台的新明星。它们更为积极地投身于各类治理活动，加强了彼此间合作，建立起金砖合作机制，开展了与G8集团的对话，在国际贸易、国际金融、国际投资、气候谈判以及地区发展等领域进行了一系列卓有成效的双边及多边合作行动，已经并将继续在G20框架下展开合作。但是与此同时，新兴经济体的合作也面临着来自内外两个方面的问题和阻力。现行经济治理体系由发达国家主导支配的现状并不容易轻易改变。新兴经济体之间基于国情和战略的不一致，也有诸多利益分歧与冲突。在新兴经济体对全球经济治理的变革需求与发达国家对全球经济治理体系的主导地位之间，仍存在一种内在的紧张关系。新兴经济体虽然已经发起了挑战，但最终能否实现其变革全球经济治理的目标或设想，仍然存在很大的不确定性。这就令我们有必要更加深入地关注这一重大且可能对未来国际格局走向产生根本性影响的现象，也即，如何看待全球经济治理中新兴经济体的这种合作？如何解释这一现象？原有的合作理论是否适用？这种合作的前景又会怎样？乐观或悲观的看法哪种更加有理？以及更为重要的是，如果未来它们将展开深入合作的话，又将如何加以推进？美国政治学家克莱斯纳（Stephen D. Krasner）在几十年前提出的发展中国家追求以主权为导向的结构主义变革思想还适用于当今时代吗？需要根据议题予以区别对待吗？在众多的议程和多元化的利益目标中，又该如何进行协调与平衡呢？总之，这一系列问题的提出，构成了本书研究的基本背景，也为研究设计提供了指南。本书将围绕上述几个内在关联的问题进行分析。

既有文献也表明，从国际政治学的角度看，全球经济治理中的国际合作主要取决于霸权国家、自由开放理念以及国际机制这三个核心变量的存在。前者是因变量，后三者是自变量。而从国际经济学的角度看，国际合作主要取决于各国的比较优势以及合作利益的存在。全球经济治理的实质就是为各国获得国际分工创造出来的共同利益而提供必需的国际公共品。另外，按照奥尔森的集体行动逻辑理论，行为体的数量也影响着公共品的提供。因此，公共品的供给收益与成本以及行为体的数量多少，也是影响各国合作的重要变量。这样综合起来看，国际合作、行为体特征（是否有霸权国家）、参与者数量、自由开放理念、国际机制、比较优势以及共同利益等几个主要变量就构成了本书的核心概念。本书也将围绕上述概念展开论证与演绎。

此外，既有文献还表明了另外一个重要的事实，即全球经济治理中行为体的行为模式与行为体自身的特征有着高度关联性。比如霸权国家与新兴经济体的行为模式显然有所不同，前者意欲主导或支配整个体系，而后者却并不一定有此奢望。而新兴经济体与一般发展中国家的行为模式也有所不同，后者受自身实力和关联利益有限的限制，其"搭便车"的动机更强。而这种差异，依不少学者之见，正是由于各个国家在国际体系中的不同身份来予以界定的。[①] 因此，身份也是影响国际合作的一个重要变量和

---

① [美] 戴维·波普诺，李强等译：《社会学》，中国人民大学出版社1999年版；Paul Gilroy, "Diaspora and the Detours of Identity", *Ed. Kathryn Wood–ward*, *Identity and Difference*, London：Sage Publications and Open University, 1997；张静：《身份认同研究：观念、态度、理据》，上海人民出版社2005年版；Samuel P. Huntington, *The Clash of Civilizations and the Remaking of World Order*, Simon & Schuster Inc., 1996, p. 97。

概念。更具体一点讲，霸权国家的身份是明确的，小国的身份也是明确的，这导致了其毫不犹豫的角色选择。前者选择领导和支配行为，后者选择依附和追随行为；前者塑造制度，后者顺应和适应制度。然而，新兴经济体却面临着困惑。最为矛盾的一点就是，其身份并不稳定且唯一：将强未强，将大未大；具有领导者的潜质，但是还不具备领导者的实力和动机；处于追随者的地位，却又不甘于束缚与压制。那么，在全球经济治理体系的运行与变革中，身份如此尴尬不清的新兴经济体应当做何选择？这种身份又对其合作行为产生了哪些复杂的影响？因此，本书也将借鉴社会学和建构主义中有关身份概念的相关研究成果，分析新兴经济体国际合作的动因或限制。

第三节 研究方法

第一，定性分析。定性研究方法是根据社会现象或事物所具有的属性和在运动中的矛盾变化，从事物的内在规定性来研究事物的一种方法或角度。它以普遍承认的公理、一套演绎逻辑和大量的历史事实为分析基础，从事物的矛盾性出发，描述、阐释所研究的事物。本书将主要运用定性方法来分析新兴经济体的合作动因及合作前景。

第二，案例研究。案例研究方法通常指对某一个体、某一群体或某一组织在较长时间里连续进行调查，从而研究其行为发展变化的全过程的方法。案例研究方法既可以用于观察或检验理论的实际表现或应用效果，也可以用于揭示或提炼新的理论与规律。本书将结合中国和印度这两大新兴经济体在全球经济治理中的三个具体合作案例，来分析影响新兴经济体合作的主要因素。

第四节　知识创新

本书拟在以下几个方面做出一点力所能及的贡献：

一是在借鉴西方学界有关国际合作的主流性理论的基础上，结合新兴经济体实际，探讨或发现非霸权主导下的国际合作的规律或机理，力争能够增加一点有关国际合作的知识。本书认为，对于在参与全球经济治理的过程中日渐兴起的新兴经济体合作而言，难以用西方主流国际政治理论给予很好的解释，因为在这一群体中没有所谓的霸权，也没有现存的合作机制，因而只能寻求别的合作机理。为此，本书尝试从更加宽泛的角度来探讨各种可能的动因。这些动因既有人们熟知的经济互补性和共同的经济利益，也有身份的认同，还有地缘因素，甚至有各种偶然性事件。本书提出，正是这些因素的共同推动，才使得相互合作成为新兴经济体参与全球经济治理的重要策略与路径。

二是本书拟从历史偶然性、地缘因素以及危机时刻这三个相对较新的视角来分析可能导致国际关系出现重大变化的力量或影响因素。从历史偶然性来看，金砖合作机制在很大程度上正是得益于高盛公司投资银行家的一份报告中的创意，自此金砖合作也就"名"正言顺了。地缘因素是指地理因素往往在国际政治中扮演重要角色，但这是否也适用于地理相邻的新兴经济体之间的合作呢？本书以中国和印度这两大邻国为例，分析了两国在全球及区域经济治理中的合作状况，但其结果表明并不值得乐观。危机时刻是指，1997年的东南亚金融危机推动了中国与东盟在地区金融治理上的合作，2008年的国际金融危机则推动了G20峰会机制的正式建立。这说明危机时刻既可能导致冲突的加剧乃至引发战争，但也可能令各国携手合作以共渡危机。

三是有别于媒体或国内文献中常见的偏乐观情绪，本书对新兴经济体在全球经济治理中的合作前景持理性而审慎的开放态度。本书提出,新兴经济体的合作仍将面临重重矛盾和阻力,这些阻力可能会导致新兴经济体的合作要么大多停留于表面,要么依旧只是对现行治理体系的细微修补,其结果反而是巩固或加强了现行的治理体系。为此,本书认为,作为新兴经济体中的重要成员,中国应该明确自身的合作战略,为推动好与新兴经济体国家的治理合作提供方向性和框架性指导。

第五节　主要内容

本书主要由以下四部分内容组成:

第一部分内容由前两章组成。第一章是对全文的研究背景和研究内容做一个概括性的介绍;第二章,主要是描述现象与提出问题。首先,定义新兴经济体,并指出其具体对应哪些国家以及对应的研究时段。其次,分析新兴经济体与全球经济治理的内在关联,指出新兴经济体的崛起得益于一个自由开放、规则化管理的全球经济治理体系,这使得全球经济治理状况的好坏与其利益息息相关。而新兴经济体实力的增长,也使得其国际利益相应增长,对全球经济治理的需求越来越大,从而更有动力参与全球经济治理活动。最后,该章指出,在全球经济治理中,新兴经济体除了主动融入和适应全球经济治理现行体系外,也开始通过相互间合作的方式来寻求对全球经济治理施加影响,促使其进行调整或改革。

第二部分内容主要是理论分析,由第三章和第四章组成。第三章主要是从国际政治学中的主流合作理论视角来审视现有理论对新兴经济体全球经济治理合作的适用性与局限性。该章在批判霸权合作论与机制合作论的基础上,提出并探讨了非霸权合作的条件、动因、手段、限度与观念哲学基础等一系列与新兴经济体治理合作紧密相关的理论问题。对这些问题的探索,可能会对主流国家合作理论给出一些新的补充见解。如霸权合作论的前提是解决公共品供给中的集体行动困境问题。由于存在收益是由各成员分散取得与成本是由各成员集中支付并存的现象，集体中的成员往往会滋生投机性的"搭便车"行为，公共品的供应常会因此陷入缺失或不足的状况。而霸权国家的存在就克服了这一困境。其在无世界政府状态的国际社会中，扮演了准政府的部分角色，承担了生产或组织生产国际公共品的职能，从而为世界顺利运转创造了福利和收益。但是在霸权国家缺位的情况下，能够运用何种理论说明国际公共品的供给不足问题同样可以得到解决呢？如果能够从新兴经济体的合作中找到非偶然性因素，即如果这些合作并非即兴或运气的产物，而是出于理性设计与有意图的互动探索的结果，那么在后霸权时代，或霸权国家式行为不再获得国际社会认同的时代，这样的探讨对于国际社会构建和增进合作也就颇有意义了。第四章是结合国际政治学中关于发展中国家合作的理论视角，来探讨其对新兴经济体全球治理合作的适用性与局限性。为此，该章介绍了克莱斯勒的南北关系论和南南合作理论，在此基础上提出了新兴经济体合作的综合变量框架，认为非霸权国家在全球经济治理中的合作能否深入发展，主要取决于三个层面的因素：第一个层面是非霸权国家的国内因素作用，即非霸权国家对全球经济治理体系的观念与看法、其暴露在国际经济运行中的脆弱性、其参与和改革全球经济治理体系的紧迫度等。第二个层面是非霸权国家相互间的整合状况，即在非霸权国家之间如何聚合利益和价值观？共同的非霸权身份能够作为一个有效的整合机制吗？如何克服相互竞争的因素？谁来扮演领导或集体行动的发起者角色？采取何种整合的技巧与策略？第三个层面是外部的阻力因素，即霸权国家力量的变动趋势为何？霸权国家或霸权国家阵营采取何种反对策略或分化瓦解战术？未来新兴经济体的全球经济治理合作能否得到快速推进、能否在变革中取得成功，取决于上述三个层面各因素的共同作用的结果。

　　第三部分内容是实证分析，由第五、六、七共三章组成。第五章以金砖合作为例，旨在表明一些偶然性的因素可能会对国际政治的进程产生不可预料的极大影响。正如路径依赖原理所指出的那样，一些偶然的、细小的事件导致了某种选择，此后由于沉没成本的限制，以后的路径被锁定在当初偶然选定的轨道上。该章认为，金砖合作机制的建立就带有很强的这种历史偶然性特点。因为正是一位投资银行家发明了这个词，一个新兴经济体联盟或准联盟就形成了，这完全超出了事先的估计或预测，但在事后却对全球经济治理格局产生了难以估量的影响。那么，如何看待这种历史偶然性，在国际合作中这种偶然性的合作灵感、创意的来源又在何处，将是本章着力探索的重点。该章想通过这一分析视角表明，人类的想象力对于世界的未来具有神奇莫测的影响，而过去我们却常常忽略或低估了这一点，只是按部就班地、囿于权力与利益的常规思维来考虑现实问题的处理，这种传统思维实际上是存在很大缺陷的。第六章旨在说明国际合作的另一个重要因素——时点因素，即推动国际合作可能需要某些特定的契机。从组织变革的角度看，危机时刻往往是组织行为模式发生质变的时候。对于全球经济治理体系而言也是如此，成功的运行往往不需要进行调整，而重大的危机却必然会招致质疑与反省。G20框架机制的建立，就生动地说明了这一点。因此，该章提出应当从危机这一视角来看待其对新兴经济体合作的影响。这种影响可能是有利的，但也有可能是不利的。该章在分析产生有利影响的条件的同时，也对可能导致产生不利影响的条件展开分析，指出作为新兴经济体，G20在未来成为推动全球经济治理变革重要平台的前景仍是不确定的。第七章以中国和印度这两大邻国在全球经济治理中的合作为例，旨在分析地理因素对于合作的重要影响。区域主义兴起的潮流表明，地缘邻近往往会推动地区经济合作。尤其是经济大国之间，这种合作可能会变得更加有利和迅猛。如在欧盟和北美，欧盟一体化和北美自贸区的建立就是例子。这一规律是否也适用于新兴经济体国家呢？本书以中国和印度这两个相邻的新兴经济大国为例，检验地缘因素的影响。总的来看，经济崛起和共同利益因素推动了中印在全球经济治理中的合作，但是基于地缘政治因素考量的现实主义思维又对两国的合作带来了不利影响。特别是孟中印缅经济走廊（BCIM）的推进迟缓表明，地缘邻近未必就能转化为合作优势，这还要取决于次区域经济发展水平、国家间更深的认同以及国家战略等因素的影响。在能否共同塑造地区治理秩序这一问题上，中印两国仍需克服相当艰巨的内外挑战。这也反映出新兴经济体的合作前景仍充满了复杂性和不确定性，不能想当然地将它们视为全球经济治理舞台的天然盟友。

第四部分是全文总结与对中国的策略建议，由第八章组成。该章归纳了新兴经济体全球经济治理合作模式的基本特点，提出了面临的挑战与任务，并结合中国实际给出了其与新兴经济体加强全球经济治理合作的几点建议：明确合作目标定位；加强合作机制建设；带头在一些力所能及的治理领域扮演领导或引领角色；增强在全球经济治理规范方面的影响力；以及加强与新兴经济体国家的智库与学术界的合作，努力开发新的全球经济治理创意与知识等。

第二章

新兴经济体的成长及其全球经济治理合作的兴起

新兴经济体的崛起是第二次世界大战后近几十年来的事，它们逐渐成为全球经济治理舞台上一支新生力量。从最初的融入，到积极参与和推动变革，新兴经济体为全球经济治理变革注入了新的动力与能量。

第一节　新兴经济体的成长

从时序的角度看，新兴经济体最早出现在 20 世纪 80 年代早期，那时在东亚和拉美地区涌现出一批经济快速增长的国家和地区，它们被笼统地冠以"新兴工业化经济体"（Newly Industrializing Economies）之名，用以突出它们之间的共性，即一批经济发展势头迅猛、增长前景看好的后起工业国（地区）。

不仅如此，新兴工业化经济体这一概念还将它们与早先的发达工业化国家区分开来。后者主要是指位于西方的、工业化现代化历程较长、经济水平已经达到较高标准的几个国家，具体来讲就是美日欧三大核心地区的一些经济强国。而前者大多是此前未曾经历过蓬勃的工业化革命、未曾展现出朝向现代化势头前进的一批发展中国家与地区。

第二次世界大战后，去殖民化浪潮令许多国家和地区获得了独立新生的机会，世界也进入了相对稳定的时期，即便冷战的铁幕高垂，但总体来说，和平与发展成为时代的主流。这为各国的恢复发展和复兴繁荣提供了难得的契机。特别是在东亚和拉美地区，涌现出不少发展势头喜人的国家。它们挣脱殖民或奴役锁链后，依靠自身的努力，通过内部改革和外部开放，推动了经济的快速增长和国民收入的攀升，它们卓越的经济成就，引起了世界的广泛关注。

在20世纪70年代，新加坡、韩国、中国香港和中国台湾以其卓越的高增长表现，被誉为亚洲"四小龙"；进入80年代后，印度尼西亚、马来西亚、菲律宾和泰国四国又紧追上来，凭借惊人的发展速度，获得了亚洲新"四小龙"之称。而新老"四小龙"的共性特征就是采取了出口导向型经济增长模式，克服了国内市场狭小的不足，推动经济进入了持续高增长轨道。从20世纪60年代中期起，这些国家或地区的增长速度就一直保持在8%—13%的高水平上，这是相当惊人的。在接下来的70年代中，由于受到石油危机等的冲击，西方发达国家纷纷进入缓慢增长与高通胀并存的"滞胀"时期，其平均经济增长率仅为2%—3%，连60年代以来一直保持两位数增长率的日本也仅有5.5%的增长速度。但老"四小龙"的年均增长率仍然高达9.2%，80年代达到8.7%，进入90年代后仍然保持在6%以上。新"四小龙"的增长纪录也丝毫不逊色，从60年代中期进入经济"起飞"阶段，70年代的平均增长率为7.9%，80年代为5.4%，进入90年代初仍然高达7%。[①]

美国学者加里·杰里菲（Gary Gereffi）在其主编的《制造奇迹——拉美与东亚的工业化道路》一书中这样写道，"尽管在这个时期（20世纪80年代）出现了石油价格上涨，全球性经济衰退，货币升值，以及主要出口市场日益加剧的保护主义，日本和亚洲'四小龙'却能保持创纪录的工业增长率与旺盛的工业制成品出口，于是人们称它们为'奇迹经济'"。[②]

然而，尽管这些经济体如此引人瞩目，但它们却在体量上都是一些中小型经济体，即便把拉美的阿根廷和墨西哥等算上，拉美国家也很难算得上是大型经济体。况且到了20世纪80年代，拉美国家已经黯然失色。由于外债累累，通胀率上升，投资不足，大批人口的经济和社会状况日

---

① 陶一桃：《关注亚洲'四小龙'的崛起》，《特区经济》2000年第4期，第52—53页。
② ［美］加里·杰里菲，俞新天译：《制造奇迹——拉美与东亚的工业化道路》，上海远东出版社1996年版，第Ⅶ页。

益恶化，它们已难以保持此前的高增长率，反而深陷债务泥潭和社会动荡之中。

冷战结束后，这种状况发生了改变，一批真正的巨型发展中国家和前社会主义国家加入了这个高增长行列。中国、印度、俄罗斯等传统上实行计划经济体制的大国，不约而同地从20世纪90年代起开始向市场经济体制全面转型，不断扩大对外开放。改革开放释放出巨大的生产潜力，这些国家也进入高速增长的轨道。中国在整个20世纪90年代的年均增长率达到10%以上；印度同期的年均增长率超过6%；只有俄罗斯是个例外，由于实行激进的"休克疗法"，国家出现了混乱失序，生产总量呈现倒退之势。[①] 到了世纪之交，先后发生了著名的"东南亚金融风暴"和美国的"互联网泡沫"破灭，前者导致"东亚奇迹"受到质疑，后者令美国经济蒙上阴影。然而，中国和印度这两个新兴大国依旧稳步向前发展，保持着高速的增长势头。俄罗斯在总统普京执掌政权后，国内局势得以稳定，在国际油价不断上涨的帮助下，俄罗斯经济也表现出良好的增长态势。与此同时，南美大国巴西也受益于大宗商品价格的上浮，经济发展一片兴旺。正是在这样的背景下，2003年美国高盛的投资银行家奥尼尔（Jim O'Neill）提出了金砖国家概念（BRIC）。在他看来，中国、印度、俄罗斯和巴西是未来全球最有增长潜力和最具投资价值的新兴市场，是投资家们需要密切关注的地方。金砖国家概念的出台不仅意味着新兴经济体的发展进入一个新阶段，即由中小型经济体为代表发展到以大型经济体为代表的阶段，也意味着新兴经济体的实体和影响有了一个质的提升。这是从量变到质变的升华。

对此，早有不少国内外学者对金砖四国的实力和地位做了详尽的分析，这些分析充分展示了金砖国家在世界经济和政治格局中所占有的分量。

中国学者尹承德指出，"1999年到2007年，新兴大国经济平均年增长

---

① 关雪凌："经济全球化与俄罗斯经济转轨"，《东欧中亚研究》2001年第4期，第30—38页。

率超过6.5%，是发达国家平均年增长率的2—3倍。""随着新兴大国经济强劲增长，它们在世界经济中的地位显著上升。按汇率计算法计算，2007年新兴大国GDP超过7万亿美元，占全球经济总量的15%以上，是2000年的1.4倍；如按购买力平价法计算，新兴大国经济总量约占全球经济总量的40%。目前新兴大国的外汇储备接近4万亿美元，约占全球外汇储备总量的60%，仅中国的外汇储备就相当于西方7个发达大国的外汇储备总和。新兴大国对世界经济增长的贡献也不断增大。据国际货币基金组织发表的报告称，过去5年来（2002—2007），'金砖四国'对世界经济增长的贡献接近50%；2007年，仅中国对世界经济增长的贡献即超过12%，高于美国。可以认为，世界经济完全由美国主导的局面已经结束。新兴大国已成为推动世界经济增长的火车头，在世界经济体系中发挥着前所未有的重要作用。"[1]

中国学者徐秀军指出，随着新兴经济体不断发挥后发优势赶超发达经济体，新兴经济体经济规模与发达经济体之间的差距日趋减少。以新兴11国（E11）和七国集团（G7）为例，1989年，E11以市场汇率计算的名义国内生产总值（GDP）为2.5万亿美元，约为G7的19.3%。[2] 到了2009年，E11以市场汇率计量的名义GDP超过13万亿美元，约为G7的42.3%。而如果按购买力平价（PPP）计，新兴经济体在这20年中取得的经济进步则更加突出了。1989年E11以PPP计量的名义GDP为5.28万亿美元，约为G7的43.3%；而到了2010年，E11按PPP计量的名义GDP达到26.68万亿美元，约为G7的88.6%。也就是说，11国新兴经济体与7国发达经济体就经济总量而言已几乎势均力敌。在这20年中，E11的年均实际增长率约为5.2%，是同期G7的2.0%的2倍多。[3]

中国学者高海红指出，新兴经济体在世界经济格局中的快速崛起主要

---

[1] 尹承德："新兴大国的崛起与国际秩序的重构"，《南京政治学院学报》2009年第1期，第77—81页。

[2] E11是指"阿根廷、巴西、中国、印度、印度尼西亚、韩国、墨西哥、俄罗斯、沙特阿拉伯、南非和土耳其"11个国家。

[3] 徐秀军："新兴经济体与全球经济治理结构转型"，《世界经济与政治》2012年第10期，第49—79页。

表现在以下三个方面：一是其经济总规模与发达市场差距缩小。1980年，新兴经济体以购买力平价（PPP）计算的GDP占世界比重为36.2%，发达市场占63.8%；此后，新兴经济体的份额不断上升，而发达国家相应下降。到2002年，发展中国家和新兴经济体GDP份额首次超过G7；到2008年，发展中国家和新兴经济体GDP份额上升至51.2%，首次超过发达国家的48.8%。根据IMF的预测，2019年发展中国家和新兴经济体GDP份额将达到60.3%，发达国家份额降至39.8%。二是其经济增速长期高于世界平均水平。从1980年到2014年，发展中国家和新兴经济体平均增速高达4.6%，既超过3.5%的世界经济年均增速，也超过2.5%的发达国家经济增速。三是新兴市场在全球贸易的地位上升。这不仅表现在新兴市场不断扩张的贸易规模上，而且表现在新兴市场成为重要的顺差国家和外汇储备国之上。[1]

新兴经济体的崛起首先体现在经济上，但又绝不仅限于经济领域。在政治上，随着中国、印度、俄罗斯、巴西和南非等国的加入，新兴经济体在国际政治上的影响也愈加显著。中国和俄罗斯都是联合国安理会五大常任理事国之一，在重大的国际事务上拥有决策权，足以与美、英、法等西方发达国家相提并论。印度虽然未能跻身常任理事国行列，但其是不结盟运动的发起人和领导国之一，在发展中国家群体中享有较高的政治威望和影响。在南亚次大陆，印度占据绝对的主导地位，是不折不扣的地区霸主。同时，其对于非洲和拉美国家也有较强的影响力。巴西和南非则分别是南美和非洲大陆最有影响的大国之一，属于地区强国之列，而且它们的影响也不仅限于本地区，凭借幅员规模和地缘优势等，它们在国际上也颇有影响力。

在军事和文化上，新兴大国的实力也不可小觑。凭借苏联积累下的老底子和留下来的庞大核武库，俄罗斯仍然是令人生畏的世界超级军事大国，其核武和常规战力都可与头号军事强国美国相抗衡。中国的军事实力

---

[1] 高海红："布雷顿森林遗产与国际金融体系重建"，《世界经济与政治》2015年第3期，第4—29页。

也在快速提升,一方面对传统的陆军部队进行改革重组,另一方面则在大力发展装备技术落后的海空部队。印度在军费开支上也狠下投入,同时凭借有利的外交环境在全球"买买买",其目标之一是要在印度洋上形成压倒性的优势。

在文化上,中、印、俄都是世界上历史最为悠久的文明古国和文化大国,拥有深厚的文化传统和民族习俗,与西方发达国家在宗教信仰上也有着很大差异。中国是一个包容性极强的社会,儒、道、佛等各宗各派都在这里各行其道、和谐相处;印度是以印度教为主的文明,同时也受伊斯兰文化和佛教文化的影响;俄罗斯则是典型的东正教文明。随着这些国家的崛起,它们的文化文明也注定将走向世界,引来世界的关注,获得世界的欣赏与崇敬,而试图横扫全球的西方文化将迎来强大的对手和挑战。

总之,进入21世纪后,中国和印度等国仍旧保持着强而有力的增长势头,国家经济实力和综合实力不断上升,新兴经济体的崛起已经成为一个不争的事实,世界经济重心正朝着以新兴大国为中心的地区转移。一个新兴经济体和发达国家比翼齐飞的新时代已经到来。

第二节 新兴经济体的崛起与全球经济治理

新兴经济体的崛起不是偶然的,在相当程度上,应归功于第二次世界大战后由西方发达国家一手建立起来的全球经济治理体系和在这一体系护持下发展起来的全球化市场经济环境。

一、全球经济治理体系的建立与发展

何为全球经济治理?对于此,虽然目前国内外并没有公认的权威统一

定义，但是不同界定的意思大同小异，因此丝毫不影响人们对这一词语或概念的使用。

联合国在 2011 年联大报告中指出，所谓"全球经济治理"，就是"多边机构和进程在塑造全球经济政策与规章制度方面发挥的作用"。[①] 按照这一定义，全球经济治理应当包括以下几方面内涵：其一，就主体而言，多边机构是治理的实施者和关键性主体，其作用是塑造全球经济政策与规章制度。其二，进程也是塑造全球经济治理框架的重要因素，这里的进程应当指多边机构及其组成成员的互动过程，这种互动行为贯穿着全球经济治理活动的始终；也就是说，全球经济治理具有动态性，在时间的进程中是趋于变化调整的。其三，全球经济政策及规章制度是各主体开展全球经济经治的主要手段与表现。全球经济治理的具体目标就通过这些相关的政策与制度得以体现；这些政策制度能否有效发挥作用，也是衡量全球经济治理绩效好坏的标准。

中国学者庞中英的看法与联合国的上述定义本质相似。他认为，从第二次世界大战结束至今 60 多年来的情况看，当今世界经济与此前阶段有着显著不同，它是受到管理的世界经济。而管理战后世界的不是虚无缥缈的"世界政府"，而是各国政府，特别是在国际体系中享有权力优势的大国政府。因此，他认为理论和实践上的"全球经济治理"概念，应该指的就是国家对世界经济的调控。这里的"国家"，既是单数概念，如超级大国或霸权国家；也是复数概念，即若干个国家组成的集团或联合。它们管理世界经济的方式则是通过一系列的国际制度和国际规则来调控、治理世界经济。[②] 美国学者伊肯伯里（G. John Ikenberry）等进一步指出，"管理世界经济的这些国际制度和国际规则一般被分成三类：第一类是正式的、全球多边的国际规则和制度性的安排，它们试图使世界经济建立在规则的基础上，使参加这些规则的国家都按照规则办事、受到规则的约束。例如 1947

---

① United Nations Document, A/66/506, "Global Economic Governance and Development", 10 October 2011, p. 2.
② 庞中英："1945 年以来的全球经济治理及其教训"，《国际观察》2011 年第 2 期，第 1—8 页。

年于古巴哈瓦那签订的关贸总协定和冷战结束后取代关贸总协定的世贸组织即为此类。第二类是非正式的、只有数个国家参与的国家集团机制，参与国通过一定的机制和安排，磋商和协调它们之间的经济政策。20世纪70年代诞生的"七国集团"就是这样的机制。第三类是地区性的经济治理，即在某个地区（指世界性地区或者世界性地区的次地区），邻国之间实现经济整合与贸易和投资政策的和谐化与自由化"。[1]

回顾历史，从第二次世界大战后一直运行至今的全球经济治理体系或管理框架的建立，也就是一系列管理或调控着全球经济的多边机构及其制定的政策规则等的出现，则应追溯到著名的布雷顿森林体系的建立。

由于二战在一战结束20年左右就爆发了，在这期间各国竞相贬值货币，并实行以邻为壑的歧视性贸易政策，各国间的恶性竞争给世界经济造成了灾难性后果，也成为二战的诱因之一。这给战胜国为主导的国际社会安排战后秩序提供了重要的教训，使之认识到有必要在国际货币和国际贸易事务中确立正式的"游戏规则"，以避免无序竞争和恶性对抗。经过幕后大量的协商沟通，1944年7月，以英美为首的44个国家在美国新罕布什尔州布雷顿森林召开"联合国国际货币金融会议"，最后通过了《联合国货币金融协议最后决议书》，以及《国际货币基金组织协定》和《国际复兴开发银行协定》两个附件，总称《布雷顿森林协定》，从而标志着布雷顿森林体系的诞生。

布雷顿森林体系为战后世界经济的运行构建了组织和规则框架。国际货币基金组织（IMF）和国际复兴开发银行（世界银行）得以建立，并且确立了美元和黄金本位国际货币体系，为战后国际经济贸易投资活动的快速发展提供了便利而稳定的金融支持环境。

《布雷顿森林协定》中明确规定：美元和黄金挂钩，美国承诺以35美元兑1盎司黄金的官价无条件向各国兑换黄金。各国货币根据其含金量确定同美元之间的汇价，各国货币含金量的变动超过10%，须得到IMF的批

---

[1] Joseph M. Grieco, G. John Ikenberry, *State Power and World Markets: The International Political Economy*, W. W. Norton and Company, 2003, pp. 289-330.

准,当汇率变动超过1%时,各国政府有义务干预外汇市场,维持其货币同美元之间的固定汇率。成立IMF,各国可以根据其份额向IMF借款以弥补暂时性国际收支失衡,IMF有监督和协调各国货币政策的权利。[1] IMF在稳定战后的国际汇率乃至促进世界经济复苏方面,发挥了核心的作用。《国际货币基金协定》第一条就明确指出,IMF的使命除了"为国际货币问题提供磋商与合作机制、促进国际货币合作"之外,还包括"促进国际贸易的扩大与平衡发展,以提高成员国就业和实际收入水平,开发成员国的生产资源";另外"在适当的保障下,基金对会员国暂时提供资金,改善会员国际收支状况,从而避免采取有损他国或国际繁荣的措施";"缩短会员国收支失衡的时间,并减轻其失衡程度"。[2] 从IMF的使命定位可以看出,其实际上扮演了类似"世界政府"通常才扮演的角色,对世界经济健康稳定运行发挥着积极的调控作用。与IMF于1947年12月27日同一天成立的世界银行(WBG),则被赋予了帮助在二战中被破坏了的国家进行重建的使命,特别是助推欧洲的战后复兴。此后,它的重点转向世界性的经济援助,通过向生产性项目提供贷款和对改革计划提供指导,帮助欠发达成员国实现经济发展。

在国际货币金融体系得到确立的同时,有关贸易方面的谈判安排也在紧锣密鼓地进行。为了推动自由贸易,美国提议召开世界贸易和就业会议,组建国际贸易组织。联合国经社理事会对此做出了积极响应,成立了筹备委员会,并由各相关国家就削减关税和其他贸易限制等问题进行谈判,起草"国际贸易组织宪章"。经过多次谈判,美国等23个国家于1947年10月30日在日内瓦签订了"关税及贸易总协定"(GATT),并通过《临时适用议定书》的形式从翌年起临时生效。GATT虽然没有达到最初设想的建立国际贸易组织的目的,但是作为政府间缔结的有关关税及贸易规则的多边国际协定,它确立了国际贸易规则,并且在协调战后国际贸易与

---

[1] 邹三明:"布雷顿森林体系对国际关系的影响",《世界经济与政治》1999年第10期,第38—42页。

[2] 孙伊然:"全球经济治理的观念变迁:重建内嵌的自由主义?",《外交评论》2011年第3期,第16—32页。

各国经济政策方面扮演了基础性角色,构成了战后国际经济秩序或全球经济治理体系中的货币、金融和贸易三大支柱性框架之一。

正如有学者指出的那样,尽管1945年之后的全球经济治理体系包含众多多边协议、正式机构与非正式网络,然而其中最为重要的几个机构均源自布雷顿森林协定,[1] 特别是随后成立的三大组织:IMF,WBG 与 GATT。二战结束后半个多世纪以来,这三大组织始终是全球经济治理中最为关键的行为体。[2]

然而,正像联合国的定义所指出的那样,全球经济治理并非凝固不变的,随着战后世界经济形势和经济格局的变化,全球经济治理体系也在进程中趋于不断的调整变动中。这其中既有制度或体系内在的缺陷,也是形势发展而引致的变革需求使然。

这里面最著名的问题在于存在所谓的"特里芬困境"(Triffin Dilemma)。尽管以美元为本位的国际货币体系的确立似乎解决了国际贸易所需的金融支持问题,但是它却存在着根本性的内在矛盾。1960 年,美国经济学家罗伯特·特里芬(Robert Triffin)在其《黄金与美元危机——自由兑换的未来》一书中十分犀利地指出,在美元作为国际通用货币的情况下,各国要发展国际贸易,就必须经由美元作为中介性的结算及储备货币,这就意味着,随着国际贸易的增长,就必须要求美元的供给量需要相应增长,各国对美元的需求量也会加大。而为了向其他国家供应美元,美国国际收支就必须发生逆差以使美元流出;但是长期的逆差又对美元构成了贬值压力,威胁到美元的币值稳定。但反过来,如果为了稳定美元币值,美国在国际收支中保持顺差地位,那么又会导致对国际的美元供应减少,这不利于国际贸易的持续扩大。因此,稳定美元与扩大国际贸易之间存在着内在的矛盾和悖论。而如果美国在外部赤字的情况下,通过增发美元来克服美元短缺的问题,那么在一定时期内美国持有的黄金总量保持基本稳定的前提下,单位美元的含金量会下降,这也会损害到美元的价值和美元持

---

[1] Andrew Heywood, *Global Politics*, New York: Palgrave Macmillan, 2011, p. 459.
[2] 孙伊然:"全球经济治理的观念变迁:重建内嵌的自由主义?",《外交评论》2011 年第 3 期,第 16 页。

有者的信心，最终导致美元本位体系的崩溃。① 这一悖论就被称为"特里芬困境"。

要想解决"特里芬困境"，要么就放弃美元的世界货币地位，改而代之以一种由世界中央银行发行的国际货币；要么就控制美元需求进而也限制美元发行；要么就终止美元承诺的兑换黄金义务。② 创制新的国际货币不仅会招致来自美国的阻力，也涉及到整个体系的根本性调整，这不是短期内就能够办到的事；限制美元发行会造成世界范围内的通货紧缩，进而导致世界经济陷入衰退，这当然得不偿失，也不可能被国际社会所接受；终止美元的兑换义务倒是符合美国利益，但是对其他国家而言，让美元充当真正的世界中央银行，使美国一家尽享货币自主权和巨额铸币税收益，那它们也不乐意。但无论如何，随着战后欧洲、日本日渐复兴，其经济竞争力不断增强，"特雷芬困境"变得越来越严重。法国发起了将美元兑换为黄金的努力，以避免手中积存的美元储备在未来沦为一堆不值钱的废纸。同时，20世纪60年代后期，美国卷入越战泥潭，战争造成财政赤字膨胀，宽松的货币政策使得美元供给处于泛滥境地，布雷顿森林体系开始摇摇欲坠。为了克服这一众所周知的难题，IMF在1969年创建了特别提款权（SDR），希望引入其他货币组合，以此作为替代储备货币，挽回人们对布雷顿森林体系的信心，但是这一举措以及试图重估盈余国货币等努力都收效甚微，不足以从根本上扭转美元向下的颓势，再加上投机资本流动也随着经常项目货币可兑换性的放开而变得难以有效控制，战后美元黄金双本位制被敲响了丧钟。

1971年8月15日，美国总统尼克松正式宣布终止美元兑换黄金，国际货币体系由此前的美元黄金双本位时代进入美元本位时代，布雷顿森林体系时代就此落幕，全球经济治理进入了一个新时期。从1972年到1976年期间，IMF曾经多次组织专门委员研究国际货币制度改革问题，最终达成了"牙买加协议"和《IMF协定第二修正案》，从而形成了新的国际货

---

① 彭志文："新布雷顿森林体系与全球性不平衡"，《晋阳学刊》2007年第5期，第59页。
② 同上，第60页。

币体系。新的货币体系具有黄金非货币化、汇率制度多样化、国际货币储备制度以美元为主导的多元化和国际收支调节机构多样化等特征。世界经济自此变得比以前更为复杂动荡。

在贸易方面，国际贸易体制也迎来了新的变革。尽管GATT运行以来，在削减关税壁垒、推动贸易自由化方面发挥了促进作用，但是随着时间的推移，它的不足也愈发明显。如GATT本身只是一套暂时适用的协定，缺乏适当的组织框架；该协定的各项条文在成员国和适用范围上较为分散混乱，缺乏全盘性和富有实效性的多边争端解决程序和处理机构；不能适应20世纪80年代以来出现的一系列新情况，如会员国数量激增到119个，主要的发展中国家都已加入进来；随着区域化的兴起，人们担心区域化集团间竞争重演，希望强化多边贸易体制以继续维持开放的世界贸易格局。在此背景下，1990年4月加拿大建议将GATT提升为世界贸易组织（WTO），且欧共体也建议以共同组织框架管理GATT条文和乌拉圭回合服务贸易协定（GATS）、知识产权协定（TIRPS）。[①] 1994年4月15日，在摩洛哥的马拉喀什市举行的关贸总协定乌拉圭回合部长会议上，决定成立更具全球性的WTO，以取代成立于1947年的IMF。随着WTO于1995年正式建立，GATT完成了历史使命，退出了世界经济舞台，改由WTO担负起协调各国经济贸易发展的时代重任。与GATT相比，WTO具有法人资格，是国际法主体，它的运行效率更高，调节的范围也更广，并且在争端调解等机制设计上更加完善，成为新时期与IMF和WBG并驾并驱的三大支柱性全球经济治理机构之一。

进入21世纪后，为因应全球经济治理新形势的需要，一些新的机制与规范又诞生了。如1999年在美国华盛顿举办了20国财长和央行行长参加的20国集团创始峰会；2009年，在俄罗斯叶卡捷琳堡举办了"金砖四国"首次领导人峰会。当代全球经济治理经过战后数十年的变迁，已经呈现出一个高度分散化的多元网络结构特征。在这一体系中，除了联合国系统下

[①] 佟江桥："关贸总协定的接班人——世界贸易组织（WTO）概览"，《国际经贸研究》1994年第3期，第55—57页。

属的几个国际组织外,还有在国际经济调节中发挥着重要作用的 WTO、国际清算银行(BIS)和金融稳定委员会(FSB)等。此外,主权国家间组建起来的非正式安排或集团式合作也对全球经济运行发挥着调节干预作用。这些集团包括 7 国集团或 8 国集团、77 国集团以及 2008 年上升为峰会的 20 国集团和 2009 年启动峰会机制的"金砖国家"等。除了以上这些全球层面的治理体系,在区域和次区域层面同样产生了一些多边机构与多边协定,在加强区域经济治理、促进区域发展、推动区域一体化整合、协调区域内部经济政策和经济规则等方面发挥着不可缺少的作用,① 比如 APEC、欧盟等。这些都构成了全球经济治理体系这一大框架中愈加丰富的内容。

二、新兴经济体融入全球经济治理的进程

二战后,就整体而言,新兴经济体融入全球经济治理经历了一个渐进的过程。有的新兴经济体在一开始就加入了初创的国际经济组织,成为创始成员,但是一些大型新兴经济体却受冷战等因素影响,到 20 世纪 70 年代以后才逐渐融入到西方主导的全球经济体系中来。

如前所述,以"亚洲四小龙"和一些拉美国家等为代表的中小型新兴经济体一开始就加入了西方发达国家的阵营,与美、加、欧、日等有着密切的经贸往来。自由开放的国际经济环境为它们实施出口导向型增长战略创造了良好的条件,它们的比较优势得以发挥,一举由落后的农业国发展为现代的工业国。

而在西方主导的世界经济体系外,还有以苏联为首组建的东方阵营。这一阵营与实行市场经济体制的西方体系有所不同,以贯彻高度管制的计划经济体制为特征,在对外经济关系上也不如西方国家之间那么发达。随着计划体制的弊端越积越深,加上苏联在与美国的冷战中败下阵来,这一

---

① 黄薇:"全球经济治理:核心问题与治理进展",《国际经济合作》2016 年第 1 期,第 20—27 页。

体系最终在1989年随着苏联的解体而相应崩塌。此后，经济全球化浪潮几乎横扫全球，西方国家主导下制定的全球经济治理体系成为囊括世界上绝大多数国家的统一的治理框架。此前一批游离或被排斥在外的大型发展中国家，在此进程中相继加入进来，并发展成为日后令世界瞩目的新兴经济大国。

在新兴大国中，中国曾是IMF的创始国之一，但是由于内战和冷战对抗等原因，这一席位长期由台湾当局占据。1971年10月，第26届联合国大会通过决议，恢复中华人民共和国在联合国的合法席位，这为接下来恢复中国在联合国序列下各专门机构的席位创造了条件。1978年，中国共产党第十一届三中全会召开，做出了实行改革开放的决议，这为中国融入全球治理体系创造了有利的内部环境。此后，中美正式建交，进一步扫清了中国融入西方主导的世界市场的障碍。1980年4月，IMF通过决议，恢复中华人民共和国在IMF的合法席位；同年5月，中华人民共和国在世界银行和所属国际开发协会及国际金融公司的合法席位也得到恢复。在这之后，中国为了复关和加入WTO展开了艰苦持久的谈判。2001年11月10日，中国加入WTO的申请在多哈举行的世贸组织第四次部长级会议经过审议而获得批准。次月，中国正式成为WTO成员。这标志着中国作为世界最大的发展中国家和社会主义国家，已经全部融入一体化的世界经济体系中，并成为全球经济治理体系几大核心机构中的重要成员之一。

内战造成的国民党政权盘踞台湾、中国庞大的体量以及一直坚持实行与西方发达国家迥然不同的社会制度，导致中国融入西方主导下的世界经济体系的进程颇为曲折漫长。相比之下，印度、俄罗斯以及巴西、南非等其他几个新兴大国的步伐则要快得多。俄罗斯在苏联瓦解后便转向拥抱西方世界，实行全面的市场经济；其他几个大国本来就实行资本主义制度，区别只在于开放的程度而已。比如印度虽然长期实行准社会主义式管制经济，但是其限制开放的目的主要是为了保护国内市场和产业，试图走进口替代道路；巴西等国也曾经尝试过进口替代工业化道路，但最后还是转向了开放和自由化。印度在1995年加入WTO；俄罗斯由于自身经济结构较为单一，在WTO谈判中十分慎重，担心任何行业一旦轻易放开，就会造成巨大损失，这妨碍了其谈判进程，一直到2012年其才"入世"。

无论是从经典的新古典经济学角度，或是二战后世界经济的发展实践来看，自由开放的国际经济环境对于各国经济增长都发挥了有力的促进作用。理论上，开放扩大了劳动分工的范围，有利于专业化生产和比较优势的发挥，生产率由此得到提高，经济增长潜力得以释放。而且，自由化加剧了市场竞争，激发了企业活力和创造性，这正是政府保护或管制环境下难以实现的。因此，继一批中小型经济体在开放格局下取得了亮丽的经济绩效之后，后来融入全球化市场经济的一批大型发展中国家和转型国家也不负众望，在现行全球经济治理体系的呵护下，迈入了高增长的轨道。

从增长的绩效和所取得的国际影响来看，中国是其中最为耀眼的国家。中国从20世纪80年代起开启农村改革、国企改革、城市改革和宏观经济管理体制改革，与此同时，从沿海到内地开始分行业实行梯度开放战略。这些举措引来了巨量FDI的流入，推动了中国对外贸易额的喷发式增长，中国从一个落后的农业国迅速发展成现代化的工业国，改革开放后30多年来，年均增长率高达9%左右，开创了所谓的"中国奇迹"或"中国模式"。2010年，以名义汇率计算的中国国内生产总值（GDP）超过日本，跃居世界第二；在多个项目上，中国跃居世界第一。中国已经成为当今世界举足轻重的两大经济体之一。尽管经济学家或社会学家对中国增长的原因众说纷纭（如所谓的威权主义理论、儒家文化理论等），但毫无疑问，如果没有自由开放的世界经济体系和国际市场的支持，中国就不可能复制"亚洲四小龙"的成功经验，依靠出口导向型增长模式迅速改变自身贫穷落后的面貌。

作为世界上人口数同样在10亿级以上的世界第二大发展中国家，印度的增长表现尽管远不如中国醒目，但是其成功故事同样有着与中国相似的情节与特点。

印度在1947年独立后，为了加快建立起独立完整的国民经济体系，摆脱对外依赖，集中稀缺资源好办大事，以尼赫鲁为总理的政府选择了一条准计划经济和社会主义式道路。政府建立了工业"许可证"制度，对投资和进出口实行严格的进入管制和行政限制。尽管这种模式使得本土工地免受国际市场冲击，促进了国民经济体系的有计划式发展，但是政府过度干预的弊端也随着时间的推移而暴露无遗。从1950—1951年度到1980—1981年度这30年间，印度经济年均增长率仅为3.5%。同一时期世界上其他国家和地区年均经济增长率却接近甚至超过了10%，相比之下，印度经济发展的步伐显然是过于迟缓了。进入20世纪80年代以后，印度政府开始调整经济政策，特别是加大了对外开放的力度，如加大对出口的鼓励，面向国际金融市场融资，注重吸引FDI，从而使得80年代印度经济的年均增长率达到5.5%，比此前上升了2个百分点。进入90年代后，受油价上涨等冲击，印度遇到了严重的国际收支危机，被迫求助于IMF等国际机构。在后者的压力下，印度政府开启了全方位的经济自由化、开放化改革，将印度经济全面推向了全球化浪潮。这使得印度经济的增长率在90年代得到进一步提高，达到了6%，有的年份甚至超过7%或接近8%。[1] 进入21世纪后，印度经济的高增长势头仍在持续。

而按照西方处方实行自由化经济改革的俄罗斯一度是全球化最大的受害者之一。整个20世纪90年代，俄罗斯当权派接受了西方经济学家设计的"休克疗法"，对国家实行激进式改革，试图在极短的时间内将西方的自由市场模式移植到俄罗斯，以短期的阵痛换取长期的折磨，结果却是事与愿违。20世纪90年代被称为俄罗斯政治、经济乃至整个社会深陷危机的10年。"大爆炸式"变革不仅没有使俄罗斯摆脱苏联时期生产停滞的经济危机，反而陷入了更加深重的经济、政治和社会危机之中。[2] 这种糟糕的状况在普京接任总统后才得到扭转。此后，伴随着转型过渡的混乱期逐渐结束，新的体制机制和观念开始运转并发挥作用，再加上俄罗斯拥有的能源资源优势和传统军工优势等，俄罗斯再度以转型大国的形象出现在世界舞台上。正是在俄罗斯的积极推动下，2009年金砖四国领导人首次峰会得以举行，标志着金砖国家正式从抽象的投资概念变成一个实体性的论坛和全球经济治理机制。由此可见，尽管在经济上存在着显而易见的结构性

---

[1] 文富德："经济全球化与印度经济发展"，《当代亚太》2001年第11期，第28—35页。
[2] 关雪凌："经济全球化与俄罗斯经济转轨"，《东欧中亚研究》2001年第4期，第30页。

缺陷和总量性差距，但俄罗斯在国际舞台上的运作力和影响力仍不可小视。

巴西被高盛投资银行家列入金砖国家中的一员，在很大程度上与其辽阔的幅员、资源禀赋优势及较早的成功经历有关。历史上，巴西是葡萄牙的殖民地，具有典型的殖民地经济结构特征，以种植业或养殖业为主导，经济结构单一畸形。在二战后尤其是1964年军人政变上台后，巴西政府在当时流行的发展经济学理论指导下，大量引进包括国际短期投机资本在内的外资以弥补国内投资所需的储蓄缺口，从而推动经济取得高速增长。1968—1973年，其GDP年均增长率达到了10%以上，创造了又一个经济"奇迹"，引起世界关注。但到20世纪70年代末，随着国际油价的变动和国际信贷利益的大幅提高，巴西迅速陷入了债务危机之中。在IMF等的援助建议下，从20世纪90年代开始，巴西也走上了自由化改革道路，整个国家经济实现了复苏，展现出进步的迹象。整个20世纪90年代的年均增长率高于80年代，各项宏观经济指标有所改进，人均GDP也保持在4000美元以上。[①] 2003年卢拉领导的劳工党上台执政后，巴西的经济改革继续向前，经过10余年的努力，取得了一系列重要成就：中产阶级队伍持续扩大；国际评级得到提升；实现了由IMF的债务国向债权国的转变。2011年，巴西超过英国，成为继美国、中国、日本、德国和法国之后的全球第六大经济体，同年巴西的外汇储备也首次超过3500亿美元。[②] 巴西的新兴大国地位由此得到进一步巩固。

南非与其他新兴大国有所不同，在高盛公司最初提出的"金砖四国"中，其并没有在列。但2010年金砖国家首次扩员就将南非增加进来，这正是南非已跻身于新兴大国行列的重要标志。从经济总量和发展势头来看，南非的表现并不是特别出众，但是它拥有两大优势，这为其在国际舞台上扮演一个重要角色提供了帮助。一大优势是南非拥有十分丰富的自然资

[①] 陈江生、郭四军："拉美化陷阱：巴西的经济改革及其启示"，《中共石家庄市委党校学报》2005年第7期，第40—43页。

[②] 杨志敏："从近期社会动荡看巴西劳工党执政十余年来的经济改革成效"，《拉丁美洲研究》2014年第1期，第44—49页。

源，特别是其矿产资源举世闻名。作为世界五大矿产资源国之一，南非的黄金、铂族金属、锰、钒、铬、硅铝酸盐等储量居世界第一，其中的黄金储量更是高达全球储量的60%。另一大优势是南非的地理位置。它位于非洲大陆最南端，是从海上进入非洲大陆的重要入口，也在世界海运线上占有重要的位置。除此之外，南非在非洲大陆也是经济实力最强、工业化水平最高的几个国家之一。其国民人均收入在1992年已达3030美元，同葡萄牙、墨西哥、马来西亚等国相当，已跻身于世界中等收入国家行列。[①]所有这些因素决定了南非在某种程度上享有代表非洲国家的资格，并由此获得世界的尊重。

综上所述，无论是中小型或是大型新兴经济体在经济上的崛起，都是在其融入战后自由开放的全球化市场经济条件下取得的。而助推这些国家实现经济高增长所需的贸易扩张和大量外资流入，都是"嵌入"现行全球经济治理体系的制度规范框架下而得以顺利进行的。从这个意义上讲，全球经济治理体系对于新兴经济体的崛起可谓功不可没，这应是理解新兴经济体快速成长的秘诀之一。

第三节　新兴经济体在全球经济治理中的合作

然而，仅仅看到全球经济治理体系对于新兴经济体所产生的积极效应是不够的，作为西方发达国家主导下的国际制度，它对新兴经济体还有消极的影响。因为从制度设计的本意来看，它主要反映和维护的是主导国家的愿望及利益，而主导国家与体系内的其他成员既存在着利益相容的交集，也有着利益互斥和冲突之处。这就使得全球经济治理框架对于新兴经

---

① 沐涛："南非的工业化道路及其经验教训"，《社会科学》1997年第8期，第19—23、27页。

济体而言，具有两面性特征。在此背景下，新兴经济体不断携手合作，推动着全球经济治理的调整变革。

一、全球经济治理的制度非中性特征

如前所述，实践中的全球经济治理主要表现为一系列具体的国际性制度和国际规则集合，它看似普适于所有成员，具有公平性和规范性等特征，代表了所有者参与者的利益，理性的行为体为此应接受既有制度的约束与调节。但这往往是一种未经严肃审视的轻率之见。有学者已经指出，制度本质上并非中立客观，它在利益分配上常有着鲜明的照顾倾向。张宇燕把这一特点称之为"制度非中性"，即"同一制度对不同人意味着不同的事情。在同一制度下不同的人或人群所获得的往往是各异的东西，而那些已经从既定制度中或可能从未来某种制度安排中获益的个人或集团，无疑会竭力去维护或争取之"。①

为了更深入地说明这一点，我们需要考察制度的起源，这是理解某些制度为何具非中性色彩的根本原因。在中国学者柯武刚、史漫飞等人看来，②制度的产生有两大根源：一是内在制度。这是从经验中演化形成的制度，常常体现出人类在长期的生活实践中总结出的各种解决办法，如习惯、伦理规范、礼节及商业习俗等。违反内在制度常受到共同体内其他成员的非正式惩罚。它往往适用于平等的主体之间。二是外在制度。它通常由具有政治意志或社会强制权力的主体设计而得，并被自上而下地强加和执行。外在制度常配有相应的惩罚措施，甚至通过强加或法定暴力的手段予以配合。国家的各种法律法规便是最常见的外在制度。外在制度都是正式的规则，其目的就在于形塑共同体间的互动关系，抑制各种任意行为和机会主义行为，维护制度创设主体的利益。

构成现行全球经济治理框架的核心机构与制度都非自然演化而得，而

---

① 张宇燕：《利益集团与制度非中性》，《改革》1994年第2期，第98页。
② [德] 柯武刚、史漫飞，韩朝华译：《制度经济学——社会秩序与公共政策》，商务印书馆2000年版。

是在现实主义的国际政治氛围下，各相关制度发起国精心规划与相互博弈的产物。它体现了具备权力优势的成员国的价值观和利益偏好。虽然它也带有一定的国际公共品属性，但更重要的是，它是用于捍卫制度创设主导国的个别利益的手段与工具。

回到布雷顿森林体系建立时的情况看，牵头设计打造的国家正是传统霸权国英国与新兴霸权国美国。而最终英国著名经济学家凯恩斯（John Maynard Keynes）提出的"班柯"（Bancor）方案被否决，美国提出的美元本位体系得到确立，则表明新兴霸权国美国在围绕战后国际经济秩序构建的博弈中占了上风。而这一胜利，也是当时美国如日中天的国际地位的象征。处在战争中心区的欧洲各老牌强国深受战火摧残，四处残垣断壁，几成一片废墟，而本土安然无恙的美国却大发战争财，一跃成为世界头号经济及军事强国。1945年，美国工业产值占到资本主义世界工业总量的60%，对外贸易占到世界贸易总量的32.5%，黄金储备则占到世界黄金储备总量的59%。① 美国由此成为世界上唯一能大量输出资本且从事大规模贸易的国家，这为其主导战后国际经济秩序的制定奠定了实力与话语权基础。整个资本主义世界或西方阵营，唯美国马首是瞻。

美国著名学者约翰·伊肯伯里在其《自由主义利维坦——美利坚世界秩序的起源、危机和转型》一书中这样写道："在'二战'结束后的几十年中，美国从事了世所未见的、最具雄心壮志和深远影响的自由主义国际秩序的构建。这是自由主义国际秩序的一种独特类型——自由主义霸权秩序。美国不只是促进开放的、以规则为基础的秩序，它还成为这种秩序的霸权性组织者和管理者。美国的政治体制以及它的同盟关系、科技、伙伴和市场，也与这种更广泛的自由主义秩序融合在了一起。在冷战的阴影下，美国成为这种自由资本主义政治体制的'所有人和经营者'。它在支持自由国际主义规则和机制的同时也享有着特殊的权利和好处。"②

---

① 舒建中："美国与1947年日内瓦会议——兼论关贸总协定机制的建立与美国贸易霸权"，《解放军外国语学院学报》2005年第3期，第103页。
② [美] 约翰·伊肯伯里，赵明昊译：《自由主义利维坦——美利坚世界秩序的起源、危机和转型》，上海人民出版社2013年版，第2页。

无论是在早先的布雷顿森林体系，还是在后来的 G7/G8 非正式的西方主要发达国家之间的政策协调中，美国都扮演着组织者和领导者的中心角色。而且，美国的这种中心角色并非停留在名义上，而是体现在对 IMF 和世界银行等重要国际机构的控制影响上。如同英国学者奈瑞·伍茨（Ngaire Woods）所指，"新兴经济体认为 IMF 由少数发达国家主导，这些国际组织深受它们的影响"，如 IMF 总是在同美国商议下，从少数欧洲国家中选出总裁，而"世界银行也由一个美国任命的总裁和美国主导的理事会所控制"。① 这种影响力还会延伸到这些机构的高级管理职位任命上。

总体而论，以布雷顿森林体系为核心的战后全球经济治理虽然也在一定程度上促进了包括新兴经济体在内的发展中国家的经济发展，但它更多地是反映西方发达国家的利益。② 如作为一种强调多边自由开放的国际经济体制，它要求各国削减各种对外管制，共同参与国际市场竞争，这实际上更有利于综合实力和国际竞争力较强的发达国家；从 IMF 的设计原理看，它要求各会员国能够申请获得的贷款同其份额挂钩，这看似公平的原则却难以满足发展中国家对资金的旺盛渴求。而对 IMF 较弱的影响力，更使得发展中国家在贷款安排问题上处于不利地位。"从贷款安排上看，发展中国家提供的资产（外汇、特别提款权和在 IMF 中的头寸）占 IMF 总资产的 43%，但所得借款仅为 4%。"③ 另外，拥有国际货币地位的都是美、英、德、日等几个发达西方国家，等于是这些国家掌握了国际货币的发行权，每年都从全世界分享着巨额的铸币税收益。这些国家还能通过自主调节货币供应量和货币政策来影响国际货币的币值变化、国际金融市场的波动以及干扰别国的金融政策。由于 IMF 被赋予了监督向其求援的成员国的一系列权利，如贯彻特定的国内政策、控制信用、实行贸易自由化和进行货币贬值等，通过操纵 IMF 来影响发展中国家和新兴国家也就成为发达国

---

① ［英］奈瑞·伍茨，曲博译："全球经济治理：强化多边制度"，《外交评论》2008 年第 6 期，第 82—95 页。

② 邹三明："布雷顿森林体系对国际关系的影响"，《世界经济与政治》1999 年第 10 期，第 38 页。

③ 陶湘等：《国际金融与管理》，中国人民大学出版社 1996 年版，第 57 页。

家的拿手好戏。其主要通过各种"指导"和贷款条件来体现美国的意愿或目标。如"（20世纪）60年代初期，巴西从民主国家转向军事独裁，这个事件就常被看成是国际货币基金组织对发展中国家狡猾算计的结果"。[①] 而就连法国也曾认为 IMF 主要是为英美利益服务的，因为其在 1958 年得到的贷款也被附加上了条件，虽然远不如发展中国家面对的那样苛刻。

二、全球经济治理体系的缺陷

归纳一下迄今为止对现行全球经济治理体系的批评，主要来自两个方面：一个是合法性问题；另一个是有效性问题。随着越来越多的国家加入全球经济治理体系，成为这一体系的利益攸关者，这一体系的内在张力和矛盾摩擦无形中变得更大了，从而加剧了既有机制调和各种互不兼容的价值观与利益偏好的难度，暴露出种种局限性。

全球经济治理机制合法性问题之所以重要，是因为这"意味着统治的权力"，将使这些国际组织能够制定出规则，确保这些规则具有被遵守的道德正当性，并使服从规则的国家或民众有自决性道德，因而促使他们去遵循规则或者至少不干扰他人服从规则。[②] 为此，布坎南和基欧汉等人研究了判断国际机制合法性的标准问题，[③] 提出可参照三种标准予以衡量：最低道德接受度、相对获益和机制的整体性。其意思是：全球治理机制不能陷入极度的非正义境地；这些机制能够提供其他方式无法获取的收益；实际运行中对所有行为体公平对待、一视同仁。但这种标准显然并不足够，特别是前两个条件几乎是不言自明的，任何仍然运转的重要国际机构都在道德上是站得住的，并且是具有不可替代的特殊贡献的，而从执行的一致性上看，也不是太大的问题，经过增加透明度和简单的舆论拷问，就

---

① ［美］C. 培尔：《债务陷阱：国际货币基金和第三世界》，每月评论出版社 1974 年版，第 7 章。转引自 ［美］J. F. 佩克：《国际经济关系》，第 355 页。
② ［美］艾伦·布坎南、［美］罗伯特·基欧汉，赵晶晶译："全球治理机制的合法性"，《南京大学学报（哲学·人文科学·社会科学版）》2011 年第 2 期，第 29—42 页。
③ 同上。

能够有力地消除这种歧视性行为重演。由此可见,合法性的标准还应加上基欧汉在另一篇文章中所提到的民主代表性问题。

在这篇以 WTO 为案例而进行的国际多边组织合法性研究的文章中,①基欧汉等承认,越来越多的行为体试图施加影响,增加自己的代表,谋求增强该机构的民主责任,这使得合法性问题变得愈加重要而急迫。而解决这一问题的出路就在于扩大参与,让其在透明度与参与之间保持适当平衡,加强国际组织的政治基础。在他们看来,政府间组织和国际机制的现有政治基础如此薄弱,如果不加以修护,那么其合法性也只能勉强再维持几十年,而国际贸易等问题领域的合作有可能倒退乃至陷入僵局,从而让全世界都付出高昂的代价。

特别是随着新兴经济体的迅速崛起,全球经济治理体系下既有的利益分配格局正变得不合时宜。少数大国凭借其掌握的否决权而掌控着这些多边机构的走向、政策制定和执行,新兴经济体在其中的缺位尤其明显。这被视为全球经济治理机制产生合法性危机的主要来源。这里的合法性危机正是指"一个行为者或机构的身份、利益、惯例、规范或程序的正当性的社会认知水平下降到必须适应或面临让权(disempowerment)的程度"。②

与合法性问题并列且密切相关的另一个重要问题是全球经济治理体系的有效性。

对有效性的通俗理解应当包括两个方面的含义:一是有效率,即费效比的可接受度高;二是有效果,即能够较好地完成预定的目标。结合到国际机构来看,这也适用,那就是看其能否高效地履行机构的宗旨和使命,能够应付相关的情势。正如奥兰·扬所指,国际机制的有效性就是指可以从其能否成功地执行、得到服从并继续维持的角度来加以衡量;这里的有

---

① [美]罗伯特·O. 基欧汉、[美]约瑟夫·S. 奈,门洪华、王大为译:"多边合作的俱乐部模式与世界贸易组织:关于民主合法性问题的探讨",《世界经济与政治》2001 年第 12 期,第 58—63 页。

② Christian Reus‐Smit, "International Crises of Legitimacy", *International Politics*, Vol. 44, No. 2/3, 2007, pp. 157–174.

效性也是一个程度大小的问题，而不是一个"要么全有要么全无"的命题。① 而在不断变化的时代背景下，国际机制的有效性还体现在其是否具有动态适应能力上，看其能否经受得住个人和集体行为发生显著变化的考验。

事实上，早在 2008 年左右就有学者感叹，全球经济治理已落在了快速发展的全球化后面，为调控全球经济关系而创建的国际制度日益失去效率和趋于边缘化。② 在贸易方面，多哈回合谈判一直止步不前，贸易自由化前进受阻。IMF 和世界银行则目送着会费捐助国退出，这些国家既不再向 IMF 和世界银行贷款，也不再承担分摊的会费。面对当时飙升的油价，不包括中国和印度这样的新兴经济体在内的国际能源机构（International Energy Agency）束手无策，难以正确应对。在接下来发生的次贷危机和国际金融危机中，IMF 因为缺乏预警和有效的应对也受到新的批评与质疑。

奈瑞·伍茨在其文章中详细罗列了 WTO、IMF 和 WBG 三大机构存在的种种不足。③ 在贸易方面，包括新兴经济体在内的发展中国家感到贸易规则并不公平。发展中国家被迫在不对等的条件下开放市场和进行交换。如发达国家一方面对本国农业给予严格保护，另一方面又排斥发展中国家的工业化政策，并对后者施加严格的知识产权规则。IMF 在稳定全球经济、缓解金融风险、促进货币合作上越来越难以发挥建设性作用。另外，它也被一些国家视为少数富国输出其价值和标准的工具，其作为公正监管者和协定执行者的形象受损。WBG 同样面临 IMF 遇到的信任危机问题。此前 WBG 贯彻的是以"解除管制、自由化"等新自由主义经济思想为导向的"华盛顿共识"，但对其教条化的推行却造成了不少负面效应。

总之，从国际现实来看，主要的国际机构在减轻失业、贫困和边缘化等问题上所取得的进展相对有限，而自从布雷顿森林体系于 20 世纪 70 年

---

① ［美］奥兰·扬，张胜军等译："国际制度的有效性：棘手案例与关键因素"，《没有政府的治理》，江西人民出版社 2001 年版，第 186—224 页。

② ［英］奈瑞·伍茨，曲博译："全球经济治理：强化多边制度"，《外交评论》2008 年第 6 期，第 82—95 页。

③ 同上。

代初崩溃以来,以 IMF 和 WBG 为代表的主要国际机构已根本无法预测并阻止之后发生的多起金融财政危机。更为显著的事实是,各国政府干预世界经济的能力也很不平衡,只有极少数国家才拥有发言权和充足的投票权。[1] 2010 年,IMF 曾对投票权进行了小幅度改革,但改革的前提仍然是要确保美国拥有一票否决权。面对上述情况,要求全球经济治理体系进行变革的呼吁也多了起来。

三、新兴经济体在全球经济治理中的合作表现与趋势

现行治理体系的制度非中性特征及其存在的缺陷,构成了新兴经济体参与推动全球经济治理体系塑造与改进的大背景,但它们的动力来源并不仅限于此。实际上,在一体化的世界潮流中,新兴经济体的发展兴衰与全球经济治理的联系变得愈发紧密了。自由化的贸易体系、相对稳定的货币和汇率体制以及发达的资本流动渠道,构成了新兴经济体赖以保持高速成长的重要条件。当然,发达国家也从中受益,因为新兴经济体为其提供了转移成熟技术和低端产能,开辟新市场,输入廉价工业品和生活品的新天地。国际劳动分工早已从产业间贸易为主导的模式切换到产业内贸易为主导的模式,发达国家与新兴经济体之间以产业链为纽带紧紧地连在了一起,形成了优势互补、合作共赢的共生关系。但这种关系也让各国抵御冲击的能力下降了。大家一荣俱荣,也一损俱损。危机的传染性要比过去不知扩大了多少倍。金融危机或经济萧条一旦到来,各国都难以独善其身。但更需看到的是,与发达国家相比,新兴经济体的整体素质和实力仍相对较弱,抗风险、抗冲击的能力也更差,这就更加刺激了它们共同参与全球经济治理的积极性。

根据时代特点和主体构成的差异,新兴经济体在战后全球经济治理中的合作实践可以分为几个不同的阶段:

---

[1] [瑞士] 彼埃尔·德·塞纳克伦斯,冯炳昆译:"治理与国际调节机制的危机",《国际社会科学杂志》1999 年第 1 期,第 100 页。

第一阶段是从二战后初期到冷战结束之前。这一时期，全球经济体系仍处于冷战分割状态，现行的全球经济治理体系主要适用于资本主义阵营，包括中国和俄罗斯在内的后起新兴大国仍处在这一体系的外围或边缘。这一时期代表新兴经济体阵营联合行动的是一批战后新独立起来的发展中国家。它们呼吁要建立国际经济新秩序，包括改变贸易条件不合理状况、增加发展援助、加强南南合作等。这些行动可以视作新兴经济体在全球经济治理问题上的最初合作。当然，受制于当时与西方发达国家悬殊的经济力量对比，以及相互间依存关系的极其不对称等，发展中国家的这些诉求并未受到后者的重视与认可，而且在20世纪70年代达到高潮后，很快又冷落了下去。全球经济治理体系依旧岿然不动。但包括一些新兴经济体国家在内的发展中国家集团也不是一无所获。正如美国学者巴尼特（Jon. Barnett）所指出的，"代表第三世界国家的经济和政治利益的'77国集团'，尽管因为涉及超过130个国家而日益变得异质化，但它仍在整个20世纪80年代和90年代保持了相当一致的立场"。① 这证明从一开始，新兴经济体就有了合作的传统与氛围。

第二阶段是从冷战后到2008年美国"次贷"危机及国际金融危机爆发前。在这一时期，随着苏联的解体和冷战对峙的终结，以通信信息技术革命为助力，世界经济进入到快速的全球化、一体化时期。包括中国、印度、俄罗斯等在内的几乎全球所有有影响的经济体都融入到一体化的环境中。它们既是全球经济治理体系中的新成员、新角色，也是新的治理对象或问题制造者。这一时期，新兴大国的群体性崛起正式引起了发达国家的重视，"金砖国家"的概念也就出自这一时期。但这一时期，新兴经济体与发达国家的差距仍然很大。同时，转向市场经济体制和全方位融入全球经济体系时间不长的新兴经济体主要处于学习适应阶段，它们在全球经济治理体系中的合作相对来讲是不太惹眼和有限的。当然，各种合作也在根据需要不断进行。如在1997年东南亚发生金融危机以后，中国与东盟国家

---

① Jon. Barnett, "The Worst of Friends: OPEC and G77 in the Climate Change Regime", *Global Environmental Politics*, 2008, Vol. 8, No. 4, pp. 1 – 8.

签署了以货币互换为核心内容的《清迈协议》,这是新兴经济体在金融治理方面的合作实例;而贸易方面的合作则更多,如在2003年印度总理瓦杰帕伊访华期间,就有报道称,① 两国商务部长商议决定扩大双边贸易并加强在WTO下的合作以维护发展中国家的利益。两国部长探讨了公共卫生、与农业有关的知识产权问题以及与投资有关的问题等WTO议题,印方表示将研究如何在多边贸易领域同中国进行协调,双方还同意两国驻WTO大使进行磋商,研究两国如何在影响发展中国家的主要议题上采取一致的立场。

第三阶段则是从2008年国际金融危机爆发至今。这一时期,真正开启了新兴经济体开展全球经济治理合作的新篇章。这场危机发生在发达资本主义世界的大本营,美国和欧洲都深陷其中,并经受着数十年未遇的经济重创。危机迫使美欧国家主动邀请新兴经济体联手参与全球性经济问题的应对,对失灵的全球经济治理体系进行诊断和修补改良。到了这一阶段,新兴经济体已变得更加强大、更有影响力了,这使其更加有意愿、有能力参与全球经济治理变革。这一时期也是新兴经济体取得丰硕合作成果的时期。从合作领域来看,更加全面广泛,涉及到所有重要领域,从应对系统性的经济危机到各个经济领域,新兴经济体都有发声;从合作目标看,新兴经济体就是要使全球经济治理机制朝着有利于新兴经济体的方向发展;从合作绩效看,新兴经济体的地位得到显著提升,建立了新的合作机制。最为突出的表现是新兴经济体在全球经济治理机制中的话语权持续提升。② 如在IMF的改革中,新兴经济体成为最大的受益群体。新兴市场和发展中国家将新增大于6%的份额,整体投票权比重转移达到5.3%。IMF的执行董事会将面向新兴经济体开放平等竞选的机会;在国际复兴开发银行(IBRD)的改革方案中,金砖国家的投票权将提高1.8%,而七国集团相应减少3.6%;金砖国家在国际金融公司(IFC)中的投票权将提高

---

① "印度加强同中国在WTO的合作",http://www.ceconline.com/strategy/ma/8800032613/01/。

② 徐秀军:"新兴经济体与全球经济治理结构转型",《世界经济与政治》2012年第10期,第49—79页。

4.04%，G20上升成为新兴经济体与发达经济体共商全球重大经济问题的治理平台，"金砖国家"已由概念变成正式的合作机制和新兴大国集团。这些均标志着新兴经济体在全球经济治理中的合作已经取得了可喜的进展。在推进全球金融治理改革的同时，金砖国家在全球贸易治理上的合作也较为主动而突出。特别是美国等发达经济体在贸易领域的保护主义的倒退，更使得新兴经济体有必要站出来捍卫对各方有利的自由贸易秩序。

在大力推动现有治理机构变革的同时，金砖国家参与全球经济治理的更重要趋势，被视为是同步构建新的治理机制。[1] 迄今为止，新兴经济体国家已经成功发起并设立了金砖国家开发银行、亚洲基础设施投资开发银行（AIIB）等国际性金融机构作为替代方案。新兴经济体的备选项还包括："增加自身外汇储备（因此不再需要IMF）；建立自己的多边互换安排；寻求扩大金融的多种来源（因此不再依赖世界银行的贷款）；谋划新的多边发展倡议（比如南方银行）"等。[2]

新兴经济体的这种能动角色绝非盲目进取，因为美国学者伊肯伯里等也指出，一旦美国的势力相对衰落，美国对组织和领导国际经济制度的动力就会下降，以规则为基础的世界经济治理也会出现问题，如20世纪70年代，在西欧和日本经济复苏和重新崛起的情况下，美国就不再支持布雷顿森林体系关于其他货币"钉住"美元的标准，而是让其转化为国际浮动汇率制度。[3] 这就为新兴经济体奋起捍卫和重塑未来的全球经济治理体系敲响了警钟。

当然，也需重视的是，二战后建立起来的这套全球经济治理体系在过去70年间已取得前所未有的成功，在短期内很难被另一套基础体系和规则

---

[1] 黄仁伟："全球经济治理机制变革与金砖国家崛起的新机遇"，《国际关系研究》2013年第1期，第54—70页。

[2] ［英］奈瑞·伍兹，曲博译："全球经济治理：强化多边制度"，《外交评论》2008年第6期，第82—95页。

[3] Jeseph M. Grieco, G. John Ikenberry, *State Power and World Markets: The International Political Economy*, W. W. Norton and Company, 2003, pp. 289–330.

完全取代。① 因此，改革和加强现有秩序可能仍将是未来唯一的选择。在这方面，美国、欧洲和日本等发达经济体面临一系列内部的掣肘。仍有潜力保持高增长势头的中国、印度和其他新兴经济体应当做好加强合作的准备，以期在推动全球经济治理变革中扮演更加吃重的角色。

---

① ［美］马修·古德曼，唐靖茹译："演进中的全球治理体系改革"，《国际经济评论》2015年第1期，第169—171页。

第三章

全球经济治理中的霸权与机制合作论

新兴经济体在全球经济治理中的角色日渐彰显，其合作之势也愈加引发关注。这种合作行为究竟是昙花一现，还是可以持续？其答案不仅与未来全球经济治理体系的走向直接有关，也将影响到人们对未来全球政治经济格局发展变迁的判断。如果新兴经济体合作持续推进，全球经济治理变革将加速向前，有利于全球经济健康发展，国际权力转移也将加快朝着有利于新兴经济体的方向位移；但如果新兴经济体持续合作乏力，全球经济治理变革则将由于缺乏挑战者的刺激推动，进展迟缓或停滞不前，这将影响全球国际经济环境的改善，制约全球经济的发展，并在有损各国共同利益的同时，将新兴经济体"锁住"在现行秩序内，承受不合理或已过时制度的束缚。从过去的情况看，在二战后不久，一批发展中国家就曾掀起一波争取建立国际经济新秩序的潮流，到后来却不了了之。这说明挑战现行秩序的变革并不容易，受挫失败的可能性不小。为了回答当代新兴经济体的全球经济治理合作是否有可能重陷困境的问题，有必要透过现象看本质，从理论上思考新兴经济体全球经济治理合作行为的性质、动因与阻力。

　　从现行全球经济治理体系数十年运行经验看，其是在霸权国家的领导下建立起来的，霸权合作论和制度合作论等为其提供了较为充足完备的理论阐释。与其相比，新兴经济体在全球经济治理中的合作既有共性之处，即制度合作都扮演了重要角色，但更有一个特别明显的差异，即在新兴经济体的合作中，没有霸权国家发挥中心领导作用，它具有典型的非霸权主导合作特征。这对我们提出了一些新的问题：它意味着霸权合作论有失偏颇吗？还是指霸权合作论可能仍旧有效，只是目前尚未到见效的时候而已？能够从过去的经验中学到什么吗？更进一步讲，霸权合作与制度合作这两者，是只能相互作用还是可以独立发挥作用？而没有霸权主导的制度合作又何以成为可能？

本书将围绕这些问题展开分析，在审视批判霸权合作论与机制合作论的基础上，提出并探讨非霸权合作的条件、动因、手段、限度与观念哲学基础等一系列与新兴经济体治理合作紧密相关的理论问题。对这些问题的探索，可能会对主流国家合作理论提出一些新的补充见解。如霸权合作论的前提是解决公共品供给中的集体行动困境问题。由于存在收益是由各成员分散取得与成本是由部分成员集中支付并存的现象，因而集体中的成员往往会滋生投机性的"搭便车"行为，公共品的供应常会因此陷入缺失或不足的状况。而霸权国家的存在就克服了这一困境。霸权国家在无世界政府状态的国际社会中，扮演了准政府的部分角色，承担了生产或组织生产国际公共品的职能，从而为世界顺利运转创造了福利和收益。但是在霸权国家缺位的情况下，能够运用何种理论用以说明国际公共品的供给不足问题同样能够得到解决或保障呢？如果能够从新兴经济体的合作中找到非偶然性因素，即如果这些合作并非即兴或运气的产物，而是理性设计与有意图的互动探索的结果，那么在后霸权时代或霸权国家式行为不再获得国际社会认同的时代，这样的探讨对于国际社会构建和增进合作也就颇有意义了。

第一节 全球经济治理中的霸权合作论

在解释战后世界秩序的国际政治理论中，霸权稳定论堪称最有影响力的理论。它说明了战后的国际秩序为何得以构建，全球在接下来的数十年中为何能迅速实现战后复兴，以及何以发展起愈加壮观的国际合作网络关系。

一、霸权的界定

何为霸权或霸权国家？到底有没有一个大致的标准可以判定？这个问题非常重要，它是整个霸权合作论推导的前提。

在中国的语境中，霸权一词是指具有领袖地位的成员或国家，它通常带有贬义，与强制性、专断性统治等结合在一起，具有霸道、蛮横无理的味道。而在西方语境中，霸权（hegemony）这一术语最先来自古希腊，但是它的现代用法源于20世纪初沙皇俄国革命运动中的辩论，随后在意大利共产党领导人葛兰西那里得到重视。葛兰西也被视为霸权理论的独创者或霸权理论家。[1] 他认为，霸权意味着一种领导权，但它又不是一个简单的领导统治概念，而是包含了经济、政治和文化多重属性在内的复杂概念，即它既指经济上的霸权，更指政治与文化上的霸权，即文化（道德）合法性建构问题。葛兰西认为，霸权只有渗透到这个层次，才能使人们自觉不自觉地遵从着统治者的霸权逻辑。[2]

继葛兰西之后，德国著名的法学家海因里希·特里佩尔将霸权概念运用到国际关系研究中，他称古希腊城邦联盟中居于领导地位的城邦为霸权，并探讨了欧洲先后经过的西班牙、法国和英格兰等霸权力量的兴衰过程。[3] 与葛兰西一样，他也通过跟支配的概念做比较来显示霸权概念的不同，即前者是通过强力（force）的权力，而后者是通过合意（consent）的权力。

此后，意大利历史学家阿瑞吉阐述了他的霸权观，认为在国际关系中的霸权就是世界领导权，是授予任何"能够令人信服地宣称自己是一种原动力，促进统治者相对于被统治者的集体权力的全面扩张"或者"能够令

---

[1] Massimo Salvadori, "Gramsci and the PCI: Two Conceptions of Hegemony", in *Gramsci and Marxist Theory*, ed. By Chantal Mouffe, London: Routledge & Kegan Paul Books, 1979, p. 237.
[2] 仰海峰："葛兰西的霸权概念研究"，《山东社会科学》2005年第11期，第39—44页。
[3] ［英］佩里·安德森，海裔译："霸权之后？——当代世界的权力结构"，《文化纵横》2010年第2期，第34—41页。

人信服地宣称，其针对于某些或者甚至任何其他国家的权力扩张，符合所有国家中的被统治者的共同利益"的国家"。① 这一概念已经几乎等同于对战后美国的量身定制了。

而到了罗伯特·基欧汉那里，霸权是指"一国有足够的能力来维持治理国家间关系的必要规则，并且有意愿这样做的情形"，②"实施领导权的决定是'激活'权力能力和结果之间既定关系的必需"。③ 这一定义实际上包含了两大基本要素：一是具备领导权的实力，二是具有实施领导权的意愿，两者缺一不可。这里的领导具体是指一种与支配、控制、领导相联系的力量，能够对国际行为体构成影响，使其他国家改变或部分改变行为。④

二、霸权稳定论的基本观点

美国学者海伦·米尔纳（Helen V. Milner）指出："霸权稳定论强调权力资源集中于单一国家会导致国际经济的稳定和开放。这种稳定和开放通常依赖合作，而当能力集中于一个国家时，合作最为可能。国家创建一个开放的贸易体系的意愿和能力被归因于霸权力量的存在。霸权是必须的，因为霸权国既在自由贸易和稳定的贸易体系中存在利益，而且还具有手段来监督别国的行为。就宏观经济合作而言，霸权稳定论已被用于解释国际货币体系的创建，尤其是古典金本位制、布雷顿森林体系以及欧洲货币体系的存在，都被归因于体系内霸权国的存在。"⑤

美国著名经济学家金德尔伯格（Charles P. Kindelberger）被认为是最

---

① [美]乔万尼·阿瑞吉，姚乃强、严维明、韩振荣译：《漫长的20世纪》，凤凰出版集团2011年版，第32—33页。

② Robert O. Keohane and Joseph S. Nye, *Power and Interdependence: World Politics in Transition*, Boston: Little, Brown, 1977, p.44; Robert O. Keohane, *After Hegemony: Cooperation and Discord in the World Political Economy*, 1984, Princeton: Princeton University Press, pp. 34-35.

③ Robert O. Keohane, *After Hegemony*, Princeton, NJ: Princeton University Press, 1984, p.35.

④ 张茂明："霸权与国际关系：理论、逻辑及有关争论——记《霸权的兴衰》书评研讨会"，《欧洲研究》1999年第1期，第83—88页。

⑤ [美]海伦·米尔纳，曲博译：《利益、制度与信息：国内政治与国际关系》，上海人民出版社2010年版，第22页。

早论证了霸权与国际经济体系稳定之间关系的学者。① 他认为之所以会出现1929年的西方大萧条，是因为当时英国霸权已经衰落，而处于上升期的美国还没有意愿履行稳定国际经济体系的职责，因而导致了灾难性的经济大动荡。金德尔伯格从中得出结论，国际体系要有且只能有一个稳定者，这个稳定者就是霸权国家，其职责就是通过提供国际公共品（如自由开放的国际贸易体制、稳定的国际货币体系、国际安全等）来保证国际经济体系持续和稳定的发展，防止出现全球性经济动荡和金融混乱。② 美国经济史学家巴里·艾肯格林（Barry Eichengreen）也对霸权稳定论进行了详尽而系统的实证性研究。③ 他专门探讨了19世纪末英国和第二次世界大战以后美国的作用，尤其是它们在国际货币体系形成和运作中的作用，从而证明英美霸权国通过促进国际合作"大大地影响了"国际货币体系的性质。在他看来，如果没有霸权国，贸易、货币和其他大多数国际事务中的合作就算不是不可能实现的，也是极难实现的。艾肯格林还分析了历史上霸权和贸易自由化之间的联系，指出多边主义取得成功的唯一实例正好与存在一个大国在经济上占支配地位发生在同一时期，而相反，GATT运作越来越困难也正好与美国经济相对衰落发生在同一时期。这种发生时机上的一致性似乎正好反映出两者间的因果关系。

  霸权稳定论最初只限于经济领域，但通过斯蒂芬·克拉斯纳（Stephen Krasner）、罗伯特·吉尔平（Robert Gilpin）和罗伯特·基欧汉等国际关系学者的努力，霸权稳定论被延伸到国际政治领域，用以解释霸权与国际体系中的合作这两者之间的关系。如罗伯特·吉尔平指出，"国际自由经济的存在少不了要有一个霸主，……历史经验表明，没有一个占主宰地位的自由强国，国际经济合作极难实现或维持，冲突将成为司

---

① 张建新："霸权、全球主义和地区主义——全球化背景下国际公共物品供给的多元化"，《世界经济与政治》2005年第8期，第31—37页。
② Charles P. Kindelberger, *The World in Depression: 1929—1933*, Los Angeles The University of California Press, 1986, p.289.
③ ［美］罗伯特·吉尔平，杨宇光、杨炯译：《全球政治经济学》，上海人民出版社2006年版，第100—102页。

空见惯的现象"。①

霸权稳定论之所以成为有影响力的理论，不仅是因为对历史经验的考察为其提供了一定的佐证，还与公共品理论和集体行动困境理论等有着紧密的关联。这些理论表明，新古典学派经济学家们曾经持有的那种乐观见解，即依靠自由市场而非政府就可以导致一切问题得到顺利且更好解决的想法，是无知和不切实际的。在公共品领域，存在着明显的市场失灵和"搭便车"等现象，非市场力量的介入是不可或缺的。

这里所谓的公共品是指在消费上具有非排他性和非竞争性等特点的产品或服务。这两个特点的存在会使得生产者得不偿失，即生产成本不容易获得补偿，或获得补偿的成本本身就太过高昂乃至完全没有经济可行性，生产者就会缺少生产积极性，进而又造成这些公共品的供给缺失或不足。然而，许多公共品对于人类生活或健康却是必不可少或至关重要的。比如，最为常见的社会公共品有国防、环境保护、传染病防治等。公共品提供不足的根源恰恰在于个体中的自利心理。在理性主义导向的政治学或经济学学术研究中，寻求个体利益最大化的"理性人"被视为不证自明的公理性前提。英国著名经济学家亚当·斯密（Adam Smith）的古典政治经济学将自利的个体视为社会进步之源，认为这将激发个体的进取心理，并在市场的自发调节作用中产生有益于集体的结果。但是斯密的这一"看不见的手"的自发调节理论只能适用于私人物品，即产权或价格能够得到明确界定的物品，对于公共品而言，它却是失效的。因为公共品的提供不能或难以产生消费的排他性和非竞争性，也就是说一旦生产出来，集体内的所有成员都能从中受益，包括那些没有分担集体行动成本的成员，那么这种不合理的成本收益结构就会导致"搭便车"的行为。这正是奥尔森所谓的"集体行动的逻辑"以及"集体行动的困境"，② 即尽管存在着共同利益，但是在缺少强制分摊成本的情况下，采取不劳而获的"搭便车"行为反而

---

① [美] 罗伯特·吉尔平，杨宇光译：《国际关系政治经济学》，经济科学出版社1989年版，第105页。
② [美] 曼瑟尔·奥尔森，陈郁等译：《集体行动的逻辑》，上海三联书店、上海人民出版社1995年版，第2页。

是理性之举，而且成员数目越大，相互协调内的成本越高，集体行动也就越难以实现。

解决公共品供给不足问题的一个方案是由政府通过征税的方式来集中生产，另一种方案就是将其私有化，即以"俱乐部"的方式来提供，只有加入俱乐部、交纳有相关会费的成员才有可能享受到相应的公共品。在国际关系领域，不存在统一的世界政府，也就不可能进行统一的征税，或者说不可能进行名义上的、公开的统一征税行动，通常选择的是第二种方案，即霸权国家正是通过一定程度的排他性操作，将"平等进入"的纯公共物品转化为俱乐部产品以获得选择性激励，维持国际公共产品的持续供给。[1]

三、对霸权合作论的评价

如何评述霸权合作论呢？毫无疑问，它是有历史事实和逻辑支撑的一种理论。国际社会至今仍未摆脱霸权的阴影，但同时也受惠于霸权主导下的国际合作。在霸权国家主导下打造出来的全球经济治理体系，减少了世界无政府状态本应带来的无序与混乱，加强了国界分割着的民族间的交流理解，扮演了事实上的准世界政府角色。因此，从这个意义上讲，霸权合作论的思想并不算深奥，可以将其视为对国内政治的外推和升级版，即它与国内的中央政府一样，承担着统一市场、提供各类基础设施、建立并维持秩序规范、充当金融危机中的"最后贷款人"等各类公共品的生产提供或组织者角色。之所以需要这种角色存在，是因为人类社会生产力和生产关系发展到现时代，产生了更加强烈的协作和配合需求。尽管主权观念仍根深蒂固，但是市场逻辑已经超越主权逻辑而走到了前面，而经济发展又日益成为政治兴衰的决定性力量之一。所以，政治力量不仅需要关注安全，更需要满足国家经济和福利发展需求。

然而，霸权合作论也招来了不少批评。吉尔平曾经归纳了从理论、历

---

[1] 刘玮、邱晨曦：《霸权利益与国际公共产品供给形式的转换——美联储货币互换协定兴起的政治逻辑》，《国际政治研究》2015年第3期，第78—96页。

史和政治等不同角度提出的各种批评：政治角度的批评指责霸权稳定论是为了给美国的霸权行为做辩护，历史角度的批评声称也有霸权国家未必带来合作的案例，理论方面的批评则认为非霸权国家有可能合作解决与建立和维持自由国际经济相关的问题。[1] 在这三种视角的批评里，政治角度的批评力度较弱，因为美国霸权主导的国际合作确实存在对国际社会有利的一面，而且其成就也是很显著的。理论方面的批评则是最有力的，它还得到历史角度批评的支撑，即霸权未必带来合作。反过来说，合作也未必需要霸权的存在。这两者之间并不是严格的充分必要关系。当然，吉尔平对此反驳称，"尽管在没有霸权国的情况下，各国通过合作建立稳定的自由国际秩序也是可能的，可是这种情况从未出现过"。然而，吉尔平在这里提出的合作概念是指像"自由国际秩序"这样宏大的体系性框架，这样的框架当然不会轻易形成或被颠覆，而且自由国际秩序也只是在自由主义思想得到全面传播和流行的背景下才建立起来的。这样的时代在人类历史上并没有反复出现过，它的出现正好与霸权出现的时代相重叠，所以也就无法说明它只能是霸权主导下才可能出现的合作秩序。未来并不能排除出现非霸权主导形成新型国际治理体系的可能。此外，国际合作本身就包括广度和深度不同的各种类型。体系层面的合作体系只是其中最复杂、最高级、影响最大的合作而已。所以，吉尔平的反驳并不成立，非霸权合作有其可能性，从现实看也并非不能得到除体系合作层面以外的其他合作实例支持。霸权合作绝非国际合作的唯一路径。

第二节 霸权之后的机制合作论

现行全球经济治理体系主要由一系列的国际组织和国际制度所构成，

---

[1] ［美］罗伯特·吉尔平，杨宇光、杨炯译：《全球政治经济学》，上海人民出版社2006年版，第99页。

这些机构也是在霸权国家的主导下建立起来。从制度经济学的角度看，霸权国家充当了制度创新理论中的第一行动者的职能。这些新创的制度既是霸权国家权力与利益的体现，也反映了其他成员国的利益，因此它们被归为霸权主导下的国际合作行为的产物。然而，国家的盛衰不是永恒不变的，随着时间的推移，由于国家间发展速度的不同，各国过去的相对强弱对比会不断发生变化。一些国家会渐渐崛起壮大，而霸权国家则可能表现出盛极而衰的态势。战后二十余年的时间就已经证明了这一点，在二战中受到严重破坏的西欧、日本都在经济上追赶了上来，并开始在家电、汽车等领域与美国展开激烈的市场竞争，美国在越战和与苏联进行全球对抗等的拖累下，呈现出明显衰落的迹向。如尼克松宣布结束美元与黄金之间的兑换，既标志着布雷顿森林体系受到重大挫折，也令人们感到霸权美国已今非昔比。这也引起了人们对全球经济治理的忧虑，即随着霸权不再，霸权之后的世界秩序将会如何发展？霸权国家主导建立起来的战后秩序会随之土崩瓦解吗？

　　机制合作论正是为了回应上述问题与忧虑而提出的。它对霸权之后的世界运行提出了一套新的见解，特别强调了机制的合作促进功能与路径依赖性。在机制合作论看来，机制不只是霸权力量的投射，也是霸权力量的延续衍生。考虑到机制的惯性作用和社会行为的路径依赖性特点，即便霸权衰落，其主导下的制度框架和利益格局仍有望长存。

一、机制合作论的基本观点

　　罗伯特·基欧汉是机制合作论的主要奠基者之一，其在《霸权之后：世界政治经济的合作与斗争》一书中提出了霸权之后的机制合作论，核心是通过多国合作建立起来的国际制度来维持国际秩序，用国际制度来取代霸权的功能。[1] 即"一旦国际制度形成之后霸权国即使衰弱也无妨，可以

---

[1] Robert O. Keohane, *After Hegemony*, Princeton, NJ: Princeton University Press, 1984, p.49.

通过主要国家的合作来将已经形成的国际制度维持下去"。① 他认为,在国际制度创设之时,成本很高,这里必须要一个具有压倒优势的国家也就是霸权国家来发挥主要作用不可。但是,国际制度一旦建立后,其维持费用却要低得多,再加上国际制度培育下形成的各国协调机制已经成熟,这时霸权国家的引领作用并非不可或缺,反而会引起其他国家的反对。这样,就算霸权国家衰落了,既有的合作格局也完全能够维持运行。

基欧汉还结合时代的不同分析了国际合作的特点。他指出,在传统的大国争斗中,总是胜出者占据国际秩序的巅峰,支配所有其他国家,决定全球体系的方向,维多利亚时期的英国和战后到 70 年代以前的美国就是例子。但在当代,国际关系已不再是过去那种聚焦于争夺军事和领土优势的零和博弈,相反,各国之间已经形成具有正和博弈特点的复合相互依存关系。各国就关税和管制等相互协商,以达成互惠的交易,并由此构建起一个和平的、基于合意的"国际体系",在这个体系中,各国平等交易,美国也只不过是一个建立在理性的经济交换和合作基础之上的新的多边秩序的合伙人之一,尽管是比较大的一个。②

为何机制能够发挥如此重要的作用呢?基欧汉在这里借鉴了新制度主义和微观经济学的思想,就机制的定义、功能及意义等做出了详细的说明。他认为,机制是指"一套指导性的安排",包括"调整行为及控制其结果的规章、准则和程序的网络"。③ 行为者对某个既定国际关系问题领域的预期围绕着它们而汇聚。④ 国际机制可汇聚成员国预期、提供信息、降低达成协议的交易成本、减少不确定性来促成国际合作,达到所有成员国的帕累托改进,它事实上是一种惠及所有成员国的公共品,在消费过程中

---

① 樊勇明:"霸权稳定论的理论与政策",《现代国际关系》2000 年第 9 期,第 20—23 页。
② [英]佩里·安德森,海裔译:"霸权之后?——当代世界的权力结构",《文化纵横》2010 年第 1 期,第 34—41 页。
③ 刘杰:"论转型期的国际机制",《欧洲研究》1997 年第 6 期,第 37—43 页。
④ Stephen Krasner, "Structural Cases and Regime Consequences: Regimes as Intervening Variables", In Stephen Krasner, ed: *International Regimes*, Connell University Press, 1983, p. 2.

具有排他的不可能性。①

　　国际机制为何具有这些功能，而且对于国际合作如此重要呢？基欧汉引入了微观经济学的原理来加以说明。②他指出，尽管国家之间确实存在共同利益，这也构成了国际合作开展的前提，否则在零和博弈的情况下不可能产生合作，但是共同利益本身并不是合作的充分条件，共同利益未必就能得到实现。这里他引用了博弈论中的"囚徒困境"模型来证明机制存在的必要性。"囚徒困境"模型的前提是双方存在着共同利益，但同时双方都面临信息不对称和决策不确定性问题。这就使得双方有可能因误判或只考虑自保而错过了通过合作以取得双赢结果的机遇。而机制的达成则有助于解决这一困境。按照信息不对称引致的市场失灵理论，机制有助于向其成员提供可靠的信息，从而减少达成协议的风险，降低交易成本，提供指导原则，致力于发展规范，促成相互合作。如在"囚徒困境"模型中，监督安排的机制就降低了双方的互疑，可能使合作得以发生。机制还使得"囚徒困境"模型由一次性博弈变为重复性博弈。这样，基于"报复"动机的存在，背弃行为将遭到重挫，合作将变得更加持久牢固。此外，机制还有助于在问题之间建立起相互联系，即违背某种机制将造成声誉损失，从而影响在其他领域的合作的达成。

　　因此，机制通过提供信息降低了不确定性，提供监督和惩罚机制提高了背弃行为的代价，从而成为影响国际合作的重要变量之一。

　　而国际机制一旦创立以后，机制的创设费用就变成"沉没成本"。成员国只需付出较低的国际机制维持成本就能获得机制带来的收益，这就使得机制合作的持续成为可能。③

　　而从新制度主义的角度看，制度一旦建立，往往会在以后的运行及演化进程中表现出一定的路径依赖（Path Dependence）特征，这也为国际机

---

① [美]罗伯特·基欧汉，苏长和等译：《霸权之后——世界政治经济中的合作与纷争》，上海人民出版 2001 年版，第 104—133 页。
② 门洪华："博弈论与国际机制理论：方法论上的启示"，《国际观察》2000 年第 3 期，第 40 页。
③ 刘宏松："机制合法性与国际机制的维持"，《学术探索》2005 年第 2 期，第 83—88 页。

制在后霸权时代能否独立发挥稳定现有合作秩序的问题,提供了一种理论上的解释。新制度主义中的"路径依赖"理论,是由美国著名经济史学家道格拉斯·C.诺斯(Douglass C. North)等提出的。[1] 他将技术演进过程中的自我强化现象的论证推广到制度变迁方面,认为这两种变迁同样存在着报酬递增和自我强化的机制。一旦由于偶然因素或某个微小变量的影响而选择了某一种技术或某一种制度,那么以后的选择都会受到初始选择的影响,在转换成本等的约束下沿着初始路径而得到自我强化(Self-reinforcing),进而出现被"锁定"的状况。即,"一旦一条发展路线沿着一条具体进程进行时,系统的外部性、组织的学习过程以及历史上关于这些问题所派生的主观主义就会增强这一进程"。[2] 而一旦进入了"锁定"状态,要突破这种"锁定"状态就会变得较为困难。[3]

路径依赖体现了历史的重要性和制度运行的历时性特征——人们过去做出的选择决定了他们现在可能的选择。这一特性也正好为国际机制能够超越霸权国家的起伏变化而长盛不衰提供了解释。而全球经济治理的实践发展似乎也有力地证明了国际机制合作相比霸权合作而言的持久性。虽然从表面上看,布雷顿森林体系中的一些规则早已被摒弃,如固定汇率制和美元兑黄金制被正式废弃,但是整个体系的机制框架丝毫未被动摇,饱受批评的IMF、WBG和WTO等也仍在当代的全球经济活动中发挥核心的规范、支撑和调控作用。20世纪90年代以后新兴经济体的全面加入,又更加强化了这一体系,使其代表性和影响力变得空前突出。

二、对国际机制合作论的评价

从理解当代全球经济治理实践的角度而言,国际机制合作理论提供了

---

[1] 孙涛、黄少安:"制度变迁的路径依赖、状态和结构依存特征研究——以改革开放以来中国农村土地制度变迁为例",《广东社会科学》2009年第2期,第19—24页。

[2] 杨国华、郑奔、周永章:"发展模式变迁的路径依赖及其创新选择",《生态经济(中文版)》2006年第8期,第53—55页。

[3] [美]道格拉斯·C.诺斯,杭行、韦森审译:《制度、制度变迁与经济绩效》,上海三联书店1994年版,第11—13页。

极其有力的阐释。它对霸权合作论构成重要支撑,两者共同揭示了全球经济治理合作的主要动因,因此也有观点认为霸权合作论其实就是国际机制理论的一个分支。如英国学者利特伯格(Volker Rittberger)就认为,霸权稳定理论是"基于权力的国际机制理论的经典理论模式"。[1] 美国学者克劳福德(Robert Crawford)也表示,霸权稳定理论是新现实主义对机制产生最权威、最普遍认同的解释。[2] 按照这种观点,基欧汉等人提出的国际机制合作论当属新自由主义对机制理论的新发展。

结合当代全球经济治理合作的实践历程看,这种观点不无道理。因为霸权国家维护自身霸权利益和行使霸权的手段就是创建国际机制,即便国际机制建立后逐渐具有了一定的独立性,但是它与霸权之间的源渊是不容否认的。同时,国际机制作为霸权国家的工具和手段,也很难完全摆脱霸权国家的操纵或影响,即便在霸权国家衰落的形势下,国际机制本身的内在稳定性(也意味着反映霸权利益的规范规则等)仍将惯性发挥作用,继续为霸权国家利益服务。

抛开霸权稳定论而单从新自由主义的国际机制合作论分析,它作为一种理论的适用性和有效性还是毋庸置疑的,对于人们理解国际合作尤其是全球经济治理合作的用处和启发也是很大的。

首先,它表明了建立国际机制的重要性,就算国家间存在着共同利益,也需要国际机制的辅助,以使双方为此展开合作协调行动;其次,它表明了国际机制本身就可以增进共同利益的形成,因为国际机制的存在有助于克服信息不对称的问题,减少各方间的猜疑,这对于双方扩大合作是有利的;第三,机制的内在可持续性有利于各方保持长期合作,并且随着合作外溢效应的不断扩大,机制的效果也将得到进一步彰显。

但是,国际机制也并非无所不能,而是存在着诸多局限性。[3] 这种局

---

[1] Andreas Hasenclever, Peter Mayer and Volker Rittberger, *Theories of International Regimes*, London: Cambridge University Press, 1997, p. 86.

[2] Robert Crawford, *Regime Theory in the Post-Cold War World: Rethingking Neoliberal Approaches to International Relations*, Dartmouth: Darmouth Publishing Company, 1996, p. 57.

[3] 门洪华:"国际机制与中国的战略选择",《中国社会科学》2001年第2期,第178—187页。

限既来自内在的不足,也源自外在因素的影响。就其内在而言,主要有以下几点不足:其一,国际机制作为一种共同遵守的规范或制度,它本身就是各种力量和各种利益考量相互妥协平衡的结果,这将影响到机制的效率和功能的发挥。其二,国际机制本身是西方语境下的产物,西方国家也是现有机制构建的主要倡导者和引领者,因此国际机制表面上对各成员国是公平的、中立的,但它在本质上浸润了西方的价值观、治理观和利益观,这种影响是深层次的,但并非无关紧要的;对于其他成员国而言,应该关注其在价值取向和利益分配上的非公平性。其三,与适应现实变化需求相比,它的滞后性比较明显,这可能会影响到它的作用效果。比如,尽管战后至今全球经济格局已经发生了巨大变化,但是 IMF 和 WBG 等的基本制度和规则却变化甚微。其四,它只能在一定程度上起到促进合作的作用,而非创造合作;也就是说,对于零和博弈性事务,机制只能起到中介桥梁作用,用于缓解隔阂或矛盾冲突,但不能从根本上消除零和博弈本身。

而从外在制约看,主要有以下不足:一是受现实主义思维的影响,国家对相对收益的关注可能会超过绝对收益,这意味着国际机制就算有利于取得共同利益的合作,但如果各方收益分配不均,那么合作也不能实现。二是现行国际机制仍是霸权影响下的产物,[1] 即它是霸权国为了平衡国际机制作为国际公共品提供者的角色和霸权收益代理者角色而按照"委托—代理"模式精心建立起来的。霸权国家将特定的权威或职能有条件地授予国际机制或国际组织,由其代理行使日常职责,这种操作既能提高国际公共品的效率,又能够在国际组织"中立性"和专业化的掩盖下,保留霸权国家对公共物品排他性一定程度上的控制权。[2] 这种非独立性会对国际机制的信誉和有效性带来不利影响。正如罗伯特·考克斯指出的,霸权秩序通过国际机制对社会行为产生影响,而国际机制则按照霸权利益来组织国

---

[1] 门洪华:"国际机制与美国霸权",《美国研究》2001 年第 1 期,第 74—88 页。
[2] 刘玮、邱晨曦:"霸权利益与国际公共产品供给形式的转变——美联储货币互换协定兴起的政治逻辑",《国际政治研究》2015 年第 3 期,第 78—96 页。

际和跨国关系。[1] 所以，虽然现行国际机制促进了各国的共同利益，但它同时也强化了发达国家对世界其他部分的统治，是不公正分配的结果。而且，战后的国际机制正是美国控制世界秩序的一个组成部分，反映了西方统治精英的利益和价值观念。[2]

第三节 非霸权合作的可能性

如上所述，提出并支持霸权合作论的学者如吉尔平认为，霸权是构建国际经济合作秩序的决定性因素。对于认为非霸权合作也是可行的这一观点，他用尚未看到相关实证案例来予以反驳。而提出并支持国际机制合作论的学者如基欧汉同样认为，非霸权合作是困难的，因为国家为自我利益而非公共利益所驱动。[3] 这就引出了一个问题，在塑造全球经济秩序方面，是否霸权合作就是唯一现实可行的方式？如果没有霸权国家或反映霸权国家意志与力量存在的国际机制的护持，全球经济治理是否会重新陷入混乱无序、相互恶性争斗的局面？非霸权合作真的不可能实现吗？

一、霸权合作论与机制合作论的未尽之处

前面已经简单提到了霸权合作论和机制合作论的不足与缺陷。这意味着提出新的理论设想是可能的，因为全球经济治理合作中的这两大主流理论并不完美，非霸权合作的可能性也未被彻底否定，甚至从霸权合作论到

---

[1] Robert Cox, "Social Forces, State and World Order: Beyond International Relations Theory", in Keohane ed., *Neorealism and Its Critic*, New York: Columbia University Press, 1986, pp. 217–248.
[2] Robert Cox, *Approaches to World Order*, London: Cambridge University Press, 1996, p. 246; Gramci, "Hegemony and International Relations: An Essay in Method", *Millennium*, Vol. 12, 1983, p. 164.
[3] 门洪华："国际机制的有效性与局限性"，《美国研究》2001年第4期，第7—20页。

机制合作论的演进本身，就证明了全球经济治理合作理论没有进入封闭状态。现行理论中的瑕疵为新理论的引入创造了机会。事实上，如果国际体系由霸权体系向着非霸权体系的方向发展，那么存在一个非霸权式国际合作也是很自然的。它绝不仅仅是霸权体系的自然延续，而是为了因应时势的变化和需求，有可能以新的模式、新的特点出现于世界。从历史上看，两次世界大战深刻地颠覆了世界体系格局，全球经济治理体系也由此发生了相应的改变。虽然"美国治下的和平"（Pax Americana）与"不列颠治下的和平"（Pax Britannica）都是霸权治下的体系，但这与美英文化相近以及社会生产力和经济技术背景等不无关系，不能由此简单地推导出全球经济治理将呈现线性式演进的结论。而且，20世纪美国霸权主宰下的国际秩序与19世纪英国霸权主宰下的秩序也大有不同。那么，进入21世纪后，会不会再出现一种与20世纪秩序有所不同的秩序呢？

（一）对理论假设的质疑

霸权合作论的有效性建立在这样一个预设前提之上，即霸权国家能够识别国际合作需求，在此基础上，其可以凭借自己的权力和影响组织国际社会展开合作行动。但这是否符合事实呢？

由于合作的前提是存在共同利益，霸权合作与霸权统治的区别就在于，后者可以不顾共同利益而只考虑霸权国家自身的利益，而霸权合作则要在兼顾霸权国家私利与国际社会共同利益的基础上以合意的方式达成。因此，这就要求霸权国家能够全面准确地识别出国际社会存在的共同利益，然后再构建合作的具体模式。但这是否可能呢？

以提出结构现实主义而闻名的政治学家肯尼思·华尔兹（Kenneth N. Waltz）认为，国家作为单元层次的概念都是相似的，即尽管各国在文化、意识形态领域或体制上存在差异，但基本功能类似，即都履行同样的职责，如征收赋税、推行对外政策等等，然而这只是从权力政治的大视角所做的笼统分析。[1] 实际上由于各国国情的差异，其利益的重点和实现方式

---

[1] [美]肯尼思·华尔兹，信强译：《国际政治理论》，上海人民出版社2008年版，第8页。

完全有可能大相径庭。比如，国际竞争力强的国家，符合其利益的方式是推行尽可能开放的自由主义经济政策，这样才有利于其商品出口和资本输出；而国际竞争力较弱的国家却需要对本国弱小但又具有战略意义的产业予以一定的保护，这样才有利于本国产业有成长的空间，也使本国不至于在核心命脉产业上过于依附或受制于外国。这样，两者对经济政策的需求就完全是冲突的，有利于发达国家的政策，却会损害发展中国家的利益。霸权如何解决这种经济发展水平参差不齐而带来的政策偏好差异呢？霸权国家如何才能设身处地地体会并照顾到非霸权成员的合作需求呢？

唯一的出路就是寻求两者间的最大公约数，同时凭借霸权国家的经济和军事霸权迫使非霸权国家做出让步，以更好地照顾霸权国家的利益，布雷顿森林体系的达成就反映了这一点。英国提出的"班柯"国际货币方案，类似于主张以多国货币构成的"一篮子组合"来充当国际货币，这更有利于平衡各国在国际货币选择上的利益，但是迫于美国的霸权压力，最终还是选择了美元本位制方案，但这并不意味着创造一个合理稳定的国际货币体系的任务就算完成了。除了霸权国家之外，其他成员国还有相当多的利益被忽视了。也正是由于这一点的存在，在此后的几十年中，欧洲不断推动经济联合，打造出新的具有准世界货币功能的欧元，对美元的国际货币地位构成了一定的挑战。

换言之，霸权合作论只能解释国际社会在全球经济治理方面的部分合作事务。而霸权国家未曾注意或照顾到的合作需求，只能通过非霸权合作的方式来予以实现。

不仅如此，随着霸权力量的衰落，其对全球经济治理体系的维持能力和意愿都有可能随之减弱，那么既有的合作秩序何以得到保障呢？对此，机制合作论认为，国际机制因其内在的稳定性和独立性，可以填补霸权退位后留下的真空，然而这里也隐含一个假设，那就是假定国际机制是可以无限延续而发挥作用的。然而，国际机制的稳定性和独立性真的可靠持久吗？如果不持久，那么又该如何产生新的机制？如果不能产生新机制，国际社会是否又将再度陷入混乱呢？对于这些问题，机制合作论并没有论及，只是着眼于既有的机制体系展开论证。

现实中已经有既有机制崩塌后新机制未得以建立的例子。如继布雷顿森林体系之后的牙买加体系，并不被视为一种真正的带有进步意义的体系。事实上，布雷顿森林体系于20世纪70年代崩溃后，牙买加体系根本未能有效解决国际货币金融体制存在的一系列问题，国际社会也未能获得国际货币金融合作上的共同利益。相反，美元真正脱离了黄金储备量的约束，变成更加恣意妄为的国际货币；汇率波动加大，对国际贸易和国际投资活动带来不利影响；国际收支失衡问题也未得到解决，更可悲的是，国际金融危机似乎比过去变得更频繁了。这一案例正好暴露出机制合作论的困境，即既有的国际机制未必就能促进国际合作，国际合作倒退也是有可能的，需要有新的方式或路径来解决国际机制失灵失效的问题。

面对未曾满足或因形势变化而产生的国际合作新需求，如果根据霸权合作论和机制合作论的观点做推论，那就有两种结果：一种是由新的霸权国家取代旧的霸权国家，如同美国取代英国那样，国际社会在新霸权国的主导下发展新的合作；另一种就是无奈地锁定在目前的国际机制中停滞不前，放任国际社会的共同利益得不到实现。

前一种结果具有很大的不确定性，而且时间可能比较漫长。因为从历史上看，霸权国家之间的更迭通常都是以数十年甚至一两个世纪为周期的。这一周期需要经历一个霸权国家兴起、成长，到达顶峰建立起霸权地位，再到霸权的衰落和最后被取代等不同阶段，跨越数十年甚至上百年也极为正常。这就意味着，一个霸权国家就算出现衰落之势，但离它被取代可能还有一段很长的距离，这期间国际合作很可能出现急转直下的态势。国际合作的前景将是黯淡的，后一种结果同样令人失望。

然而，如果我们抛开霸权合作论的成见，不用过于绝对的眼光来看问题——要么有霸权，要么无霸权；要么机制可以新设，要么完全停滞不变，那么合作实际上仍然是有可能发生的。

这主要取决于国际社会对实现共同利益的需求强烈度、非霸权国家的合作倡导能力与技巧以及霸权国家对此的宽容度等因素。

这里的需求强烈度，与国际社会的成员国的自身性质又有很大关系。如果一个国家迫切需要国际合作来实现自身的利益，并且内部政治结构对此给予了极大支持,那么这种需求强烈度就大。对于这一点,可以从米尔纳的"双层博弈论"中得到有益的启示。[①] 米尔纳认为,国内决策权在部门间的分布以及掌权集团的偏好特点,决定了对外合作能否发生以及怎样发生。当政治精英们视合作为促进国家强大、稳固手中政权或提高自身地位的必由之道时,对参与国际合作的需求就变得强烈了。

非霸权国家的合作倡导能力和技巧,则与一国自身的实力及国际影响力,还有国际合作经验以及人才储备等相关。一些小国,比如著名的城市国家新加坡,就在促进东盟和亚太的合作中扮演了与其自身体量极不相称的角色。它的合作倡导能力与技巧超过了许多远比其规模要大的地区国家。因此,这种议题挖掘、议程设置以及组织技巧等,都影响着非霸权国家在促进国际合作中发挥作用。

霸权国家的宽容度是另一个重要的考虑。也就是说,霸权国家是否会同意或默许其他国家构建新的合作体系或合作机制,是否会采取措施来加以支持或反对,这也至关重要。比如在1997年东南亚金融危机发生后,日本曾经提出组建亚元的计划、推动中日与东盟加强地区货币合作等,但在美国的坚决反对下,这一构想化为泡影,最终还是只得回到以 IMF 为核心的霸权体系轨道上来。

(二) 非霸权合作的非系统性和非革命性

在霸权国家仍旧在位,霸权主导的国际机制依然对全球经济运行发挥相当大的主导作用时,全球经济治理合作面临的主要挑战不是进行系统性和革命性的重构,而是查漏补缺、完善优化。

在当今时代,随着科技进步和经济全球化的深入发展,全球经济活动变得更加庞杂,市场化所带来的两极分化、周期性动荡转换等问题也更加严峻而突出。许多活动在过去的年代中是没有的,那时建立起来的国际经济合作体系也不可能预见到未来的新变化,比如网络经济发展就引起了一

---

① [美] 海伦·米尔纳,曲博译:《利益、制度与信息:国内政治与国际关系》,上海人民出版社2010年版,第25—45页。

系列税收、安全认证等问题，经济区域化发展与区域化竞争问题，贸易成员增加后带来的贸易谈判难度加大问题，金融创新与金融风险监管问题等等。这些问题不涉及对整个贸易体系或金融货币体系进行推倒式重建，但是各国在这些新问题上显然是存在共同利益的，实现这些利益就需要发展新的合作。

这些变革、改良或创新具有非全盘性、整体性，就不必由像霸权国家那样的强权来驾驭新的合作议程或合作计划，因为这些议题对各国利益影响的重大性和深远性相对有限，所以合作的难度也就相应降低了。这就意味着，在霸权合作论的基础上，可以将霸权国家缩小为大国或地区霸权，甚至是有影响力的国家；可以将支配国家替换为领导国家或倡导国家；可以用领导权概念替换霸权概念；可以引入国际机制修正者。如此一来，全球经济治理体系将呈现出霸权合作与非霸权合作双头运行的特点。随着霸权不断衰微且影响力急剧下降，进入到后霸权时代，这一时期的国际合作也就进入非霸权合作时代。与霸权时代的单一角色主导不同的是，非霸权合作时代的角色来源将是多元的，也是开放的。老牌的大国可以继续保持较大的权力和影响，而新兴的大国也可以日渐提升其话语权和影响力，一些中小国家同样可以在一些国际机制中发表意见或建议，或提出新的合作规划。

按照这样的设想，非霸权合作将为全球经济治理体系注入能量与活力，将为趋于僵化的国际机制变革开启机会之窗。由于它并不是全盘推倒既有的格局，其对霸权国家带来的冲击也将是有限的，具有次优选择的特点；而对于国际社会整体而言，则具有双赢性质，因此非霸权合作的可行性在理论上应远远高于革命性的霸权更迭式体系变迁。

（三）示范效应

霸权合作的实践可以为非霸权合作带来经验与启发，后者通过学习、研究和改良式创新，可以模仿推动合作的进行。

尽管时代已经变化，对全球经济治理提出的需求和任务也已不同，但是就其本质而言，两者仍有许多共性。

其一，都是提供国际公共品。全球经济治理从根本而言，是解决市场全球化或国际化形势下带来的市场失灵问题。现代市场经济是嵌入在制度规则的框架之内的。这些规则包括计量标准、货币、质量监督、公平竞争、反欺诈以及进出管制等。国际性交易同样离不开这些规则的支持。这正是全球经济治理体系的主要职责和贡献。然而，要促成这些规则的达成，需要付出不菲的成本，而对于规则本身的制定，也涉及到各国间的利益及国内不同利益集团的利益分配关系，因此达成制度、实现合作需要付出交易成本。根据奥尔森的集体行动理论，交易成本的高低还与成员国数量的多少有关。成员国数量越多，交易就越复杂，交易成本越高，制度的创建及维持成本也越高，达成的合作难度便越大。这些是不能依靠市场自身来完成的。市场运行具有盲目性、无序性和极化性，这都需要从宏观层面加强调控，以此来调节市场机制产生的各种偏差。在这一点上，无论是霸权合作还是非霸权合作，其目标和职责都是一致的。

其二，都力求以"合意"的方式实现合作。是否注重合作的"合意"性，正是霸权合作与霸权统治两者的本质分野。当代的霸权合作不再完全依靠强制的方式来达成，虽然霸权的支配角色和支配性利益仍会体现，但它通常是以一种更加隐蔽而巧妙的方式表现出来。比如从表面上看，美国只是现行全球经济治理体系中的成员国之一，它没有也不能对其他成员国发号施令，但是其对世界其他国家的影响力仍在。这是通过美国对国际组织的实际控制权和主导性影响力予以保障的。美国在IMF的投票权超过15%，而IMF的规则规定，重要决议需获得85%以上的份额支持，这就等于只有美国才拥有一票否决的权力。这种权力适用于所有重要事务，美国通过IMF进而影响其他成员国的能力有多大也就不言而喻了。当然，尽管美国拥有无与伦比的影响力，但还是离不开其他成员国的支持，而且也需要通过法定的程序来贯彻自己的意志，这就使其支配权更易获得接受，使得主导行为变得"合意"，从而加强了自己发挥霸权的合法性。对于非霸权合作而言，由于没有具有支配权的国家，那么"合意"不再是选择而是必需。合作必须在取得成员国的自愿支持下才能达成，这就意味着它可以向霸权以"合意"的方式创设合作的经验学习。

其三,与霸权合作的实现形式具有一致性。迄今为止的霸权主导下的全球经济治理合作,已经展现出极其多样化的实现路径,建立国际性经济组织是最主流的方式,还有举办国际性论坛也是常用的方式之一。除此之外,还有临时性的磋商交流制度等,这些对于非霸权合作而言,都是可以借鉴采用的方式。

(四) 新的合作引领者

霸权后时代的到来,意味着霸权国家相对衰落了,出现了新兴的大国或强国。这些国家或许具有挑战霸权的潜能,而且至少是在国际舞台上越来越有影响力的行为体。尽管它们的实力不断增长,但是由于治理体系和国际机制变迁的滞后性,现行规则体系的变化难以跟上它们利益偏好的变化,这就使得它们成为制度变迁的积极推动者。以对现行规则体系下利益分配的满意程度来划分,它们可以构成一个拥有相似需求的集团,在变革体系上具有共同利益,这又将进一步增强其挑战现行秩序的能力,使得非霸权合作成为可能。

综上所述,非霸权合作在理论上的可行性不应加以排除。随着霸权后时代的到来,非霸权合作有可能成为现实。它反映了在霸权衰落和相互依存背景下的多极化时代里调控全球经济运行的治理所需。它出现的动因在于霸权合作与国际机制的非完备性与非合意性,非霸权合作自身的非系统性、非革命性,霸权合作产生的示范效应和新的合作引领者的兴起等。这些因素共同推动着全球经济治理中的非霸权合作不断发展,并令其与霸权合作及国际机制合作一道,共同构成了当代演进中的全球经济治理体系。

二、非霸权合作的发动机制

世界无政府状态下的全球经济治理功能具有较强的公共品属性,存在着具有"搭便车"动机的潜在收益者和生产提供时的"集体行动困境"。在霸权合作和国际机制合作中,这一障碍是由具有强大组织能力和控制能力的霸权国家来迈越的。而在非霸权合作中,不存在霸权国家或公认的霸权国家，那么该如何确保克服市场失灵所需的集体行动的适时出现呢？这些集体行动又何以进行呢？这正是非霸权合作由可能性变成现实性所需要解答的问题。

由于全球经济治理通常表现为一系列制度与规范的集合，因此全球经济治理中的非霸权合作在实践中也表现为一系列的制度创新或制度变迁行动。这就使得我们可以引入制度创新和变迁理论来对非霸权合作的发动机制加以借鉴分析。

按照美国学者戴维斯（L. E. Davis）和诺思（D. C. North）的看法，[1]制度创新主要涉及到两类行动主体：首先是"初级行为团体"，可能是单个人或个人所组成的各类团体，由它们做出制度创新的决策，它们是制度变迁过程中的首创者和发起人，通常具有美国著名经济学家熊彼特（Joseph Alois Schumpeter）所说的富有进取心、冒险精神和敏锐观察力与组织力的"企业家"精神。它们识别到制度创新可能带来的新增收益，从而启动制度创新的进程。其次是"次级行为团体"，也是一个决策单位，承担帮助初级行动团体获取收益所进行的一些制度变迁的功能。它与前者都是制度变迁的决策者和推动者，但与前者的区别在于，它起辅助作用，并就一些策略性决定做出决策。

在全球经济治理的非霸权合作行为中，"初级行为团体"和"次级行为团体"可以由霸权国家以外的所有具有进取心的国家、组织或个人来担任。它们能预见到全球经济治理变革可能带来的各种经济和政治收益，并认识到只有通过制度创新才能获得潜在收益。它们通过如下五个阶段的顺序完成整个变革的推进：（1）"初级行为集团"的形成阶段。初级行为集团可以来自对现行治理体系的现状不满者队伍，也可以来自富有灵感及创意的国家、非国家组织或个体，如"金砖国家"概念的最初提出者就为金砖治理机制的建立提供了灵感。（2）由"初级行为集团"提出制度创新

---

[1] [美] 戴维斯、[美] 诺思："制度变迁的理论：概念与原因"，[美] D. C. 诺斯，刘守英译：《财产权利与制度变迁》，上海人民出版社、三联书店1994年版，第271—272页；[美] 戴维斯、[美] 诺思："制度创新的理论：描述、类推与说明"，《财产权利与制度变迁》，上海人民出版社、三联书店1994年版，第298—299页。

方案的阶段。如在金砖开发银行的建立上，就是印度最先提出相关设想，从而为下一步纳入正式的考虑提供了蓝本。(3) 由"初级行为集团"对各种制度创新方案进行斟酌，最终做出目标创新方案决策。(4) "次级行为集团"的形成阶段。即"初级行为集团"在发起制度创新倡议，进入意见征集、社会动员或正式实施阶段后，获得了另一个集团的支持帮助。(5) "初级行为集团"和"次级行为集团"协作努力，推动制度变迁成为现实的阶段。①

结合全球经济治理二十余年的变化来看，可以认为，新兴大国在推动全球经济治理的制度创新和机制变迁中扮演了主要的"初级行为团体"和"次级行为团体"角色。它们富有抱负，识别到治理机制变革或创新能够带来诸多好处，并着手加以实施。在实施的过程中，它们不但相互成为"次级行为团体"，还吸引其他一些发展中国家也加入到"次级行为团体"中来。

三、非霸权合作的基本变革模式

新制度主义认为，制度创新通常存在着三种路径，即"路径依赖"下的渐进变迁模式、断裂性的替代变迁模式和随机性的偶然变迁模式。② 这三种模式划分，对于理解全球经济治理中的非霸权合作同样适用。因为后者正是广义上的社会制度创新进程中的局部表现或分支领域，两者在本质上是相通的。

第一种"路径依赖"下的渐进变迁模式，是指非霸权行为体在现行全球经济治理框架体系之中，发起或推动对现有国际组织或国际规范进行局部性的改革。这种模式不谋求从根本上否定或摒弃既有体系，这是因为既有体系即便在有效性或合法性上已经出现了问题，但其在自我强化效应的

---

① [美] 戴维斯、[美] 诺思："制度变迁的理论：概念与原因"，[美] D. C. 诺斯，刘守英译：《财产权利与制度变迁》，上海人民出版社、三联书店1994年版，第271—272页。
② 郭忠华："新制度主义关于制度变迁研究的三大范式"，《天津社会科学》2003年第4期，第82—86页。

作用下,对其成员国已经产生了较高的退出成本。这样,非霸权行为体放弃"退出",同时选择留在体系内发出变革的"呼吁",① 也就成为较为理性的选择。

第二种断裂性的替代变迁模式,也就是指非霸权行为体在现行全球经济治理框架体系之外"另起炉灶",构建新的治理组织与规范。诺思曾指出,尽管渐进性变迁在制度创新中占压倒性比重,但是在某种"紧要关头"(Critical Junctures)也可能出现"断裂性变迁"(Discontinuous Change),如国家间的征服以及国内的社会革命等。② 出现这种替代变迁的根本原因在于,现行的全球经济治理体系已经不能为包括所有成员国在内的各方提供一个相容性制度框架来包容各方的利益需求;或者现行框架缺少调节性,并且限制了新兴利益集团与既得利益集团进行谈判的自由,此时替代性的制度变迁也就成为新兴利益集团的唯一之选了。正如奥尔森所指出的,任何制度都很有可能存在或形成特殊的既得利益集团或"分利集团",它们的特点是"具有抵制任何变革的动力和权力,因为变革会剥夺它们所攫取的扩大了的社会产出份额"。③ 实际上,正如全球经济治理体系运行至今表现出来的那样,对 IMF 等所提出的改革呼声或改革建议并不那么容易得到落实,其原因正在于有霸权国家既得利益的阻挠。

第三种随机性的偶然变迁模式,是由一些学者在总结俄罗斯、东欧等后共产主义国家制度变迁方式的特点后提出的,④ 是指在某一种既定体制突然崩溃后出现了完全由随机因素或偶然因素所决定的制度创新状态。在渐进性变迁模式中,过去的制度遗产在新的制度变迁过程中扮演了决定性角色;在断裂性变迁模式中,通常也有制度遗产的参照对比作用以及初级

---

① [美]艾伯特·O. 赫希曼,卢昌崇译:《退出、呼吁与忠诚:对企业、组织和国家衰退的回应》,上海世纪出版集团 2015 年版。

② North and Douglass Cecil, *Institution, Institutional Change and Economic Performance*, London: Cambridge University Press, 1990, p. 89.

③ [美]曼库尔·奥尔森,吕应中译:《国家兴衰探源——经济增长、滞胀与社会僵化》,商务印书馆 1993 年版,第 157 页。

④ Jon Elster, Claus Offe and Ulrich K, Preuss, *Institutional Design in Post - communist Societies*, London: Cambridge University Press, 1998, pp. 3 - 4; Juliet Johnson, "Path Contingency in Post - communist Transformations", *Comparative Politics*, 2001 (4), pp. 3 - 4.

行动者的主动规划与路线图；而在偶然性变迁模式中，制度遗产丝毫不能对制度创新方向提供有益帮助，新的掌权者或制度创新中的初级行为团体完全自由地决定着未来的选择。因此，偶然性变迁模式实际上是指这种制度变迁带有很强的不确定性和不可预测性特点，比如金砖国家合作机制的出台，就体现出这一特性。

— 第四章 —

非霸权合作：基于历史的考察与理论分析

尽管非霸权合作在理论和现实上都是可能的，但是以往的实践表明，其中也不乏失败的案例。20世纪70年代的一些挑战霸权秩序的努力如果不能说基本归于失败或消失，但也不能说其撼动了霸权体系。回顾这一挫折产生的原因，对于理解非霸权合作面临的挑战，是非常具有启发意义的。而近来表现颇为显眼的非霸权合作还没有在全球经济秩序的塑造上起到决定性的影响。以新兴经济体的合作为例，它们仍然处于边缘地位。所以，当代非霸权合作不是替代了霸权合作，只是补充了后者的不足。未来它能否以渐进或突变的方式上升到主导地位，这又是一个非常有意义的问题。

美国著名国际政治学家斯蒂芬·D.克莱斯勒（Stephen D. Krasner，以下简称"克莱斯勒"）曾经对二战后第三世界国家（非霸权国家或反霸权国家的代名词）构建非霸权国际秩序的努力做过系统的考察，在《结构冲突：第三世界对抗全球自由主义》一书中（以下简称《结构冲突》），[①] 他对第三世界国家在构建国际体系中的角色、偏好需求、能力限制、与霸权体系的冲突表现及其发展前景等做了深入的探讨，堪称是战后论述非霸权合作的经典著作。然而，此著作出版后，世界政治经济形势又不断发生着深刻的变化，特别是新兴经济体的兴起改变了第三世界国家普遍孱弱不堪的形象，也给国际政治经济格局带来了新的冲击。在这种态势下，结构冲突是否依然存在，非霸权合作与过去相比同异何在，就值得对比思考了。

---

① ［美］斯蒂芬·D.克莱斯勒，李小华译：《结构冲突：第三世界对抗全球自由主义》，浙江人民出版社2001年版。

第一节 斯蒂芬·克莱斯勒的南北关系理论述评

一、斯蒂芬·克莱斯勒的南北关系理论

在《结构冲突》一书中，克莱斯勒开宗明义地指出，第三世界对权力的追求与对财富的追求同等看重，[①] 而达到此目的的途径之一就是改变各国际问题领域的游戏规则，而这又与北方国家的长远利益是不相容的，因此工业化的北方国家和南方发展中国家的关系注定是冲突性的。

克莱斯勒首先分析了第三世界国家在国际体系中的行为出发点，认为政治上的无力与脆弱这一基本事实，界定了其行为的动机与目标。这种脆弱性又源于两方面因素：外部看，其权力能力极其有限，拥有的经济与军事实力不足以改变北方国家的行为或国际制度的本质，也即无法迫使国际问题领域规则变得有利于自身；而其内部政治与社会体系也不完善，很难通过社会调整来缓解国际体系动荡所带来的外部冲击。

为了减轻自身贫困与脆弱性，他指出，第三世界国家采取了求助于国际制度（International Regimes）斗争的策略。[②] 他对国际制度做了一个后来得到广泛引用的颇为权威的定义，制度包含原则、规范、规则和决策程度四个要素。原则是关于世界事务如何运用的一套理论说明，规范是对普遍行为标准的具体化。规则和决策程度则是在明确限定的领域内对行为的详细说明。国际制度的实质是什么？它规定了基本的产权关系，确立了行为模式，它的变化可以引起国际体系中行为体之间财产控制与分配的变化。这就使得每个国家都希望能更多地控制国际制度，以维护自己的基本价值

[①] ［美］斯蒂芬·D. 克莱斯勒，李小华译：《结构冲突：第三世界对抗全球自由主义》，浙江人民出版社2001年版，第1页。

[②] 同上书，第3页。

观与利益。实际上,他所谈到的国际制度,包括国际贸易制度、国际金融投资制度等,也就是后来在学术界所称的全球经济治理体系的基本内容。只是后者基于治理一词,对治理主体的多元性、行为的非单向性(自上而下的治理与自下而上的治理相结合)以及治理议题的多样性等给予了补充与强调。

那么,第三世界对国际制度的态度是什么呢?他认为,作为一个整体,它们拥护那些"使更多权威导向分配模式而更少市场导向分配模式合法化的原则和规范"。① 所谓权威导向分配模式,就是指直接通过政治权威分配资源,或间接通过限制包括私营公司在内的非国家行为体的产权关系分配资源。而市场导向的分配模式就是指由个人的才能与偏好来决定资源的分配。换言之,前者就是指政府干预模式,而后者则是指自由市场运行模式;前者强调政府管制调控发挥主导作用,而后者则强调市场机制发挥主导作用。第三世界国家之所以偏好权威导向模式,是因为其弱小的国力使其难以抵御市场模式经常带来的震荡和压力。权威导向能够为其提供更多的安全感,尽管市场导向制度更有利于经济发展。

为了实现建立更为权威的国际制度这一总目标,他认为第三世界采取了两种较为具体的战略:② 一是"力图改变现存的国际体制,或创建与它们所主张的原则与规范更为一致的新体制";二是谋求支持一些扩大国家的主权控制范围的国际制度。前一方面的实例是,其支持建立联合国贸易与发展会议(UNCTAD),以此对抗以推动自由贸易为原则的 GATT。后一方面的案例表现在,发展中国家主张在普遍性的国际组织中实行一国一票的制度,这样发展中国家由于在数量上大大超过工业化北方国家,显然将大大扭转其在国际组织中按经济份额确定的决策权上的不利态势。

上述两种不同战略也被克莱斯勒在该书后面用联系权力行为与变位权力行为两个概念来加以进一步阐述。③ 所谓联系权力行为是指在既定的机

---

① [美]斯蒂芬·D. 克莱斯勒,李小华译:《结构冲突:第三世界对抗全球自由主义》,浙江人民出版社 2001 年版,第 3 页。
② 同上书,第 4 页。
③ 同上书,第 12—13 页。

制结构内寻求价值最大化的努力,变化权力行为就是指改变游戏规则的努力。他认为,第三世界国家提出的建立国际经济新秩序的倡议,就是一种运用变位权力行为;之所以采取这一行为,是因为单纯采用联系权力行为来实现其政策目标的能力受到其弱小国力的极大限制,因而变位权力变得更有吸引力了。这两方面的具体案例,可以参见表4—1:

表4—1 第三世界国家的行为偏好

谈判论坛		行为	
		联系权力行为	变位权力行为
国家层次和双边层次		欧元贷款 税收协定 双边援助	某些有关多国公司规章（20世纪60年代） 石油产量控制（20世纪70年代） 国家对海洋资源的扩展要求（1945—1970年） 对贷款条件的单方面改变（20世纪80年代初）
多边的	南南	欠发达国家现有的贸易安排	欧佩克 安第斯协定 集体自立
	普遍性的,包括北南	民用航空 核不扩散	国际信息新秩序 国际经济新秩序 普惠制 商品协定 洛美协定的条款 商品综合计划 联合国海洋法公约

资料来源：[美]斯蒂芬·D.克莱斯勒,李小华译：《结构冲突：第三世界对抗全球自由主义》,浙江人民出版社2001年版,第14页。

从表4—1中可以看出,第三世界在多边论坛中发起了很多变革国际制度的倡议,表明这些国家在现有国际体系中采取变位权力行为的偏好特点。这些努力部分改变了它们在国际制度体系中的处境,阻止了自由市场秩序可能加诸于它们的更多脆弱性与冲击。克莱斯勒认为,这些成功也证明，权力与制度存在着一定的松驰关系，后者在一定程度上独立于国际体系中的权力分配格局。① 克莱斯勒指出，第三世界国家对国际制度体系的态度，集中体现在其呼吁建立国际经济新秩序的倡议上，这一倡议涵盖了广泛的问题领域：贸易、初级原料生产、援助、债务、太空开发、跨国公司、新闻、航运等。② 发展中国家争取建立国际经济新秩序的努力始自20世纪40年代，也就是二战结束后不久，并在20世纪70年代达到最高潮。

它们的这一努力能否成功呢？克莱斯勒认为，这主要取决于三个变量："现有机制结构的性质；形成统一的价值体系的能力，该价值体系将有助于国际谈判的议程和协调第三世界国家的立场；北方国家，尤其是美国权力的大小，以及它们对南方国家所提要求及提出要求的场合的态度。"③

所谓现有机制结构的性质，主要是指这些机制结构所赖以建立的理念原则或规范决策是否支持发展中国家所青睐的权威导向分配模式。他认为，国际社会对各国主权平等原则的普遍接受是第三世界国家在国际体系中拥有的最重要的优势，对其最为有利的那些机制结构，也就是体现或支持主权平等原则的机制结构，如联合国系统中很多机构就是这样，各国享有平等的投票权。但还有一些机构则不是如此，如IMF或安理会。

形成统一的价值体系的能力是指其在要求国际制度合理化的意识形态一致度上的达成情况。④ 在这里，他举出了依附理论的例子，用以说明发展中国家由此形成了共同立场并对工业化国家提出了挑战。依附理论将第三世界落后的主要原因归于国际体系的运作，而非发展中国家自身的原因。即与工业化国家的联系，只是加重了第三世界的被剥削和对发达国家在资本、技术和市场等方面的依附，从而使之陷入愈加不发达的状态。在此理论的指导下，发展中国家中的77个国家在第一次联合国贸发会议期间

---

① ［美］斯蒂芬·D. 克莱斯勒，李小华译：《结构冲突：第三世界对抗全球自由主义》，浙江人民出版社2001年版，第25页。
② 同上书，第5页。
③ 同上书，第5页。
④ 同上书，第7页。

成立了"77国集团",作为一个替发展中国家利益代言的力量向工业化发达国家提出国际制度变革的要求与议程并展开谈判,从而使得二战后最初阶段自由主义一统天下的局面受到很大动摇。实际上,克莱斯勒所指的这种形成统一的价值体系的能力,也就是发展中国家能否团结起来整合成一个阵营的组织能力和协调能力。

第三个变量,也就是北方国家特别是美国权力能力的大小以及对南方国家所提要求的态度,则随着时间的推移在不断变化。[①] 如美国的相对优势自战后以来不断地趋于下降。对于发展中国家提出的反自由主义秩序主张,美国最初出于增强国际组织合法性的目的而给予了一些支持和让步,但是到20世纪70年代后期,美国在坚持其对世界事务的根本看法的基础上,选择了从国际组织的承诺后退、减少对国际组织的财政支持等方式,以此来对抗发展中国家日渐高涨的变革压力。

基于第三世界国家在国际制度中执著于变革的这种咄咄逼人的势头,克莱斯勒认为,建立全球普遍性原则与规范的前景并不乐观,建立新的有效的国际制度比维持原有的制度更困难。在此,他以霸权稳定论为依据来证明他为何对未来前景感到悲观。[②] 即:发展中国家只对改变自由国际制度感兴趣,却不愿去维护它;而对于它们自己提出的新的国际制度,它们又缺少必要的经济与军事力量支持。这样,成功的可能性很小,南方国家建立国际经济新秩序的立场将逐渐弱化,而南北国家之间也将不再围绕着如何建构一个统一的国际制度而争斗,相反会趋于减少联系,只是基于短期性、临时性的利益考虑而展开合作。

因此,他对南北关系总的看法是,支持权威分配导向的南方第三世界与支持市场分配导向的北方强国之间存在着根本性的利益不相容,前者改变国际制度的持续努力会导致后者对国际制度特别是普遍性国际组织的退出和采取漠然态度,从而削弱前者表达自己要求的权力。[③] 第三世界争取

[①] [美] 斯蒂芬·D. 克莱斯勒, 李小华译:《结构冲突:第三世界对抗全球自由主义》, 浙江人民出版社2001年版, 第8页。
[②] 同上书, 第10页。
[③] 同上书, 第26—27页。

建立国际经济新秩序的成功性已经大大降低了。

二、斯蒂芬·克莱斯勒的南北关系理论对全球经济治理中非霸权合作的借鉴与启示

克莱斯勒在《结构冲突》一书中所论及的第三世界联合起来争取改变国际制度的现象，实际上就是当代全球经济治理中非霸权国家合作的前身。虽然他在书中没有准确界定第三世界国家的内涵及外延，但很明显的是，第三世界国家是将位于北半球的、已进入工业化阶段的发达资本主义国家排除在外的。而对第三世界这一流行概念的通常理解中，包括当时在国际权力分配和国际制度中曾处于弱势地位，但到后来又得到快速增长的主要新兴经济体大国在内。[①] 第三世界国家所力求改变的国际制度，特别是普遍性的国际经济组织，也正是目前仍处于运行中的全球经济治理体系的主要机构之一。第三世界对抗全球自由主义的说法，也就是第三世界对抗霸权国家的霸权统治理念和霸权利益维护方式的斗争。前者试图借助政府手段削弱外来的震荡与冲击，而霸权国家则借助于市场机制来维持开放的全球市场格局和有利于自身实力优势发挥的制度模式。因此，克莱斯勒在书中所描述的现象，反映的正是战后初期到20世纪80年代这一期间全球经济治理中非霸权合作的动机、努力与前景。他在该书中提出的上述一系列观点，不仅有助于人们认识战后早期非霸权合作的演进历程，对于理解自那以后各国在全球经济治理中的关系以及21世纪以来非霸权合作的复兴之势，仍不乏启迪助益。

对比两个时期的情况来看，有些特点显然是本质性的、连贯性的，不会轻易在短中期内发生改变。比如，各国追求财力与财富的目标、全球权力分配的总体格局与性质以及由此决定的国际制度性质及特点、不同国家间的国际制度偏好差异以及围绕维护自身利益而展开的合作斗争策略的选择等不会发生变化。但新时期也有新的变化，比如新兴国家的群体性崛起

[①] 锋钧："第三世界概念过时了吗？"，《理论导刊》1993年第1期，第54—57页。

对全球权力分配格局造成的冲击、新兴国家的制度偏好变化以及南北互动关系的新特点等。

首先,各国追求权力、安全与财富的目标不会改变。无论霸权国家或是非霸权国家都是如此。按照现实主义的观点,这是无世界政府状态下各国制定对外政策的基本出发点。接受现实主义的这一假定,就意味着国际关系从根本上讲带有零和博弈的属性,各国合作的总体前景是悲观的。所以,如果在当代或未来,现实主义政治思维仍大行其道、为主要大国所遵奉,那么全球经济治理中的合作不过是各国实现自己强国富民的手段而已。当然,如果接受自由主义的论断,相信各国增进利益的最佳手段是合作,各国可以通过合作最终达成共同体建设,那么全球经济治理中的合作就是有希望的。各国间的博弈不会损害全球经济治理体系和各国的共同利益,那只是为了在相对利益上取得优势。这样,克莱斯勒的悲观论就显得不尽合理了。另外,冷战后与冷战前的时代相比,各国追求权力和安全的能力也在不断发生变化,甚至发生了巨变。这是克莱斯勒所没有料想到的事情。他认为第三世界中的发展中国家将始终处在能力落后、不足以应对市场机制所带来的动荡冲击的状态,它们也就一直将维持国内政权和实现国内发展的希望放在对外部国际制度环境的争取上。这就必然使得它们会较多地采取变位权力模式来改变国际制度,进而与国际制度的主要构建者(如美国这一霸权国家)产生激烈的对撞。但历史发展的轨迹并非如他预料的那样线性而阴暗。第三世界中的佼佼者(以金砖国家为代表)通过融入全球经济治理体系和内部改革,已经极大地提升了自己的实力,这使得它们对于全球经济治理体系中的市场导向分配模式并不妄加排斥,反而成为这种模式的维持者。

其次,从20世纪90年代以后到21世纪的前20年中,全球权力分配的总体格局与性质是以霸权国家及发达国家为主导的,国际制度也是由其操纵控制的。它们在国内政治结构的成熟度、经济发展的素质、军事能力和对意识形态的掌控等方面,都处于绝对的优势地位。在决定全球经济运行的主要国际经济组织中,它们的主导权也通过自身在份额和投票权上的优势而得以体现。如美国和欧洲仍把持着IMF和WBG这两个重要的国际金融机构负责人的选聘权，美国的一票否决权也保留着，美英等所宣扬的新自由主义意识形态已经在全球取得了压倒性的影响，发端于拉美等第三世界国家的依附理论和后来沃勒斯坦提出的世界体系论等早已被边缘化，原教旨马克思主义理论在苏联、东欧崩溃后也全面溃退，这就意味着当代全球经济治理体系与战后初期的国际制度相比，在市场取向性质上不但没有退却，反而得到强化了。但同时，新兴经济体的群体性崛起也对全球政治经济格局产生着越来越大的冲击。这种冲击尤其表现在其抵抗市场震荡的能力有所增强，以及对全球经济的增长拉动能力和自我发展能力有所增强上。2008年美国次贷危机爆发后，新兴经济体反而成为霸权国家及发达国家求助合作的对象国之一，这是过去难以想象的。在过去的拉美债务危机、东南亚金融危机中，霸权国家和国际金融机构曾扮演的都是债权人和救世主角色。目前，新兴经济体如中国和印度对世界经济增长的贡献率已高达50%左右。如果这种势头能够延续下去，那么在未来20年或30年内，新兴经济体从经济总量上超越霸权国家和发达国家是完全有可能的。在制度方面，新兴经济体也不再着眼于政府与市场的传统二分法，它们在尊重市场权威导向的同时也提出了新的理念，比如平等互利合作、民主、责任分摊等。这不是简单地要求增加国家权威在国际组织中的影响，而是要求更好地落实民主制，增强国际组织或国际制度的合法性与有效性。这是新时期里新兴经济体在制度偏好上的新内容。

第三，南北国家在全球经济治理体系中的互动关系，既有与过去相同的一面，即发展中国家仍旧寻求能够改变不利于自身的国际制度，而霸权国家则力求维持原有的国际制度，为此发展中国家选择了积极加入国际制度，而霸权国家却选择了退出一些国际制度或削弱对一些国际制度的财政支持等，但另一方面，南北关系也并未如克莱斯勒所预测的那样脱离接触，反而是相互依存关系得到促进和加深。各国的共同利益由此增多了。如在中美这对霸权大国与新兴大国的关系中，两国已从20世纪70年代的初步接触发展为经贸上的深度互融，两国年度贸易额超过5000亿美元

(2016年数据),在金融上中国自2006年起就已拥有世界最多的外汇储备,[①] 并且美元储备也居世界第一。如此庞大的经贸规模,已将中美两国经济和国家利益紧紧地联系在一起,两国在稳定全球经济运行、规范全球经济秩序等方面的共同利益也显著增加了。在这种背景下,克莱斯勒描述的那种绝对冲突模式有些过时了,当代全球经济治理面临的新问题是如何在相互依存的背景下管理和协调好南北关系。

第四,克莱斯勒对于第三世界能否在国际经济新秩序的努力中取得成功的变量分析,对于后来的新兴大国能否成功推动全球经济治理合作,仍是极富洞见和启发意义的。如现有机制结构是否支持主权平等的原则,新兴大国能否形成统一的价值体系,从而增强协调非霸权国家立场和设置国际议程的能力,以及美国霸权的消涨态势和对新兴经济体所提要求的态度等,仍将影响着未来非霸权合作所能取得的进展。如果现有机制结构仍可按照原有的原则、规范和决策程序等维持下去,新兴经济体之间难以形成统一的价值体系和立场,并且美国霸权将长期存在且对新兴经济体的变革要求予以反对或阻挠,那么新兴经济体发起的非霸权合作取得成功的希望就是颇为渺茫的。

第二节 新南南合作复兴的可能性

如果说克莱斯勒的《结构冲突》一书主要是基于新世纪以前的南北关系实践而展开的分析的话,那么在进入21世纪后,一度受挫的南南合作在不少学者看来又露出了复兴的迹象。这为我们理解全球经济治理中非霸权合作的发展演进规律提供了新的实践参考依据。

这里所谓的南南合作,传统上是指从南北对话中引伸出来的发展中国

[①] 贾壮:"我国外汇储备跃居世界第一",《证券时报》2006年4月6日。

家间的经济合作，具体是指按照集体自力更生的精神，在发展中国家间进行密切、有效的经济合作，以加强政治、经济独立和集体经济力量进而实现建立国际经济新秩序的目标。[①] 而放在经济全球化的新背景来理解这一定义，南南合作的实质就是非霸权国家联合起来对不公平、不合理的全球经济治理体系进行变革改造。包括新兴经济体国家在金砖组织以及 WTO、IMF、气候变化等领域的合作，都既属于南南合作的新发展，也属于全球经济治理中非霸权合作的一部分。

一、新南南合作的复兴基础

事实上，冷战后的一段时期内，南南合作一度趋冷。其中的主要原因在于：发展中国家进一步分化，如新兴经济体与低收入发展中国家的差距拉大；冷战的终结导致发展中国家失去被两大阵营拉拢的价值，其国际地位显著下降；新自由主义式改革开放浪潮席卷全球，世界经济合为一个统一的体系也使得全球性的发展中国家组织（如不结盟运动、77 国集团等）的影响力一度有所下降；区域化的兴起导致一些发展中国家将注意力和优先项由传统的南南合作转向区域合作。这些因素使得南北界线已经不再如过去那样泾渭分明、截然对立了。

然而，即便面临诸多困难，南南合作仍未就此沉寂下去，驱动的因素仍然存在。

首先，从客观上看，世界经济体系中南北之间的不平等（从人均收入、技术、贸易收益等方面的差距来看）问题仍然较为突出，[②] 发展中国家的发展压力丝毫未曾减小，对于一些新兴发展中大国而言，其与发达国家在人均发展水平和经济素质方面的差距也极为显著。它们在推动全球经济治理改革以使其更有利于发展中国家这方面，仍然具有相当大的共同利益。

其次，整个发展中国家仍是世界格局中的一支重要力量，且其中某些

---

① 张士元：“关于南南合作问题”，《南开经济研究》1985 年第 2 期，第 44—49 页。
② ［印］V. 潘查姆基，文富德译：“南南合作与经济不结盟”，《国际经济评论》1985 年第 10 期，第 48 页。

区域和国家在世界经济和国际事务中的影响力显著上升，为南南合作的持续进行奠定了力量基础。① 无论是从国家数量、人口数，抑或是从自然资源禀赋等方面来讲，发展中国家相比发达国家都占有优势。同时，在东亚、东南亚和拉美等区域涌现出一批新兴经济体，随着它们经济实力的不断增长，它们在国际事务中的发言权明显增多，在世界经贸领域中的作用也越来越大，并日渐成为世界经济增长的重要推动力量，也为牵引新时代的南南合作打下了实力基础。

此外，过去南南合作留下的诸多制度性遗产便利了未来合作。南南合作不仅取得了实实在在的利益，给第三世界国家和全世界都留下了颇深的印象，而且还建立起长效性的合作机制，有利于保障长期性的合作。这些合作机制包括1961年贝尔格莱德会议诞生的由发展中国家组成的不结盟运动，参加这个运动的国家开始时是28个，后来达到近120个，占联合国成员国的2/3，分布在世界四大洲。另一个重要机制是77国集团。1963年，来自第三世界国家中的77个国家在联合国第一次贸易和发展会议上提出了建立国际经济新秩序的要求，以反对来自北方霸权国家的剥削。在77国集团的努力下，联合国第六届特别大会强调指出："在现在这种世界经济秩序中，各国际集团不可能得到均衡的发展"，并通过了建立国际经济新秩序的"行动纲领"。② 2000年4月，77国集团在古巴召开了自1964年成立以来的第一次首脑会议，会议发表的《南方首脑会议宣言》和《哈瓦那行动纲领》指明了发展中国家今后发展的方向，标志着南南合作在21世纪再度起航。除此之外，南南合作的重要机制还有"15国集团"，该集团于1989年9月在贝尔格莱德举行的不结盟国家首脑会议上成立，由一些具有共同想法和国情相距不大的国家组成，每年轮流在成员国举行一次首脑会议，旨在促进成员国之间的合作和发展中国家之间的经济合作。

最后，也是最重要的一点，全球经济秩序仍旧为霸权国家和发达国家

---

① 朱重贵、丁奎松、张新生："第三世界的变化和南北关系的新发展"，《现代国际关系》1995年第3期，第2—6页。

② ［土］梅·埃·伊尔迪里姆，李贤德、杨庆国译："为建立国际经济新秩序而斗争"，《国际经济评论》1978年第3期，第35页。

所控制，并在利益分配上向它们倾斜，这是南南合作得以持续进行的根本需求之所在。而在美国和西方国家占据实力优势和主导地位的不利条件下，第三世界国家要挫败美国与西方支持的国际新秩序模式，争取建立符合自己发展利益要求的，以公平、公正为原则的国际政治、经济新秩序，就必须加强南南合作，联合自强。①

二、萨米尔·阿明的南南合作复兴观

埃及学者萨米尔·阿明（Samir Amin，以下简称"阿明"）是当代最负盛名的发展经济学家和依附论学派理论家之一。他一直站在维护发展中国家利益的立场，批判国际帝国主义政治经济强权，反对西方中心主义，探讨发展中国家社会经济发展问题的解决之道。在 21 世纪南南合作问题上，他持乐观态度，认为南南合作正走向复兴。

阿明认为，尽管从表面上来看，南南合作似乎已经为西方主导的国际机构如 WTO、IMF 等的光芒所盖过，但它仍显出可能复兴的征兆。最基本的一点在于，"现存的资本主义既不可能再为南半球国家的普通阶层带来任何好处，甚至也不可能为那些无意于'赶上'的国家，即那些确信自己在世界体系形成过程中可以作为平等的伙伴并与中心（三位组合：美国、欧洲、日本）处在同一位置的国家做出更多的奉献"。② 由此，发展中国家相互合作的意识复苏。其重要标志就是 2003 年在斯里兰卡首都科伦坡召开了不结盟运动峰会，而新时期不结盟运动的斗争对象就是新自由主义的全球化和美国霸权。

在阿明的论述中，新时期的南南合作包含政治、军事及经济等各个领域的内容，但他提及的重点仍然在经济合作方面。

在政治层面，他认为南南合作的共同立场和观念是，谴责美国政策的

---

① 林利民、夏安凌："第三世界与 21 世纪国际新秩序"，《河南师范大学学报（哲学社会科学版）》2001 年第 1 期，第 50—55 页。

② ［埃］雷米·哈里拉、［埃］萨米尔·阿明，孙民乐译："南南合作走向复兴？（上）"，《读书》2005 年第 11 期，第 39 页。

新原则——"预防性战争",并且要求美国从亚洲、非洲和拉丁美洲的所有国外的军事基地撤兵。① 而在经济领域,他认为南南合作最主要的指导路线是南半球国家能够集体防御,② 也就是能够抵御国际环境所带来的冲击与风险。这与克莱斯勒的看法不谋而合,两人都认为发展中国家在面对开放的国际环境时仍存在显见的脆弱性和易受攻击性。他还一针见血地指出,IMF之所以鼓吹各国开放资本账户,其目的正在于推动巨额资本向美国流动,以掩盖它日益增长的赤字,但这将导致发展中国家被投机性的盗用所洗劫。而牙买加体系下的"灵活汇率"制度也应考虑转为相对稳定的汇率制度。在农业方面,他认为发展中国家需要有一个重视保护农民利益的国家农业发展政策,这将使它们在WTO试图促进农业发展和保护国家粮食主权而引发的"竞争"后果中免遭加速崩溃的厄运。它们特别要警惕的是,随着农产品市场的开放,美国、欧洲以及南半球的少数几个农产品出口大国(美洲南端的国家)危及到自身的粮食主权与安全。在债务方面,发展中国家不仅要考虑经济可支付性问题,还要探讨这些债务的合法性问题。为此,他认为要在单方面废除这些可恶的非法债务的同时,提出一个目前尚属空白的国际债务法方案。③

阿明认为,21世纪的世界体系与第二次世界大战后的世界在结构上有了很大的不同:当今世界是军事单极的,也就是美国霸权一家独大,同时全球化体系已在新自由主义的原则下联合起来了,在全球化体系的管理问题上,也就是全球经济治理问题上,美、欧、日三大权力中心合成了一个统一体,共同主宰着世界秩序。④ 在这种新形势下,稳固南南合作涉及到各国人民的利益和态度。在此,他提到了国内因素的影响,如有些发展中国家政权支持的是那些与帝国主义的资本主义全球扩张有着利益关系的买办阶级,这就需要建立起真正民主的政权,但这可能将会是一个艰难和漫

---

① [埃] 萨米尔·阿明,孙民乐译:"南南合作走向复兴?(下)",《读书》2005年第12期,第105—112页,第105页。
② 同上,第106页。
③ 同上,第107页。
④ 同上,第108页。

长的过程。

在谈到如何克服新自由主义观念的弥漫和所产生的幻觉问题上，阿明提出了一种新的发展观和治理观，那就是重返自力更生和自主发展。这一观念与克莱斯勒所提出的南北"分离"路径又有共通之处，但他并不绝对排斥与发达国家的交往关系，即这并不等于是要"闭关自守"，而是拒绝新自由主义所提出的"结构调整"概念。该概念隐含的意义是回应全球化的需要，或者说是绝对服从占支配地位的跨国资本的指令，以免进一步加深对发达国家的依附和加深世界范围内的不平等。①

什么是自主发展呢？阿明认为，该概念假定了对积累的五个基本条件的控制，② 即劳动力再生产的本地控制、盈余集中化的本地控制、市场的本地控制、自然资源的本地控制和技术的本地控制。换言之，也就是实现对本国生产要素的自主掌控。自主发展的对立面是依赖性或依附性发展，后者也是阿明长期批评的模式，他认为它使发展中国家处于世界体系中的边缘位置，受到中心国家的剥削和压榨。

在阿明对新时期南南合作的看法中，既有部分的真理，也不乏浪漫的想象。南南合作的前景固然是存在的，这是因为国家间总是或多或少地有一些互补性和共同利益，这就使得合作有利可图并有可能发生。现行的国际体系格局特征既仍有利于发达国家，也将使南南合作具有诱惑性，这是阿明理论中具有真理性的部分。但是在南南合作的具体内容和落实上，虽然他提出了很多好的设想建议，但其科学性和可行性却是值得商榷的。比如，自主发展这一概念就其本身而言没什么不对，但是对于实力较为弱小的发展中国家而言，它们能否做到，这就是个很大的问题了。过去的实践表明，一味追求自主性的努力并没有取得很明显的成效，反倒是较早融入国际市场和国际环境的国家或地区进入了新兴经济体阵营。如何把握好自力更生与对外开放的度，这本身就是一个争议极大且难以统一界定的问题。因此，总的来讲，阿明的南南合作观只是表明南南合作仍是可能的，

---

① [埃] 萨米尔·阿明，孙民乐译："南非合作走向复兴？（下）"，《读书》2005 年第 12 期，第 110 页。

② 同上，第 111 页。

但同时又是极富挑战的。

三、新南南合作的"双循环"论

近年来,伴随着中国等新兴大国的群体崛起,一种在"双循环"模式下发展新南南合作的观点出现了。所谓的"双循环",就是从经济运行的角度,将当今世界经济格局概括为两大循环并存的结构。[①]

第一个循环是传统的以发达国家为中心所形成的经济循环,由发达国家与非发达国家间的经济往来活动构成。在较早时期的国际经济分工交换中,通常是由工业化水平高的发达国家提供制成品和高技术产品,而工业基础落后的发展中国家则提供初级产品和劳动密集型产品;两者通过贸易互换和金融往来活动紧密地联系在一起,由于产品属性和经贸规则的影响,贸易条件往往向发达国家倾斜,主要的利润和积累为发达国家所占有,由此形成传统的"中心—半边缘—边缘"型世界经济循环。而到了最近几十年,随着一批发展中国家进入新兴工业化国家行列,它们凭借自身在劳动力方面的优势,承接发达国家的中低端产业转移与资本输出,充当发达国家的制造基地乃至世界性的制造中心和出口中心,由此获得贸易顺差和资本账户盈余。为了确保出口需求,加上自身金融市场不够成熟,这些盈余此后又大多以间接投资的方式流回发达国家,通过其先进发达的金融市场进行资本全球配置,这样又形成一种新形式的"中心—外围"式全球经济循环。这两种形式的循环的本质都是相同的,即发达国家始终处于主导、控制地位,掌握着自主权,获得循环的大部分利益;而发展中国家或新兴国家则处于依附、被动地位,在发达国家确定的规则和分工模式下,获取加工制造和出口红利。

第二个循环则是以新兴经济体尤其是新兴经济大国为中心所形成的经济循环,由新兴经济大国与较落后发展中国家的经济往来活动构成。在以

---

① 王跃生、马相东:"全球经济'双循环'与'新南南合作'",《国际经济评论》2014年第2期,第61—80页。

中国、印度等为代表的新兴大国逐渐发展成为工业化大国和资本输出大国之际，它们与资源丰富但工业化程度更低的发展中国家的经济互补性大大提升，双方合作也日渐密切，新兴大国从发展中国家进口资源，输出制成品，同时也向后者进行产业转移和资本输出，由此促进后者的出口并带动当地的工业化进程，从而在新兴工业化国家与相对落后的发展中国家间通过贸易、投资和金融往来等形成一个新的经济循环。在这一循环中，新兴国家处于主导和引领地位，而后者处于被动和跟随地位。但是与前一个循环的区别是，这一循环不完全是在霸权国家依靠自身权力权势所制定的国际经贸规则下进行的，它所依托的合作制度是在平等协商、互惠互利的基础上制定的。前一种循环属于霸权合作，存在更多强制性、限制性和不平等性；而后一种循环则属于非霸权合作，存在更多协商性、开放性和公平性。

"双循环"论认为，两种循环并存的新格局有利于世界经济平衡与可持续发展，为此应大力开展发展中国家之间的"新南南合作"，促进新经济循环的发展。

与传统的南南合作相比，新南南合作有诸多不同。如两个阶段的经济发展水平不同，此前各发展中国家经济基础薄弱，工业化程度低，合作前景有限；合作形式和手段也有所变化，此前主要以贸易和经济援助为主，而现在则增加了投资、技术和金融合作等；合作的驱动因素也有所差异，过去很多是政府主导下展开的官方合作，效率不高，现在则是由政府与市场双重驱动，更有活力和效率。

"双循环"论认为，新南南合作的深入发展，将使国际多边合作重新焕发生机，也将减少新兴国家和发展中国家对发达国家的依赖性，提升其在全球经济格局的地位和影响力，使国际经济关系呈现出多元平衡发展状态，从而加速全球经济治理体系的变革。

从"双循环"论的上述内容看，它的贡献在于强调了独立于霸权合作体系之外的另一种非霸权合作存在的可能性，以及这种合作对于变革全球经济治理可能产生的积极意义。但是，也有两个重要的问题需要深入研究：第一，这两种循环是否存在着内在的关联？比如，在产业国际转移和承接问题上,是否可以沿用"雁阵模式"来加以描述?即成熟产业从发达国家首先转移到新兴工业化国家,再由新兴工业化国家转移到较为落后的发展中国家,如果不考虑这两个阶段中的时滞,那么被归于"双循环"中的两个看似独立的经济循环是否实质上仍应归属于同一个传统循环中?第二,两种循环在运行的规则与制度上有无根本性的差异?如果存在这种差异,那么"双循环"的概括则更有理论价值,也意味着非霸权合作的出现,对于现有全球经济治理体系的冲击和挑战更大了,它也将成为一种更加有利于经济进步的力量。

第三节 非霸权合作的理论推导：
一个整合的框架

从战后初期到 21 世纪的近 20 年间,非霸权主导下的全球经济治理合作一直在持续进行。这一合作的内在动力始终是非霸权国家要谋求实现政治独立和经济发展的目标。这些合作曾通过"不结盟运动"、77 国集团、15 国集团等机制得以实施。在冷战结束后,区域化与多边合作的兴起又为非霸权合作提供了新的平台。进入 21 世纪后,伴随着一批新兴发展中大国的迅猛崛起,引领非霸权合作的新生力量出现了,这些大型新兴经济体与较为落后的发展中国家共同建立起来的高水平的经贸联系,显示出它们似乎正在创建一种新的、不再以发达国家居于主导和支配地位、与既有循环体系相平行的新经济循环。然而,尽管如此,新经济循环似乎仍与传统的经济循环有着千丝万缕的联系。霸权国家主导下的国际合作格局与国际经济机制仍在全球拥有压倒性影响。非霸权合作只是展露出更多的成功希望,离构建一个新的、公平的、更加平衡和有利于发展中国家利益的全球经济治理体系的目标还相距甚远。在既有研究的基础上,本书提出一个综合性的理论框架,就全球经济治理中非霸权合作的发展前景及成功可能性可能涉及的主要因素做一个归纳性的论述。

本书的理论假定是，非霸权国家的目标仍是寻求政治安全和经济福利的提高。它们与霸权国家和发达国家的共同点在于，它们都是全球化和市场化的风险承受者，它们都认可市场机制在促进经济效率和经济福利上的积极作用。两者的区别在于，非霸权国家并不谋求在全球经济治理中取得支配和控制地位，同时其在全球经济动荡面前的脆弱性也更大。

在此前提下，非霸权国家在全球经济治理中的合作能否深入发展，主要取决于三个层面的因素：第一个层面是非霸权国家的国内因素作用。即：非霸权国家对全球经济治理体系的观念与看法；其暴露在国际经济运行中的脆弱性；其参与和改革全球经济治理体系的紧迫度等。第二个层面是非霸权国家相互间的整合状况。即：在非霸权国家之间如何聚合利益和价值观？共同的非霸权身份能够作为一个有效的整合机制吗？如何克服相互竞争的因素？谁来扮演领导或集体行动的发起者角色？采取何种整合的技巧与策略？第三个层面是外部的阻力因素。即：霸权国家力量的变动趋势为何？霸权国家或霸权国家阵营采取何种反对策略或分化瓦解战术？

未来新兴经济体的全球经济治理合作能否得到快速推进、能否在变革中取得成功，取决于上述三个层面各因素的共同作用。

一、非霸权国家的国内因素

非霸权国家参与全球经济治理的目的，从根本上讲是服从或服务于国内目标使命与本国利益的需要。肯尼思·华尔兹的结构现实主义学说曾经将国家视为相似的单元，认为所有国家都行使着相似的功能，决定国家行为的是国际体系层面的权力分配状况。[①] 照此观点来看，对于国际互动行为的分析，似乎没有必要对国内因素着墨太多。但事实是，他的这一论点过于简化抽象了。国家的对外行为也要受到其所处的发展阶段、政治结构特点甚至是领导执政风险等内部因素的复杂影响。正如自由主义学派曾声

---

① ［美］肯尼思·华尔兹：《国际政治理论》（英文），北京大学出版社2006年版。

称的那样，民主国家间天然更趋向于和平，而非民主国家间则较容易发生战争。其理由是，在前者，反战的人民会通过民主的机制抑制领导人发起战争的冲动；而在后者，却缺少相应的制衡约束机制，战争的发动变得更加轻率随意或更易由大权在握的执政者独断决定。这里笔者不对自由主义学派的这一说法是否真实可信做出判定和论证，因为这偏离了本书的主题，但是笔者接受其关于国内政体性质可能会影响国家对外行为的思想。而在参与全球经济治理这一对外行为问题上，笔者认为国内状况同样是需要考察的重要因素。

首先来看看非霸权国家对全球经济治理体系的观念与看法。全球经济治理应当如何运转，其制度规则应当如何制定，这些问题的背后，涉及的是一国就此事务而言所持有的价值观和理论信条为何。

从战后历史的视角来看，主要有过两大流行的理论体系：一种体系是以马克思主义为指导的社会主义全球经济治理观；另一种是以资本主义市场经济学说为指导的西方全球经济治理观。马克思主义视角的全球治理观认为，全球治理是随着资产阶级开创世界历史进程和跨国关系的出现而兴起的，它的目的并不是为了解决不同阶段的全球化所带来的各种全球性问题，而是服从于通过资本为手段和工具来达到为资本增值积累服务的目的。在马克思主义看来，资本的本性是追求最大化的剩余价值，尽管资本主义的全球治理打着民主、正义等普世性价值取向旗号，但实际上它真正建立起来的是一种畸形、非道德的全球秩序。[1] 在这一治理体系中，资本既是联系一切的核心纽带，同时也是阻碍人全面发展的枷锁。资本全球治理的这种缺陷，就使得马克思主义将全球善治的希望放在社会主义和未来共产主义社会的全球治理模式上。这一模式以人的解放作为最终归宿，在国际关系上主张追求独立自主、经济现代化、民主公平以及反对霸权主义和经济殖民剥削等。在马克思主义思想的影响下，不少国家在战后的国际经济秩序中主张自力更生、自主发展，同时努力实现现代化。在许多发展

---

[1] 胡键：“马克思世界历史理论视野下的全球治理”，《世界经济与政治》2012年第11期，第31—49页。

中国家，融入了马克思主义思想与西方现代化理论的现代化意识形态，实实在在地存在并且构成了发动人民进行反殖民革命的主导力量。① 战后非结盟运动的兴起、77 国集团的出现等，都或多或少受到马克思主义思想中反霸反剥削等思想的影响。甚至一些国家对国家干预机制的迷恋和对市场机制的排斥，都是对于马克思主义的教条式理解以及现实限制的结果。因为马克思主义视资本家为剥削的借名词，所以发展市场机制就等于引入资本家和市场机制，这与政治上和意识形态上的信条是矛盾的。在现实限制方面，落后的经济水平也导致了资本家阶层的幼弱性，政府被迫自己来充当资本家在经济中的一系列角色。

与马克思主义治理观相对的是资本主义全球经济治理观。这种治理观建立在资本主义和市场经济体制的基础之上，其思想渊源可以回溯到经济自由主义的鼻祖之一亚当·斯密。它强调发挥市场这只"看不见的手"的作用，通过尊重个人利益和调动每个人的积极性，来促动经济效率的提升和社会生产力的发展。这一治理观对行政干预抱有怀疑态度，认为经济自由化和开放化，有利于分工在全球层次进行并使资源配置达到最佳水平。持有这种治理观的是工业化起步最早、经济发展水平高的老牌发达国家。它们推动自由开放政策不仅是出于对自由主义意识形态的盲目信奉，更多的是因为这是对它们最为有利的学说。凭借雄厚的实力和国际竞争力，自由贸易和金融开放有利于它们的产品和资本攻城掠地，以比武力征服抢劫更为文明隐蔽的方式获得利益。

尽管资本主义的全球经济治理观广受发展中国家诟病，但是不能不承认它也蕴含着一些合理的成分。比如重视各国扩大分工和贸易，这对于提高全球性资源配置效率是大有好处。市场机制的灵敏性和灵活性也是政府干预机制的僵化性所难以企及的。因此，许多发展中国家和新兴经济体也逐渐转向认同市场观念在全球经济治理中的作用，认同实施经济自由化和开放化的意义。然而，基于自由主义的治理模式在分配上却存在着不少问

---

① ［埃］雷米·哈里拉、［埃］萨米尔·阿明，孙民乐译："南非合作走向复兴？（上）"，《读书》2005 年第 11 期，第 36 页。

题，在市场极化效应的作用下，各国的差距将越拉越大。另外，市场运行的规则不是从天而降自然产生的，而是历史因素和权力因素作用的结果。也就是说，霸权国家或发达国家决定了规则的塑造，这使得利益分配格局向它们所倾斜，对发展中国家和新兴国家的利益造成了不公平的损害。为此，不少国家继续倡导公平、公正和民主的治理观。

再看看非霸权国家暴露在国际经济运行中的脆弱性。这种脆弱性的大小取决于一国的经济发展水平和国家整体实力，也影响到一国对全球经济治理的看法和态度。一般而言，经济增长速度较高、体量规模较大的国家，其在国际运行中的脆弱性较小，抗国际动荡风险的能力较强，在全球经济治理中的谈判能力也较强；而相反，那些比较弱小的国家，其脆弱性很明显，不容易经受国际冲击，参与全球经济治理的意愿和能力也较低。这正如我们在实践中看到的那样，随着一些新兴经济体实力的提升，其在全球经济治理活动中变得更加活跃且主动了。实力较强的国家与国际市场的联系通常也更紧密，更加依托于国际市场和国际资源的支持，这使得它们与全球经济治理的关联度和利益相关度更大了，投身于全球经济治理实践的积极性则更高。脆弱性状况也关系到一国对全球经济治理的政策取向。正如克莱斯勒曾指出的，较脆弱的国家更加偏向于行政权威导向，而较发达的国家则偏向于市场权威导向。两者在治理模式的选择上存在着不小的分歧。

参与和改革全球经济治理体系的紧迫度则取决于国内政治精英的判断和国家发展形势之所需。如具有国际化视野的政治精英会将解决国内难题的途径放在国际环境的支持上，而具有保守倾向的政治精英则偏向于立足本国国内途径，这将会导致一国对参与全球经济治理合作的态度呈现明显差异。当前者占据上风时，那么变革全球经济治理会成为外交战略中的重要内容，相应也会赢得财力和人力资源上的支持；而当后者在位时，那么大致会采取跟随适应的态度，不会投入太多的精力与资源。从国家发展形势来看，如果遇到重大的收支危机或金融危机时，被迫要求助于国际经济组织，则对全球经济治理的改良变革需求高。比如，正是在1997年金融危机发生后，东盟国家加强了与东亚其他新兴经济体在金融货币事务上的合作。同样，如果一个国家由进口替代战略转向出口导向战略，那么参与并对 WTO 的规则变迁施加尽可能多的影响也就显得尤为必要且关键了。

二、非霸权国家间的整合因素

仅就单个国家而言，所有新兴经济体的实力都远逊于霸权国家美国，而现行全球经济治理体系的守成国阵营中，除了美国外，还有欧洲、北美和日本等其他几大发达资本主义工业化强国，这就意味着仅靠单打独斗，非霸权国家在可见的未来几乎没有任何成功的可能。唯一的出路就是加强非霸权国家队伍内部的团结协作，形成合力，以此抗衡霸权国家的权力和在位优势。然而冷战后，由于发展中国家经济发展不平衡，相互间的利益差异日益显露出来，政治倾向也趋于多样化，彼此协调的复杂性增强了，[①]这就引出了关键性的难题——如何实现这种整合？

首先是在国情千差万别的非霸权国家之间如何有效聚合各自的利益和价值观。全球经济治理涉及到贸易、金融、投资和气候合作等各方面的事务，每个国家基于各自的实际，在不同议题上都有着不同的利益取向和价值判断标准。比如，新兴经济体与落后的农业国在贸易政策上的诉求就区别很大，前者支持自由化的贸易政策，而后者则会偏向于贸易保护主义政策；在金融方面也是如此，有的国家金融市场比较发达，可以开放经常账户和资本账户，但也有国家主张加强管制，避免受到资本频繁投机性流动所带来的冲击；在气候问题上也是如此，有的国家以农业或旅游业为主导产业，支持严格的气候排放协议，而有的国家则正处于工业化中期，制造业占据主导地位，需要在气候协定上予以保护支持。这些差别意味着要想达成统一的立场并不容易，就算达成也需付出较高的交易成本，这不是一般的国家愿意轻率承受的代价。但是如果彼此间不能达成共识，就会因势

[①] 朱重贵、丁奎松、张新生："第三世界的变化和南北关系的新发展"，《现代国际关系》1995 年第 3 期，第 2—6 页。

单力薄而在全球经济治理的制度制定和规则谈判中处于被动和被支配地位，这就要求非霸权国家必须基于求同存异、努力扩大公约数等原则，加强相互间的沟通协调，相互妥协，相互调整，聚合形成共同的主张和价值观，以集体的身份参与同霸权国家的博弈活动。

其次是共同的发展中国家或新兴经济体身份能够作为一个有效的整合机制吗？近年来，建构主义学派兴起并不断传播，有关国际关系中的身份认同理论渐渐流行起来。① 建构理论强调身份认知和进程中的实践互动对于利益界定和合作决策具有相当的作用。身份是指对主体角色和地位等的界定，决定着国家在一定环境和条件下的利益及道义追求。② 建构主义认为，一个国家的追求目标和所采取的行为，并非仅仅是由国际体系中的权力结构所决定，还与其自我地位意识及对国际环境的认知有关。③ 身份作为国家的基本属性，能够产生作为主体或单位层次的动机和行为特征。国家一旦确定了自己的身份特性和归属，便能在相应的被认定或自认的位置上根据内在确定性发挥自主性，就会相应地将某种规范或政策塑造的利益当作行为驱力，并在此基础上推进着与其他国家间的关系建构。"国家间的所有这些关系都不仅直接影响了相应的行为，而且也影响了有关行为体的自我认识。"④ 国家间身份相似或取得了身份认同，就会通过环境中的社会化机制而进一步加强在观念与行为上的趋同，这些机制包括：一是说服，即新成员经过被劝导教育等而相信某些标准或价值是正确的和应当遵循的；二是社会影响，即社会借由相应的奖励或惩罚机制以塑造并强化新成员的行为模式的形成；三是模仿，即新成员通过模仿团体中的行为规范

---

① ［美］亚历山大·温特，秦亚青译：《国际政治的社会理论》，上海人民出版社2000年版，第45—65页。
② 刘永涛："身份政治驱使下的美国对外政策——以美国空袭叙利亚境内目标为例"，《世界经济与政治》2015年第6期，第123—137页。
③ ［美］玛莎·芬尼莫尔，袁正清译：《国际社会中的国家利益》，上海人民出版社2012年版，第8页。
④ ［美］温都卡尔·库芭科娃，肖锋译：《建构世界中的国际关系》，北京大学出版社2006年版，第125页。

以适应不确定的环境。① 因此,身份认同有利于促进国家间合作。二战后,许多原殖民地半殖民地国家取得独立后,在考虑了各种机遇与威胁,明确了结盟对象,确立了发展中国家的共同身份,并由此参与了国际制度变革的斗争,一定程度上推动了国际关系中行为体在权力控制与分配上的优化性后,"以图确保自己的基本价值观与利益得到维护",② 可见身份认同是有助于非霸权合作的。然而,冷战后,发展中国家分化很大,特别是某些新兴经济体已经摆脱了发展中国家的基本特点,在人均收入和社会指标上都已迈向发达国家或准发达国家行列。另外,区域化合作的兴起,也使得基于地缘属性的身份划分变得更加重要,这些都削弱了传统的发展中国国家定位,使得在新时期如何确立新的身份认同成为一个有待认真解决的问题。

第三是如何克服非霸权国家间相互竞争问题的困扰。国家之间的竞争历来不只存在于南北之间,也存在于南南内部关系中。近年来,新兴经济大国的群体崛起,令其相互间的竞争问题变得更加引人关注。这种竞争表现在对市场、资源、资本、地区经济主导权以及国际地位和国际影响力的争夺等多个方面。毫无疑问,只要在市场经济条件下,竞争就是正常的,这里需要强调的是如何避免恶性竞争,即违反规则、导致两败俱伤的那种竞争。

还有就是谁来扮演领导或集体行动的发起者角色以及采取何种整合的技巧与策略。基于国际合作带有公共品属性,所以需要由国家来发挥领导或组织作用,提出合作构想与倡议,召集会议,拟定变革文件或组织章程,更重要的是为国际机制的创立提供物质性的资源支持。在霸权合作中,这一功能是由霸权国家来承担的,它也由此享有霸权收益。但是在非霸权合作框架下,缺少公认的实力超群的领导大国,是否有国家勇于站出来担当这一角色,并且按照它们所倡导的公平民主等原则来制定合作机

---

① [加]江忆恩,李韬译:"简论国际机制对国家行为的影响",《世界经济与政治》2002年第12期,第21—27页。

② [美]斯蒂芬·D.克莱斯勒,李小华译:《结构冲突:第三世界对抗全球自由主义》,浙江人民出版社2001年版,第15页。

制,是决定非霸权合作能否得到持续推动的重要前提。为了将霸权合作与非霸权合作区分开来,这里需要划分清楚霸权与领导这两个概念的界线。霸权的概念在前面已经介绍过,它包含领导的概念在内,但是同领导相比,它还带有强制性和非对称性等特点。即,领导更加讲究合意性和平等性,而霸权则隐含着强制性的服从压力。与霸权国家相比,领导国家不必是唯一的,它可以根据各国的特长和议题的性质不同而有所不同。然而,霸权国家却必定是在综合实力上全面领先的大国强国。某些中小国家也可以在某些事务上充当领导角色,但却绝不可能具有霸权国家所拥有的威望与影响。另外,非霸权国家间所采取的整合技巧与策略也很重要。比如,在国际经济组织的改革或气候协定的谈判等问题上,过于激进或过于保守的提议都是不妥的。

三、外部阻力因素

新兴经济体或发展中国家加强全球经济治理合作的根本动机在于变革现行体系或机制,打破旧有的利益分配格局,这必然会招来霸权国家及其阵营的阻挠反对。能否最终取得突破性进展,非霸权国家间的努力只是一个方面,另一个重要方面在于所遇到的阻力为何。这些阻力的大小,从根本上取决于以下因素:霸权国家力量的变动趋势如何?霸权国家或霸权国家阵营采取何种反对策略或分化瓦解战术?

首先来看霸权国家力量的变动趋势。这是最基础性的因素之一。这些力量既体现在经济实力、军事实力等硬实力上,也体现在意识形态、威望和国际声誉等软实力上。其中,硬实力的变动最为显著,也是决定性的力量;软实力的变动存在滞后性和主观性,是辅助性的力量。经济实力又可以通过国家经济总量,经济增长速度,经济素质表现,整体技术水平以及金融体系成熟度、先进度等指标加以衡量。近年来,新兴经济体的崛起主要表现为经济实力的提升,其与霸权国家和发达国家在经济上的差距缩小了。按照保罗·肯尼迪的说法,从大国兴衰的历史看,一国地位的升降虽然往往直接表现为战争的结果,但胜败其实取决于各国以经济为主导的综合国力的较量。① 大国兴起，起于经济和科技发达，这又成为军事实力提升的后盾。相应地，大国衰落，则是由于生产力重心的转移，以及过度侵略扩张并造成经济和科技的相对衰退落后。因此，霸权国家经济实力越强，其军事实力愈有基础，在国际体系中的影响力更大，其软实力也有坚实的土壤。反过来，如果霸权国家表现出相对衰落之势，这就意味着国际体系或全球经济治理秩序必然迎来新的调整变革。

其次再来看霸权国家或霸权国家阵营采取何种反对策略或分化瓦解战术。面对新兴国家的崛起，霸权国家总是会采取打压或分化瓦解等应对办法。对涉及到的全球经济治理改革，则会采取拖延、阻挠和以变制变等办法。实际上，结合最近几年的实践看，为了应对中国、印度等新兴经济体的同步崛起及其对全球经济治理体系所提出的变革要求，以美国为首的发达国家甚至引入了主动变革国际经贸规则的高明策略。即从当前形势看，未来一二十年内发展中国家经济总量超越发达国家的概率很大，未来如何在经济规模占劣势的情况下继续主导全球经济秩序，已成为霸权国家和发达国家最大的挑战和最优先的战略目标。而其提出的对策就是主动重构全球经济秩序与规则，重构的原则是削弱新兴经济体的比较优势，强化发达国家的比较优势。② 具体来看，就是逐渐放弃泛多边主义战略，转而选择区域主义战略。举例来说，实施以有选择的国家组建而成的自贸区战略，美国奥巴马政府曾经力推的 TPP 谈判，就刻意将中国排除在外；同时引入新的合作规则，如更多强调美、欧、日等具有优势的劳工规则、环保规则、知识产权规则等；此外，主动从全球性的国际机制中退却，比如 WTO 的谈判多年来进展迟缓，这与发达国家对其热情下降不无关系。总之，面对新兴经济体的崛起之势和日渐高涨的全球经济治理变革呼声，发达国家不会束手无策，任其发展，而是会通过各种手段与措施来阻止或拖延国际经贸规则对其的不利变化。这就构成了非霸权合作成功的最大外部障碍。

---

① ［美］保罗·肯尼迪，陈景彪等译：《大国的兴衰》，国际文化出版公司 2006 年版，第 72 页。
② 李向阳："国际经济秩序的发展方向"，《现代国际关系》2014 年第 7 期，第 20—22 页。

第五章

金砖机制与中印全球经济治理合作

金砖机制的诞生，是 21 世纪全球经济治理发展演变中最有影响的事件之一。这是继 77 国集团之后，在发展中国家和新兴经济体阵营建立起来的又一重要国际合作机制。它的问世，是发展中国家和新兴经济体在发达国家呈现相对衰落的背景下反西方霸权治理的新尝试及新努力。无论是从理念上或是实践上，它都对旧有治理秩序提出了质疑及挑战，勾划出一种新的替代性的全球经济治理模式。[1] 总体而言，它的成就代表着新兴经济体或非霸权国家在全球经济治理合作上所取得的最大成功。它所暴露出来的问题，也是非霸权合作纵深推进所普遍面临的难题。未来它是继续担当现在的配角，还是有望替代霸权国家成为全球经济治理体系中的主角，还存在着极大的不确定性。这主要取决于它能否克服各种内外阻碍，从而不断扩大影响，最终上升为主导性的全球经济治理合作机制。金砖合作的成功组建也体现了人类灵感、创意和想象力的力量，这种难以意料的偶然因素和智慧之光从根本上讲带有一定的必然性，即它是新兴经济体国家必然合作共进的历史发展规律的一个缩影而已。

---

[1] Armijo, Leslie Elliott, "The BRICS Countries (BRAZIL, RUSSIA, INDIA, AND CHINA) as Analytical Category: Mirage or Insight?", *Asian Perspective*, 2007 (31) . 4: 7–42.

第一节 "金砖"概念的提出与金砖合作的发展

一、"金砖"概念的问世与金砖合作的诞生

"金砖国家"（BRICs）作为国际关系报道中的重要名词，如今早已家喻户晓，但在最初意义上，它只是盛行于投资行业的一个经济词汇。该词的发明者是供职于美国著名投资银行高盛公司的首席经济师吉姆·奥尼尔（Jim O'Neill）。2001年11月，他在名为"打造更好的全球经济金砖"（Building Better Global Economic Brics）报告中[1]提出了"金砖"一词。其中"Brics"分别代表巴西、俄罗斯、印度和中国四个国家的英文首字母，其发音与英文的"砖块"非常相似，加上这四个国家又都是重要的新兴经济大国，因此被翻译为"金砖国家"。

2010年来自英国《金融时报》的报道表示，[2] 奥尼尔当时之所以能发明出这一概念，与两大原因有关：一是他刚刚担任高盛公司经济研究组联席主管，面临巨大的业绩压力，急需新主题和新想法的指引；二是纽约"9·11"恐怖事件的爆发给了他灵感。该事件令他对美国主导的全球化模式产生了怀疑，认为恐怖事件有力地证明了非西方世界为何开始变得越发重要（尽管是以一种负面的方式），应当更多关注非西方国家如何在未来行使更大的权力。在审视世界后，他将目光聚集在了巴西、印度、俄罗斯和中国，认为这些国家拥有相似的特质：大量的人口、欠发达的经济、亲全球化的政府以及高增长的潜质，"这些特点使它们成为天生的兄弟姐

---

[1] Jim O'Neill, "Building Better Global Economic BRICs", *Global Economics Paper*, No. 66, 2001, London: Goldman Sachs.

[2] ［英］吉莲·邰蒂，何黎译："'金砖四国'的来龙去脉"（下），2010年1月26日，http://www.ftchinese.com/story/001031000? full = y。

妹",应当将其作为一个整体来冠名考虑。①"金砖"一词就这样在上述著名的报告中横空出世。在他看来,未来金砖国家(特别是中国)在全球GDP中的比重将会上升,为此制定(全球化)政策的全球性论坛应进行重组,以赋予金砖国家这一群体更大权力。

2003年,他所领导的团队又提出了名为"与金砖四国一起梦想:通往2050年的道路(Dreaming with Brics:The Path to 2050)"的报告,②预测到2039年,金砖四国的经济规模可能会超过最大的西方经济体,而到2050年,世界经济格局将重新洗牌,金砖四国将超越英国、法国、意大利、德国等西方发达国家,与美国、日本一起进入全球新的六大经济体行列。高盛这份报告出台后,使中国、印度、俄罗斯、巴西四国作为新兴经济体的代表和发展中国家的领头羊受到世界更多的关注,"金砖四国"概念迅速风靡全球。

2005年12月,高盛发布的新报告《BRICs有多稳固》(How Solid are the BRICs?)继续看好金砖国家,③称BRICs看起来确实比其他发展中国家(无论大小)的进步要快。由此高盛调整了预测:中国将在2040年超过美国(比2003年的预测稍快一些),而印度将在2033年超过日本(比早先的预测稍慢一些,原因是日本的经济状况有所改善)。④

金砖概念提出后,曾经成功引起高盛公司客户以及投资界对新兴市场的兴趣,但也受到批评,认为其国家选择过于主观,甚至名不副实,它主

---

① 为什么把中国、巴西、印度和俄罗斯放在一起形成金砖四国的概念?金砖概念之父、高盛全球经济学家奥尼尔被无数人追问过这个问题,或许是为了一劳永逸,他在一份公司内部报告中给出了答案。"中国和印度都需要的许多东西,正是巴西和俄罗斯所拥有的,所以它们自然被归为一类。"他也提出一个硬性指标来进行解释:把那些经济占全球总量5%,或者未来有可能占全球总量5%的国家放在一起,就是金砖四国。参见:"'金砖四国'概念之父展望2050",http://finance.cctv.com/20090617/103093.shtml。

② Wilson D, Global Economics Paper No. 99, Dreaming With BRICs: The Path to 2050. Goldman Sachs, 2003.

③ Makin, Anthony J. and R. Arora, How Solid are the BRICs? The Rise of the BRICS in the Global Political Economy: Changing Paradigms. 2014, https://www.researchgate.net/publication/260432503_How_Solid_are_the_BRICs.

④ "金砖四国之梦:通向2050之路",http://world.huanqiu.com/roll/2010-04/779299.html。

要是高盛的一种营销和炒作行为，用以扩大其全球影响力。而被选中的四个国家在最初几年的反应也各不相同："俄罗斯感到高兴，中国有些困惑，巴西有些怀疑，而印度无动于衷。"① 直到2008年5月，俄罗斯在叶卡捷琳堡举办了金砖四国外长会晤，这才意味着金砖概念获得了金砖国家的官方认可与回应，从一个纯粹的经济投资概念转变为国际政治概念。2009年6月，首次金砖四国领导人峰会在俄罗斯叶卡捷琳堡举办，出席会议的四国表示，有意在这次金砖四国峰会之后，把这一机制延续下去，未来将定期举行类似峰会。至此，金砖合作机制正式成型，迈入全球治理舞台，成为新兴经济体合作的新兴平台与机制。

二、金砖合作的发展

2009年建立起来的金砖国家年度峰会机制，在接下来的历年中得到认真执行。每年均由主办国根据当时的国际形势特点和金砖国家的利益需要，设置议程，展开沟通，形成政策与共识，最后以公报的形式昭告天下。这使得BRICS与G7/G8一样，逐渐成为后布雷顿森林体系时代最有影响力的两大国际性合作论坛之一。其中，G7/G8代表着霸权国及其阵营的合作与利益，BRICS则替新兴经济体和发展中国家发声。尽管金砖国家聚集到同一个场合，就全球经济治理事务等展开沟通并不罕见，如在联合国体系、不结盟运动及其他国际性组织中它们也曾共聚共商，但是像这样带有限定性的"小型俱乐部"式合作，对它们而言仍然是全新的开端。而BRICS也就在各国逐渐的尝试接触互动中，成长发展起来。

到2017年为止，金砖国家领导人峰会共举行了9次，与此相配套的还有一些部门级会议。根据历次会议的内容和成果特点，可以把目前的金砖合作分为以下三个阶段。

第一个阶段是奠基启航阶段和扩员阶段，时间上是从2009年到2011

---

① [英]吉莲·邰蒂，何黎译："'金砖四国'的来龙去脉"（下），2010年1月26日，http://www.ftchinese.com/story/001031000?full=y。

年，其间共举行了三次峰会，都具有特别重要的意义。2009年于俄罗斯叶卡捷琳堡举办的首次峰会拉开了金砖合作的序幕，也给金砖合作的方向定下了基调。俄罗斯在金砖机制的形成上扮演了一个能动的初级行为者角色，而其他三国的响应则表示它们是金砖制度创新中的次级行为团体。这次会议召开时，最为重大的国际背景是美国爆发了"次贷危机"，并由此引发了国际性的金融危机，世界经济受到沉重打击，由于各国相互依赖的关系，新兴经济体国家和广大发展中国家也深受危机拖累。因此，在这次会议上，四国主要就应对国际金融危机冲击、二十国集团峰会进程、国际金融机构改革、粮食安全、能源安全、气候变化、金砖四国对话未来发展等重大问题展开了对话交流。时任俄罗斯总统梅德韦杰夫指出，本次会晤为金砖四国的领导人探讨改革世界金融体系的"非传统路径"提供了难得机会，"如果只是由一种货币（美元）主导，那么这样的全球货币体系不可能成功"。时任巴西总统卢拉则表示八国集团"已经死亡"，虽然G8还是重要的，但不能代替金砖四国，因为后者的国土总面积占世界26%，人口比重高达全球的42%。① 在峰会后的联合声明中，四国领导人就全球经济治理体系的变革提出了明确的意见，包括应提高新兴市场和发展中国家在国际金融机构中的发言权和代表性，以及建立一个更加民主和公正的多极世界等。这次会议还确认了四国联动机制。而在次年4月于巴西举行的金砖第二次峰会上，四国就吸纳南非加入达成共识。同年12月，四国决定吸收南非作为正式成员加入"金砖国家"合作机制，"金砖四国"自此变成"金砖五国"，并更名为"金砖国家"。南非的加入，意味着金砖合作的地域代表性更加广泛了。在2011年4月于中国三亚举行的金砖第三次峰会上，南非作为"新成员"亮相，金砖完成了首次扩容，进入五国时代。

第二阶段是探讨推进落实国际金融治理机制并取得历史性、永久性成果的阶段，时间上是从2012年到2014年，其间共举行了三次峰会。在

---

① "金砖四国探讨改革世界金融体系'非传统路径'"，http://finance.cctv.com/20090617/103159.shtml。

2012年3月于印度德里举行的金砖第四次峰会上,探索建立新开发银行可能性被率先提出,这是金砖国家在变革国际金融治理机制上走出的实质性一步。而在次年3月于南非德班举行的金砖第五次峰会上,成立新开发银行的设想继续推进,五国决定设立金砖国家开发银行和外汇储备库。在这次会议上,金砖合作机制也得到进一步发展,成立了金砖国家工商理事会和智库理事会,并在财经、经贸、科技、卫生、农业、人文等领域启动了部长级对话机制。此次会议上举行了金砖国家与非洲国家的对话会,开启了最早的"金砖+"模式。在2014年7月于巴西福塔莱萨举行的金砖第六次峰会上,金砖开发银行和应急储备安排正式落地。五国确定了金砖国家开发银行的资本金额度、比例分配和总部所在地,还通过了《关于建立金砖国家应急储备安排的条约》,这一应急储备安排也是五国共建集体金融安全网的新尝试。

第三个阶段是金砖合作的巩固、议题延伸和深化促进阶段,时间上是从2015年到2017年,其间共举行了三次峰会。这一阶段的金砖合作具有三个特点:一是巩固扩大在经济领域的合作,如2015年7月的金砖第七次峰会通过了《金砖国家经济伙伴战略》,为金砖国家在贸易、投资、矿藏加工、能源、农业、科技、创新、财经等更为广泛领域的合作提供了指南;在2016年10月的印度果阿峰会上,各国同意进一步推动保险和再保险市场合作、税收体系改革、海关部门互动等,对设立一个金砖国家评级机构的可行性展开研究;而在2017年9月的中国厦门峰会上,也继续强调要构建一个更加高效、反映当前世界经济版图的全球经济治理架构,增加新兴市场和发展中国家的发言权和代表性,具体诉求是推动 IMF 进行份额总检查并形成一个新的份额公式和落实世界银行股权审议,这意味着推动全球经济治理改革仍是金砖不变的聚焦点。二是不断延伸议题领域,如在乌法峰会期间,各国领导人还就联合国改革、维护二战成果、世界经济形势、巴以问题、伊朗核问题、阿富汗问题、乌克兰局势等一系列重大国际和地区问题表达了共同立场;果阿峰会《果阿宣言》也就联合国事务、中东和北非地区局势、巴以矛盾、阿富汗局势等重大政治事务表达了金砖五国共同的立场。① 这表明金砖合作是全方位、多领域的合作,金砖国家正逐步成为全球治理体系的关键因素之一。② 三是合作机制更加完善。乌法峰会上举行了工会论坛、公民论坛和青年峰会。而在厦门峰会上则延续了德班会晤以来的外围对话做法,举行了新兴市场国家与发展中国家对话会,推进了"金砖+"合作,这有助于扩大金砖国家的代表性和国际影响力。至此,从2008年金砖国家外长会晤到2017年厦门首脑峰会,金砖合作已走过十年历程,机制不断完善,合作向纵深推进。历次峰会情况如表5—1所示:

表5—1 金砖历次峰会及主要成果

时间	地点	主要成果
2009年6月	俄罗斯叶卡捷琳堡	四国主要就应对国际金融危机冲击、二十国集团峰会进程、国际金融机构改革、粮食安全、能源安全、气候变化、"金砖四国"对话未来发展等重大问题展开了对话交流
2010年4月	巴西巴西利亚	欢迎二十国集团被确定为国际经济协调与合作的主要平台,敦促各国抵制各种形式的贸易保护主义,呼吁建立更加稳定、可预见、更多元化的国际货币体系;明确指出治理结构改革的首要目标是向新兴市场和发展中国家实质性转移投票权,使其在世界经济中的决策权与分量相匹配。同年12月,四国一致商定同意吸收南非作为正式成员加入"金砖国家"
2011年4月	中国三亚	涉及国际货币和金融体系改革、经济贸易领域合作、全球气候变化、大宗商品金融市场监管、粮食安全、核能安全利用国际合作等诸多议题,阐明了金砖国家未来合作的主要方向

① 徐海静、胡丹丹:"白纯国际观察:金砖国家果阿峰会取得重要成果",http://world.people.com.cn/n1/2016/1017/c1002-28785677.html。
② 周良、温馨:"新华国际客户端报道乌法金砖峰会有何成果",http://news.xinhuanet.com/world/2015—07/10/c_128008045.htm。

续表

时间	地点	主要成果
2012年3月	印度德里	会议就亟需实施IMF配额改革、签署本币信贷工具贸易协议、发达国家应避免全球流动性过剩、探索建立新开发银行可能性、重振市场信心恢复全球经济增长、金砖国家协调彼此立场以及反对武力等取得了诸多共识。发表的《德里宣言》和行动计划继续强调了提高发展中国家在主要国际治理机构中的发言权和代表性的核心诉求
2013年3月	南非德班	决定设立金砖国家开发银行和外汇储备库，同时成立金砖国家工商理事会和智库理事会，并在财经、经贸、科技、卫生、农业、人文等近20个领域形成新的合作行动计划。这次会议还就加强金砖国家与非洲国家在基础设施领域的合作，促进非洲大陆互联互通和潜力释放等达成了共识
2014年7月	巴西福塔莱萨	五国决定正式组建金砖国家开发银行，其初始资本为1000亿美元，由五个创始成员平均出资，总部设在中国上海。同时还通过了《关于建立金砖国家应急储备安排的条约》，在该应急储备基金中，中国投票权为39.35%，巴西、俄罗斯、印度各为18.10%，南非为5.75%
2015年7月	俄罗斯乌法	通过了《乌法宣言》、行动计划、《金砖国家经济伙伴战略》等一系列纲领性文件，规划出金砖国家中长期合作的蓝图。《乌法宣言》就联合国改革、维护二战成果、世界经济形势、巴以问题、伊朗核问题、阿富汗问题、乌克兰局势等一系列重大国际和地区问题表达了共同立场，而《金砖国家经济伙伴战略》则为金砖国家在贸易、投资、矿藏加工、能源、农业、科技、创新、财经等领域的合作提供了指南。此次乌法峰会期间，还举行了工会论坛、公民论坛和青年峰会

续表

时间	地点	主要成果
2016年10月	印度果阿	这次会议就推动金砖国家务实合作取得了新的进展。各国同意进一步推动保险和再保险市场合作、税收体系改革、海关部门互动等，对设立一个金砖国家评级机构的可行性展开研究，并对农业、信息技术、灾害管理、环境保护、妇女儿童权利保护、旅游、教育、科技、文化等领域加强合作也进行了沟通协调。会议发布的《果阿宣言》还就联合国事务、中东和北非地区局势、巴以矛盾、阿富汗局势等一系列重大国际和地区问题表达了金砖五国共同的立场
2017年9月	中国厦门	一是继续强调要构建一个更加高效、反映当前世界经济版图的全球经济治理架构，增加新兴市场和发展中国家的发言权和代表性，具体诉求是推动IMF进行份额总检查并形成一个新的份额公式和落实世界银行股权审议；二是延续德班会晤以来的外围对话做法，举行了新兴市场国家与发展中国家对话会，推进"金砖+"合作，这有助于扩大金砖国家的代表性和国际影响力；三是强调加强金砖国家间的人文交流

资料来源：笔者归纳。

总体而言，经过10年的实践积累，金砖合作已经达到一个较高的水平，实现了机制化和稳定化发展，取得了诸多实质性合作成果。事实上，金砖国家已经成为21世纪全球经济治理变革的引领者和发动者，扮演着发展中国家和新兴经济体的利益代言人角色。它也是非霸权合作在新时期的新发展，在一定程度上预示着未来全球经济治理中非霸权合作的前途与方向。

第二节　金砖合作的发展动因

是什么原因促使金砖国家走到了一起？金砖合作为何能够不断推进并发展成为最有影响力的国际合作机制之一？这是本节所要探讨的主要问题。

一、文献述评

尽管目前国内外有关金砖合作的文献相当丰富，且持续增加，但专门分析金砖合作为何得以兴起的研究却不多，其他相关文章普遍将其视为不证自明的事情，或以"共同利益和共同需要"的简单一说一笔带过。这里介绍并分析较有代表性的几种看法，以对金砖合作这一新生事物展开较为深入的学理研究。

（一）发展中国家的被轻视论

德国学者德克·梅斯纳和约翰·汉弗莱在《全球治理舞台上的中国和印度》一文中指出，尽管冷战后多行为体、多层面的全球治理体系不断兴起，但是在这一进程中，却并没有为发展中国家创造出更多的有效参与全球治理制度的空间，而2001年纽约"9·11"事件则加剧了发展中国家在全球体系中的被边缘化。[①] 中国和印度等为此被迫成为世界经济和全球治理舞台上的关键性参与者，并以强大的力量开始重塑全球治理架构。

梅斯纳等认为，在冷战后的全球化世界中，基于应对国际金融危机、

---

① ［德］德克·梅斯纳、约翰·汉弗莱，赵景芳译："全球治理舞台上的中国和印度"，《世界经济与政治》2006年第6期，第7—16页。

银行管制、全球气候变化、国际产权、移民流动、人道主义干涉、打击跨国恐怖主义以及国际贸易体制等全球化问题的需要，全球治理理论和目标得到新的发展，包括政府间组织，也包括半官方及完全非官方的团体如私营企业等，都被视为全球治理中的行为体。然而，发展中国家的角色和作用却受到了忽视。如在贸易谈判中，发展中国家的参与和影响力一直是相当有限的。而"9·11"事件的发生和美国的回应则使人们认识到一个单极世界秩序时代的到来。美国被视为能对全球治理进程继续施加广泛而持久影响的全球唯一超级大国，发展中国家在未来国际政治和全球治理中的作用前景将是黯淡的。在西方出现的诸多有关未来政治发展的理论预言中，也没有看到重视发展中国家崛起的论调。这就使得全球经济治理框架的现行主导者不可能为迎接发展中国家的崛起而预留好空间。然而，这一切随着中国和印度等新兴大国的经济崛起而被改变。梅斯纳等认为，无论是"东方"还是"西方"，在不同的问题上都可能会产生分歧或根据立场来划线。为此，崛起的"东方"必然对守成的"西方"构成挑战。

虽然梅斯纳等没有直接论述金砖合作的动因，但他们却指出了金砖合作的一个关键背景，那就是包括金砖国家在内的广大发展中国家在全球治理中的被忽视，以及其与西方立场的不一致。他们是从权力政治的现实主义视角来分析中国和印度等金砖国家对既有的治理秩序提出的挑战的。金砖国家的经济崛起引发了世界经济权力格局的变化，又使全球经济治理制度为了适应权力关系的变革而相应变革，其结果就是一个具有共同立场的发展中国家阵营诞生。

（二）制度非中性论

制度中性论认为，从全球经济治理体系的表现来看，它主要体现为由众多国际制度或国际机构所组成的一个规范网络。[①] 这里的各种国际制度

[①] 徐秀军："制度非中性与金砖国家合作"，《世界经济与政治》2013年第6期，第77—96页。

和国际机构,其规范、原则和决策程序等的设定反映了不同行为体的利益博弈与诉求结果。它往往体现了制度创制时的权力关系和利益偏好较量,因此表面上它对各行为体都是公平的、一视同仁的,但在本质上它对利益的分配是有倾斜性的,呈现为非中性特征,不同利益主体在同一制度框架下所能获得的收益不相同。从全球经济治理体系的情况来看,最主要的、影响力最大的全球治理机制都是在发达国家(集团)的主导下建立的,发达国家是现行全球治理体系的既得利益者,在制度收益分配上占有绝对优势,而以金砖国家为代表的新兴经济体则处于相对不利的地位。正是为了改变这种不公平、不合理的利益分配格局,减少全球治理非中性带来的不利影响,金砖国家才走到一起并建立了新的合作机制。

制度非中性论从制度变迁的角度论证了金砖合作作为一种制度创新所出现的利益诱惑。这些新的利益表现在以下三个方面:(1)金砖国家拥有继续提升经济实力的现实要求;它们与发达国家的经济差距仍然很大,需要好的外部环境来继续加快自身发展。(2)金砖国家在应对经济全球化挑战方面拥有利益交汇点,特别是在稳定外部环境、促进全球经济复苏、维持经济快速增长、应对发达国家向外转移危机损失等方面具有共同的利益。(3)金砖国家拥有继续提升国际地位,推动全球治理朝着更加公平与合理的方向发展的共同诉求。例如,尽管新兴经济体在帮助发达国家共同应对2008年国际金融危机中做出了重大贡献,但却仍然无法通过相应的国际机构对以美国为代表的发达国家的经济运行和金融货币政策进行监督和制约,对比发达国家在以往类似行动中所享有的权利,这是极其不公平的。因此,这些共同利益的存在使得金砖国家在全球经济治理改革上具有许多共识。

制度非中性论的上述观点,从创新收益的角度解释了金砖合作的动因,其对共同利益的阐述也是颇有道理的,但是它所存在的问题是,这种创新收益并不仅仅是21世纪之后才存在的,而是长期存在的,过去的南南合作中争取建立国际经济新秩序的斗争也是基于这些共同利益发生的。但是,当时为何未能出现这种由少数几个发展中大国组成的合作机制呢?

（三）多因素折衷论

还有一种观点是综合内外多个方面的因素来共同解释金砖合作的起源。[①] 这种看法认为，不能从单一的角度来看待金砖合作的出现。正如辩证唯物主义指出的，变化总是外因与内因共同作用的结果，因而应当从内外两个方面来分析。不仅如此，这种观点还认为一般意义上的合作总是包括两个方面的内容：一个是基于心理层面的观念性认同；另一个是基于实用层面的功能性合作。为此，这种观点又将金砖合作的内外因素细分为规范视角和功能视角的因素来加以研究。决定金砖国家合作的外生功能因素主要包括系统外部环境、国际体系权力结构和国际制度环境等。外生规范因素有重复合作的报偿文化、完善公正国际规范的意愿等；内生功能因素则有行为体数目、互补性和国内政治等。内生规范因素则是同质性的认知和内生共识。这些因素通过金砖国家对保持报偿结构的判断和对未来影响的认知这两大机制联系到一起。其在金砖合作中的具体表现方式是，在国际制度非中性以及金砖国家政治经济崛起的大背景下，金砖国家间政治和经济上的相互依存逐渐增长，其对国际地位和利益追求的共识超越了相互间的分歧，由此产生了联盟性组织所具有的信任感，使得金砖国家组织趋于制度化和机制化发展。

尽管上述观点看似全面系统，但其真正的特点在于它突出强调了规范或认知因素的重要性，带有一定的建构主义色彩，强调了国家的能动性对于合作起源和发展的重要作用。正如文章中所指出的："与简单的强调结构压力的合作起源不同，在金砖国家合作起源解释中，还可以看到国家的策略选择和认知的重要性，比如国家间互补性的发展和调节、国家间对于利益一致性的判断和塑造，以及塑造一种良好国际规范的预期。关于同一性的知觉及身份、地位和利益共识的增强等，都有力地促进了金砖国家合作的形成。实际上，金砖国家合作的起源体现了国家的

[①] 任琳、尹继武："金砖国家合作的起源：一种理论解释"，《国际政治研究》2015 年第 5 期，第 102—128 页。

能动策略。"①

毫无疑问，对观念、利益的相似认知是金砖合作不断前进的根本性原因，国家的能动性策略选择也扮演了不可或缺的角色。但是观念和实际利益并不是可以截然分开的事物，之所以能产生合作的观念，也是与合作利益的物质性或实际性存在分不开的。观念不可能背离现实，它至多是对现实的反映或前瞻性预测而已。这种观点所提出的"金砖国家对保持报偿结构的判断和对未来影响的认知"也并非全新的变量，其实就是指对制度创新收益或合作收益的预期。这种合作收益不仅指合作所可能增加的新收益，也包括如果不合作则可能造成新损失的负收益，即如果没有合作，那么就绝对没有收益或不断承担负收益，这不是依靠预期才能看得到的东西，而是摆在眼前的活生生的现实。因此，在强调观念与认知作用促成合作的同时，不应忘记这些理念或规范不是凭空出现的，而是现实的投射，有着坚实的实践基础。而此种看法所提出的国家能动论反倒是一个值得重视的因素，即国家并非国际体系中被动的主体，它实际上仍有选择的空间。不同的策略总是指向不同的结果。在金砖合作中，各国所采取的主动策略行为使得它们取得了合作这一较好的结果，这对于理解金砖合作是有意义的。然而，这种观点同样没有解释金砖合作为何是这几个国家的合作，为何是在特定的时刻而非更早或更晚的时候出现。

二、创意与偶然因素的贡献

"金砖"一词的由来表明，它是高盛经济学家奥尼尔的偶然灵感爆发所获得的创意。正是这一创意的产生，让金砖合作成为后来人们所见到的模式。它回答了为何起初是由这四个国家而非其他国家联合了起来，也成为理解金砖组织有别于其他全球治理组织的一个重要视角。

---

① 任琳、尹继武："金砖国家合作的起源：一种理论解释"，《国际政治研究》2015年第5期，第128页。

从一个商业性创意到一个颇有影响的国际性合作机制，金砖概念的惊人嬗变表明，国际合作不仅需要共同利益的存在或者霸权国家的操持，还需要带有概念性、指引性的创意或知识开发，而且对于增进国际合作同样具有不可小视的意义。因此，有必要关注国际关系实践中创意的激发和形成等问题。

事实上，回顾所有重要国际治理组织的诞生，它们最初都是各种意念在人类头脑中反复设计构思所凝结而成的蓝图。如正是对"美元—黄金"本位制和IMF决策程序等的精心构思，才为布雷顿森林体系的正式成型奠定了思想和概念基础。这些拟人化的法人组织，虽然事先早已被赋予某种特定的功能，但是这些功能最终能否在制度和实践中得到体现，仍离不开人类头脑的精巧设计。

创意就一般性概念而言，是指创造意识或创新意识，也是对现实存在事物的理解及认知所衍生出的一种新的抽象思维和行为潜能。从其定义看，创意产生的基础是对现实事物的深刻理解，其实现途径是抽象化的思维创新，经过这样的头脑加工开发过程中，创意便从无到有，变成极富价值的新概念。因此，创意的开发需要借助于超群的想象力和思维能力，墨守成规是难以产生创意的。

在以创意作为最核心特质的广告业，创意性概念的挖掘被认为需要运用两种思维的力量：第一种是运用严谨、理性的分析思维能力，也即逻辑思维能力。它是指在仔细研究、逐步分析的基础上，得出明确结论的思维方式。逻辑思维有助于实现对具体对象的本质把握，进而认识客观世界。分析思维是提炼创意概念的基础和根本，它决定了概念的提出不是凭空或胡乱想象的，而是有理性依据和相当准确性的。第二种是运用创造性思维能力，就是以独特新颖的方式来界定或解决问题的高级思维活动。其发生过程是，在创新意识的指引下，创意主体突破旧思路的局限，通过对现存的信息进行新的加工组合，从而可能得出新概念或新理论。通常，优秀的创意都是这两种思维共同作用的结果。[1]

---

[1] 黄如："现代广告的创意概念研究"，《大舞台》2013年第3期，第159—160页。

创意开发的上述特质不仅适用于广告业，也适用于所有的人类事务，包括国际关系领域在内。因为处理这些事务在本质上拥有相通的属性，都需要借助思维与智慧的力量，而且更多地发挥这种思维性的力量是一种更为经济高效的处理方式。

从创意的角度来看金砖概念，它既经过分析性思维的检验，也是创造性思维的产物。首先，中国、印度、巴西和俄罗斯这四个国家在规模、体量与发展潜力上的一致性，可以将它们归为一类特殊的国家组合，也就是有影响力的非西方阵营大国；这一点在21世纪之初，也就是奥尼尔发明金砖一词之时，已经变得很明显了。除了这四个国家，罕有再能从总体规模上与其比肩的非西方大国；而在此之前，这四个国家的发展态势还并非如此明朗。比如在20世纪七八十年代，中国、印度和俄罗斯都还游离于西方国家的经济体系之外，其经济体制也带有浓厚的计划经济色彩，发展前景也远不如21世纪后那样笃定。因此，金砖国家在21世纪后而非旧的南南合作时代得以成型，完全是合乎逻辑的。其次，将这些大国用"金砖"一词"捏合"到一起，则体现了创造性思维在发挥作用。它以一个容易为人们所熟记的名词将这些国家归到一起，并赋予了它们共同的标志性特征——充满希望和发展潜力的大国或新兴市场，这一"捏合"就把人们对这些大国的传统认识提升到一个新台阶，即不再是孤立地看这些国家，而是从一个整体的角度来看。这一视角的转换，正是创意诞生的生动表现。

总之，只有纳入了创意或灵感的因素，并与其他因素相结合，才能全面地解释金砖合作现象的形成与发展。对创意因素的探究，也应成为理解国际政治现象的一个新的切入点。

三、金砖机制中的中印合作：战略地位与利害关系

在现有的金砖五国中，中国和印度这两个国家的人口数量最多、发展潜力最大，近十余年来的增长势头也最为迅猛。2016年4月，IMF发布的《世界经济展望》报告显示，中印已是金砖五国中GDP总量最大的两个国

家。从地缘上看，中国和印度又都位于亚太这个全球经济增长中心地带，全球战略重心也正在向中印所在的印太地区转移。[①] 如果抛开政治性和军事性因素，仅就经济方面而论，中印两国堪称金砖机制中最有影响力的新兴大国。从战略地位上讲，中印两国在金砖国家中具有举足轻重的地位。金砖机制要保持顺利运转，离不开中印两国的紧密合作，否则就很容易名存实亡。

中印两国也都需要借助金砖机制这一平台来获取自己的利益。中印两国在金砖机制中的利害关系是相似的，从总体上讲也是一致的。

首先，中印在参与全球经济治理上有着相似的重大利害关系。从中印两国经济崛起的实践来看，改革开放和全面融入国际经济体系是两国取得经济高增长的重要原因。加入国际经济体系从几个渠道推动了两国的快速发展：一是通过贸易的扩大，激活了两国的比较优势，刺激了进出口需求；二是通过投资，弥补了两国在资本、技术以及管理知识和全球销售网络等方面的不足，增加了就业，扩大了产出供给；三是通过引入激烈的国际竞争，迫使两国加强创新以保持动态竞争优势。然而，开放和融入国际体系也有风险和挑战。国际经济的动荡或失序也会通过上述渠道传导到国内经济中，给中印两国带来相应的冲击和损失。因此，随着中印两国的对外贸易、国际投资总量越来越大，以及与国际经济的联系越来越深，两国在参与国际经济运行管理、寻求国际经济稳定方面也有着更大的利害关系。

其次，中印需要抱团取暖、相互合作，增强自身在全球经济治理中的博弈能力。尽管20余年来中印经济平均增速远超西方发达国家，而且经济总量的位次也在不断上升，但与美、日、欧等老牌发达国家相比，中印两国在经济增长的质量、经济结构水平和经济体制机制等方面还有着不小的差距。[②] 中国虽以制造业见长，但是制造业的技术层次并不算高，在全球产业链中仍处在中低端环节，依靠要素投入的粗放型发展模式特征较为明

---

① 刘洋："港媒称'印太'地区将成全球新战略重心"，《环球时报》2013年1月16日。
② 林跃勤："金砖国家：增长问题与增长转变"，《国外社会科学》2013年第4期，第61—76页。

显。印度在信息软件等现代服务业上享誉世界，然而其服务外包业的国际竞争力同样依托于人力低成本优势，而且工业化进程因基础设施薄弱而大受限制。这种自身经济结构和经济素质上的差距，使得中印对发达国家的依赖更甚于发达国家对中印的依赖。这种依赖具体表现在，发达国家仍然是最为成熟的国际市场，拥有世界上最先进的技术和最完善的创新体系，并主导着国际经济运行的规则规范等公共品的提供等。中印等国如果仅凭各自现有实力，远远不能动摇发达国家在国际经济中的支配地位。倘若它们不能联合起来，那么就为发达国家分化利用、各个击破提供了可乘之机。要想迅速改变这种被支配的状态，团结合作是中印等新兴国家的唯一捷径。例如金砖国家的合作就意味着，其市场容量急速膨胀，调控和抗风险的能力迅速增强，就算发达国家采取极端的封锁政策，仅金砖国家体系内部就能形成一个具有较大规模经济和范围经济效应的内循环。如此一来，金砖国家对发达国家的依赖减小，而发达国家对金砖市场的依赖却在增大，金砖国家的谈判权将显著增加，对国际经济规则调整制定的话语权和影响力也会相应提高。

第三，中印都已形成相似的新型全球经济治理观，需要依托像金砖机制这样的新平台来为其发声，并使之得以彰显和推行。实际上，任何经济治理体系的最终成型都是特定的设计理念和构建意图的产物，但这些观念并不是凭空得来的，而是体现了行动者对环境和自身利益的认知。如在现行全球经济治理体系中，最核心的元素不是 IMF 和世界银行等这类实体性机构，而是决定这些机构得以组建和合法运行的那些理念和规范，[1] 比如自由主义意识形态构成了 WTO 的核心价值观，而 IMF 等的决策权分配则是美国霸权观的现实投射。[2] 因此，如果说要推动变革，那么前提是要有新观念、新设想。而在这方面，中印两国领导人近年来已提出相似的全球经济治理新理念，显示出两国已经具有推动变革的愿望，并且明确了变革

---

[1] Yakub Halabi, "The Expansion of Global Governance into the Third World: Altruism, Realism, or Constructivism?", *International Studies Review*, 2004, 6 (1): 21–48.

[2] Duggan N, "BRICS and the Evolution of a New Agenda within Global Governance", "The European Union and the BRICS", Springer International Publishing, 2015: 11–25.

的目标。如在中国方面,坚持主张平等民主、合作共赢、积极变革,使国际秩序朝着更加公正合理的方向发展,以为世界经济健康稳定增长和世界和平稳定提供制度保障。① 在印度方面,也支持进行变革,认为布雷顿森林体系建立起来的秩序与当代国际关系的现实已不相符,应当承认新兴国家的地位,实现治理的民主化。② 然而,新治理观的提出只是解决问题的第一步,更重要的还在于能否付诸实施。对此,一种办法是在现有体系内进行积极的呼吁和推行,但"以美国为首的西方国家并不甘心将其在国际权力体系与格局中的主导地位拱手相让",③ 这就意味着这条路径将困难重重,不得不同步考虑采纳第二种办法,即构建与现行体系相平行的新机构、新规范,比如建立像金砖机制这样没有任何既得利益者且能容纳和展现这些新理念的新机构。金砖机制此后的运行实践确实也体现了中印等国所倡导的平等商议、民主决策等新型治理观,与其他一些主要全球经济治理机构的运作规范形成了鲜明的对比。

　　第四,中印都需要通过多边合作来加强作为邻国的相互沟通与交流,缓解战略互信赤字,应对安全困境。在主要的新兴大国中,中印两国的关系相对复杂。地缘相邻加上历史遗留的边界争议等问题,导致中印关系较为微妙,安全困境客观存在,两国战略互信有待加强,但从两国各自面临的主要矛盾和共同利益来看,两国都需要转变传统的地缘政治竞争观念,寻求合作安全和共同发展。因此,在金砖机制这样的多边组织中进一步加强双方沟通与合作,对双方都有积极意义。

---

　　① "习近平的全球治理观",http://news.xinhuanet.com/politics/2015-10/15/c_128320863.htm。
　　② 刘兴华:"印度的全球治理理念",《南开学报(哲学社会科学版)》2012 年第 6 期,第 47—54 页。
　　③ 王友明:"金砖机制建设的角色定位与利益融合",《国际问题研究》2015 年第 5 期,第 116—128 页。

第四节　中印金砖合作对全球经济治理的影响与限度

一、金砖合作对全球经济治理的影响

金砖机制建立至今，对全球经济治理已经产生了积极的影响，主要表现在以下四个方面：

一是提高了新兴经济大国的地位和话语权。这是金砖合作对于全球经济治理产生的最为直观和显著的影响。五个新兴经济体大国作为一个整体共同发声，其国际影响大大超出单个国家的分量。在经济地位上，金砖五国目前对世界经济增长的贡献率超过40%，是名副其实的增长发动机；金砖五国的人口数占世界总人口的40%以上，是极具潜力的新兴成长市场；金砖五国在能源、矿产以及生物等资源禀赋上也得天独厚；金砖五国涵盖了当今世界规模最大的五个新兴大国，其加起来的分量并不比发达国家的G7组合逊色多少。更重要的是，金砖五国大多处于工业化和城市化进程中期，发展前景十分广阔，这是已进入后工业化时代的西方成熟发达国家所不能比的。因此，金砖国家如果足够深度相融，就可以内生成一个巨大的市场和经济循环体系，这样的力量足以让金砖国家的声音在国际上受到重视。在政治上，金砖国家包括俄罗斯和中国这两大联合国常任理事国，具有对全球重大事务施加决定性影响的权力，所以金砖国家并非简单的发展中国家集合，实际上也是大国的集合，是新兴市场和发展中国家中的强强联盟的表现。也只有包含这些新兴大国在内的国家组合，才有实力去抗衡由发达国家组成的G7组合，从而成为全球经济治理机制中一种新的平衡力量。

二是提出了新的治理规范。金砖合作启动以来，历次金砖峰会所发布的宣言、声明和金砖国家领导人的各种讲话，均传达出金砖国家对于全球经济治理所持有的基本理念与共识。这种共识被称为"金砖共识"

(BRICS Consensus),它与此前全球经济治理中盛行的"华盛顿共识"(Washington Consensus)形成鲜明的对比。① "华盛顿共识"以新自由主义自由市场观念为指导,同时混杂着现实主义权力政治的根本特性在内。它们强调无差异的自由开放,无视各国发展阶段不同而一味重视政治权利和人权,同时排斥经济和社会权利,在国际治理制度上体现为布雷顿森林制度式的以"一美元一票"(one dollar one vote)而不是"一个国家一票"(one country one vote)为基础的治理。这一制度表面上带有民主和中立色彩,但本质上却有利于经济水平更高、产业国际竞争力更强和社会体制更加成熟健全的西方发达国家。然而,金砖国家却秉持发展中国家一直以来在构建国际秩序中所具有的共识,提倡严格遵守联合国宪章和国际法一般原则,以及诸如开放、务实、团结、不针对第三方结盟以及拒绝强权和非侵略性的准则等。② 在经济事务上,金砖国家则主张加强改革现行金融和经济治理架构,体现治理规则和治理体系的民主性、公平性和有效性。另外,金砖国家合作不以实力为规范制定的基础,而是身体力行地践行"共商、共建、共享"的平等合作治理文化。尽管目前金砖合作的这些规范还主要体现于金砖合作的内部,但是它也给全球范围内的治理实践提供了一个新的样板。随着这一规范的社会化效应不断扩大,它也会对现行的霸权治理理念构成愈加有力的挑战。③

---

① [印]穆克尔·萨瓦,赵洋编译:"金砖国家的前进道路:一种新的全球模式"(BRICs and Stepping Stones:A New Global Pattern),《CEEM 全球智库半月谈》2014 年 10 月 21 日。
② [俄]亚历山大·雅科文科,黄婧译:"金砖国家:全球合作的新模式",2016 年 11 月 11 日,http://money.163.com/16/1111/16/C5JQSMF9002580S6.html。
③ 这些规范主要表现在:中国和俄罗斯"两国决心与其他有关国家共同不懈努力,建设发展与和谐的世界,成为安全的世界体系中重要的建设性力量";印度则主张在和平共处五项原则及联合国宗旨和原则的基础上建立公正合理、考虑到所有国家利益并能为所有人接受的国际政治新秩序,共同创造有利于第三世界发展的公正合理的国际经济新秩序;巴西提倡各国应在遵循国际法准则的基础上开展合作,认为国际法是维护国际和平与安全的主要工具;墨西哥反对单边主义,呼吁强化多边机制,开展国家间对话与合作,认为只有在充分尊重国际法的基础上,通过多边机制解决冲突,才能实现和平与发展;南非呼吁以联合国等多边国际机制为基础建立"多边治理体系",制定共同遵守的国际规则和公约。总之,新兴大国群体主张国际体系的基础是主权国家、国际法和规则规范、多边主义,倡导的指导原则是公平、公正、合理,要求的重点是增加话语权和规制权。以上详见:杨洁勉:"新兴大国群体在国际体系转型中的战略选择",《世界经济与政治》2008 年第 6 期,第 6—12 页。

三是建立了新的治理机制。金砖合作机制从总体上看,是以采取非制度化全球治理机制和网络外交为特点的。也即,它没有建立起正规的、常态化的、永久性的金砖国家合作机构,也没有法定的合作章程与组织规范,带有松散的论坛联盟和多层次网络化合作等特征。但尽管这是一种"软合作",但它仍然可以在国际治理中扮演重要的角色。更为重要的是,在这种"软机制"的合作框架下,却可以建立起一系列新的"硬机制",以推动次级性功能合作。比如,新的金砖国家开发银行和应急储备协议的设立就是这方面的例子。应急储备协议为非霸权国家合作抵御国际金融风险提供了一定的保障,其防御能力还可以根据形势的需要做出相应调整;金砖国家开发银行则是非霸权国家主导的一家新型开发性金融机构,它的问世将有利于打破霸权国家主导下的世界银行在发展领域所占据的垄断地位,也"标志着金砖组织已经从一个论坛转变为一种正式的合作机制。这突破了现有的以国际货币基金组织和世界银行为基础的全球经济治理体系"。[①]

四是开辟了新的南南合作道路。从 2013 年的德班峰会起,金砖国家就将合作范围扩展到正式成员以外,邀请其他一些发展中国家共同参与到峰会论坛对话中来。特别是对于发展水平总体不高的非洲大陆,金砖合作也给予了重点关注,表示要在基础设施和互联互通上加强合作。在 2017 年的厦门峰会上,也延续了"金砖+"的做法,举行了金砖五国同发展中国家对话会,五个受邀发展中国家与金砖五国一起,以落实 2030 年可持续发展议程为主线,共商国际发展合作和南南合作大计,达成了重要共识。[②] "金砖+"理念的提出可以使更多国家加入金砖机制中,充分发挥金砖机制的带动和辐射效应,增强金砖合作的开放性、包容性和代表性。甚至有观点认为,"'金砖+'或许会成为一种新的世界经济一体化模式,为所有发展

---

① [印]穆克尔·萨瓦,赵洋编译:"金砖国家的前进道路:一种新的全球模式"(BRICs and Stepping Stones: A New Global Pattern),《CEEM 全球智库半月谈》2014 年 10 月 21 日。

② "特稿:新的'金色十年',世界将因'金砖'更美好",http://world.people.com.cn/n1/2017/0906/c1002-29519144.html。

中国家加入一体化提供理想平台"。①

总之，金砖国家已经成为当今全球治理体系中一股坚实的洲际力量，并为世界贡献了一种新的治理模式安排。金砖国家在治理目标上寻求实现包容性经济增长、金融稳定以及塑造民主和多极的世界秩序；在成员相互关系上讲究平等和相互尊重，没有哪个国家可以命令其他国家，一切都需要达成共识。②

二、金砖合作的限度

在金砖合作持续向前发展的同时，也不乏质疑和唱衰的论调。由于没有纳入任何西方主要发达国家，它在全球经济治理体系中仍然处于非主流或非中心位置。它并未对现行体系构成革命性的挑战或替代，虽然这也并非它的本意。无论是在国际贸易、国际金融，或是国际投资等领域，金砖国家所能施加的影响仍是有限的。

要全面理解金砖合作的这种限度，可以借鉴前面提出的非霸权合作理论框架来加以阐释。

首先是金砖国家自身实力的不足与治理能力和经验的欠缺。金砖国家在综合实力上仍不如霸权国家和发达国家，这是目前一个基本的事实。按汇率法计算，仅仅美国一个国家的 GDP 总量就约等于金砖五国的总和，更不用考虑美国在产业结构、金融领域和产业分工链上的优势地位了，由此可见两者差距之大。新兴经济体的优势只是体现在发展速度和未来成长前景之上，而这又与新兴经济体的增长基数较低不无关系。随着增长基数的提高，新兴经济体在增长速度上的优势也会渐渐缩小。另一个优势在人口，但是金砖国家庞大的人口规模能否转化为现实的购买力，仍取决于未来的增长速度及收入分配格局。如果分配呈现两极分化，那么其市场需求

---

① 安晓萌："专访：'金砖+'或成为世界经济一体化新模式——访欧亚发展银行首席经济分析师利索沃里克"，http://news.xinhuanet.com/politics/2017-08/04/c_1121430962.htm。
② ［俄］亚历山大·雅克文科，黄婧译："金砖国家：全球合作的新模式"，2016 年 11 月 11 日，http://money.163.com/16/1111/16/C5JQSMF9002580S6.html。

仍将受到压抑。有限的经济实力对金砖国家参与全球经济治理变革的主要影响是,限制了其提供公共品和与霸权国家议价的能力。

中国学者裴长洪曾对中国参与全球经济治理中的国际公共品供给能力做过专门的定量分析,从中可以管窥新兴经济体在全球治理中的实际地位。他将全球公共品分为三类:第一类是国际规则,主要包括多边的国际规则和区域的国际规则,如《关贸总协定 1994》(GATT)、《多边投资担保机构公约》(MIGA)、《国际能源纲领协议》(IEPA)等;第二类是主权经济体为国际规则的执行所提供的运行载体、平台或其成本,包括向联合国及所属专门机构、WBG、IMF、WTO 等交纳的会员费和资金支持等;第三类是企业和私人机构对优化国际经济治理所承担的社会责任或服务,主要是指实力雄厚的跨国公司或非盈利性组织提供的各种社会援助等。[①] 他的研究表明,在第一类公共品中,中国在全球规则上的影响力还相当小,属于学习者、服从者和议题的被动讨论者角色,只是在区域合作上可以成为规则的制定者和区域公共品的提供者;在第二类公共品中,中国仅在亚洲区域和金砖国家合作中的贡献份额较高,在此之外的多数全球性组织和机构中,中国贡献的份额甚至低于许多发达国家和部分新兴市场国家;而在第三类公共品中,受中国对外投资比重远低于美、英、德、法的影响,以吸收海外就业人员来衡量的中国贡献水平也明显偏低。中国的能力尚且如此,而在金砖国家中,中国又是经济实力最强的国家,按汇率法计算的中国 GDP 总量远远超过其他四国的总和,这说明其他几个金砖国家在国际公共品供给上的能力就更弱了。

其次是金砖国家间的相互关系也构成了一定的制约。金砖国家间存在的显著异质性及各种竞争关系,正是人们对金砖合作不抱信心所持有的最常见的依据。这种异质性表现在宗教信仰、政治体制、语言文化、经济模式等多个方面,并且金砖国家相互间地理跨度如此巨大,要在跨洲际的层面将这些五个国家整合为一个声音、一个论调,其难度可想而知。即使能

---

① 裴长洪:"全球经济治理、公共品与中国扩大开放",《经济研究》2014 年第 3 期,第 4—19 页。

够达成某种交集，那也应当仅仅停留在较浅的层次。对比来看，在英、美、加、欧等国组成的霸权治理体系下，各国在历史文化信仰和价值观等方面却有着根本的相通或共同之处。因此，如果说西方发达国家阵营能够整合为一个统一的力量，那是完全可信的、合乎逻辑的；但要说金砖国家能够整合成功，却似乎有些让人难以置信。

相互之间的竞争是人们提到的另一个问题。这种竞争包含了多种因素引起的复杂对立和博弈。如存在于国家间的那种正常的竞争，其寻求获得相对收益上的优势，对于实力相近的大国来说，这种竞争似乎变得更为真实。这种现实主义政治思维在今天仍支配着许多政治家的大脑。另一种因素是基于双方间的结构性矛盾而引起的那种对抗，中国和印度在领土争议上的矛盾就是最典型的例子。还有一种是在金砖机制中争夺主导权的竞争，即总有某个大国会将金砖机制作为谋取自己利益最大化的工具。而且这里还有一个悖论，如果各国都不谋求主导权，那么可能又会引起集体行动困境问题；但是如果某国试图主导，那么就会引起内讧和制衡，同样会损害集体行动。

最后是来自外部的阻力。这一点最不引人关注，但其实这个因素非常重要，因为相比建设而言，破坏总是显得更容易。霸权国家或守成国家可以采取多种方式来抵消金砖组织团结整合的动力。一种是采取"楔子"战略，即增加金砖国家间的不信任，达到分化瓦解目的；另一种是采取直接的对抗战略，对金砖国家提出的措施制定针锋相对的反制措施，霸权国家还可对各金砖国家实施各个击破战略以降低金砖组织整体所具有的能力及影响，这在实践中也有表现。近年来，美国和印度的关系在不断趋近，与此同时，中印关系却出现了新的不稳定态势。[①] 如果中印关系继续下滑，那么很有可能会波及到两国的金砖合作。在第二种战略上，如美国近年采取"退出"策略，以此来抵消新兴经济体在 WTO 等国际组织中发起的进攻；在第三种战略上，可以近年来俄美关系为例，受 2014 年乌克兰危机等

---

① 荣鹰："'莫迪主义'与中印关系的未来"，《国际问题研究》2017 年第 6 期，第 1—13 页。

的影响,俄美关系下滑,美国发起对俄罗斯的经济制裁,给俄罗斯的经济带来了压力。这也将对金砖组织的整体影响力造成不利影响。

从以上三方面情况来看,对金砖合作的成就及影响不应盲目夸大,在它前进的道路上,还存在多种内外制约因素,这是它需要在实践中努力克服的困难。

第五节　金砖合作的理论意义与中印加强金砖治理合作的建议

一、金砖合作的理论意义

总结金砖合作以来的实践,从中可以提炼出以下理论启示:

一是创意开发在国际交往合作中的重要性。正如历史进程总是偶然性与必然性的有机统一一样,偶然性对于事物具体演进形式的形成具有至关重要的影响。在必然性所确定的总体方向上,一些偶发性的因素往往确定了实际的路径。因此,对偶然性因素的研究,不是可有可无的,其对具体的实践行为往往更有应用价值或指导意义。如在金砖合作中,新兴经济体之间围绕变革不合理、不公正的全球经济治理体系而展开合作,这是历史的必然和大势所趋,但是何时以及以何种方式展开合作,却又取决于一些偶然性事件的影响。在金砖这一案例中,正是"金砖"这一带有创意性的概念发明,为新兴经济体的合作落地提供了启发。用中国的一句古语形容,可称之为"名正言顺"。

这里的创意不是玄妙的意念或空想,它与议题、机制等的设置设计有所关联,是围绕某一明确目标展开的思维推导和设计,表达的是一种带有构想性的行为。从金砖创意的提出看,它也是建立在坚实的逻辑基础之上的,即把握住了金砖国家的共同特征,那就是它们都是大而有潜力的新兴市场。这就使得与实践紧密结合的创意开发同没有功利目的的纯粹艺术性想象力区分开来。

金砖合作的案例给我们的一大突出启示就是，应当重视概念性创意或规划性创意对于促进国际治理合作的重要意义。概念和规划的设计开发能力是国际合作中一种不应被忽视的重要能力。

二是非霸权合作具有可行性与有限性相结合的特征。结合金砖合作的进展和业已取得的成就来看，它已是霸权秩序之外最受瞩目的非霸权合作典范。特别是新金砖开发银行的建立，表明非霸权合作能够在一个关键性的国际金融领域取得突破性成果，这说明现行全球经济治理体系尽管发达且复杂，但仍大有可以开发的新空间。但同时，也不能因此而盲目夸大非霸权合作的成效。与霸权护持下的主流治理机制相比，金砖合作的边缘性、浅层次性和小范围性等特点仍十分明显。即便对于金砖各国而言，金砖合作也只是发挥着补充的作用。

更进一步讲，对国际合作的认识应当注重区分层次和范围的差异，应当将深度合作与浅层合作、系统性合作与功能性合作区分开来。这一认识有助于一国按照轻重缓急的原则妥善处理好各类合作的关系。

二、中印加强金砖治理合作的建议

基于共同的治理理念和追求目标，或许可以把金砖机制视为一种新的联盟模式，其要旨在于整合新兴大国的力量来推动全球治理的变革和进步，增进联盟成员及与其他国家之间的共同利益。中印作为该联盟的中心角色，应当无视一些西方媒体的唱衰质疑和鼓噪干扰，坚定信心，保持共识，适度加大对金砖机制的建设投入，巩固扩大成果，将发展和完善金砖机制作为中印深化全球经济治理合作的重要内容。

一是要在核心功能定位上保持政治共识。在金砖机制的合作议题呈现泛化之际，应当牢牢坚持将经济事务和经济发展议题摆在中心位置。如何促进金砖国家的经济增长，以及如何在全球经济治理体系中为金砖国家和新兴国家谋取公平合理的有利发展条件等，应当作为金砖国家年度领导人峰会的固定议题。明确了这一点,即便金砖国家经济偶尔"失色",也无损于金砖机制功效的发挥,而且金砖机制正好可为扭转金砖国家的经济困局出策出力。这也有利于人们正确认识和评价金砖机制的地位及作用。

二是要巩固和扩大前期成果,让金砖机制踏实稳妥地向前行进。金砖机制从2009年正式启动至今已取得了丰硕的成果,特别是2014年金砖开发银行和金砖国家应急储备基金的组建,具有长期性影响,但两者目前仍处于初创阶段,还需要包括中印在内的各成员国继续通力合作,使它们早日进入成熟运营阶段。在此基础上,还可研究俄罗斯曾提出的成立金砖国家能源协会和创建燃料储备银行等建议,[①] 从而稳步提升金砖机制在全球经济治理体系中的地位。

三是组织智库加强对金砖机制发展战略的研究,为金砖机制的走向提供理论指导。目前,对于金砖机制应当如何发展,各方争议不少。比如有的主张扩充成员队伍,但反对意见认为这会降低金砖机制的运作效率;还有的主张设立常设机构,但反对者认为这会影响到金砖机制的灵活性等。对于这些问题,既要注重实践,采取"摸着石头过河"的试验态度来处理,也应发挥智库和专家学者的作用,科学设计金砖机制的发展路径,省去不必要的试错功夫。

四是积极探索金砖机制与其他国际经济治理机制的有机对接。金砖机制可以G7为模板,借鉴其有益经验,完善内部机制,不断扩大自身国际影响力。同时,金砖机制还应探讨其他一些相关的重要问题,比如在G20框架下金砖机制应如何发挥作用?金砖机制所建立的金砖开发银行等新机构如何与世界银行和亚投行等同类机构协调配合发挥作用?金砖机制如何在WTO以及其他一些重要的国际经济组织中有效地发挥作用?对于这类问题的应对,既直接关系到金砖机制的功效大小,也间接影响到中印等金砖国家的切身利益,应当认真加以研究。

---

① "金砖五国签署协议 设立开发银行和应急储备基金",http://money.163.com/14/0716/07/A18QE98H00251LBO.html。

总之，金砖机制作为一种新生事物，还处于成长发展中，中印作为金砖主要成员国，应当重视金砖机制建设，加强合作，通过金砖机制向世界提供更多高质量的、带有创新性的全球或区域公共品，让金砖机制在推动全球治理改善中发挥更大的作用。

—— 第六章 ——

G20机制与中印全球经济治理合作

今天的世界已经日益融为一体，各国相互依存、相互影响，一荣俱荣、一损俱损，这种关联效应和连锁性冲击使得加强全球层面的经济协调治理至关重要。1997年东南亚爆发金融危机，[1] 危机迅速蔓延到更加广泛的区域，韩国、俄罗斯、日本、中国等也深受其殃，IMF作为国际金融治理的主要机构，虽然在危机应对中发挥着积极作用，但是金融危机的严重破坏性和传染性仍然令各国倍感集体应对的重要。在此背景下，1999年，G20的前身——20国财长和央行行长论坛得以建立。2008年左右，资本主义的大本营美国爆发了"次贷"危机，这一危机又迅速扩大为全球性的国际金融危机，[2] 发达国家和新兴国家同样被卷入，为了应对危机，G20升级为领导人峰会。G20机制正式成为全球经济治理的新平台、新机制。

国际金融危机的频频爆发，暴露出IMF等现有体制的无能为力和不足，对布雷顿森林体系提出了巨大挑战。与此同时，中印新兴经济体在不断成长，但其货币却没有发挥应有作用，IMF的投票权也没有根据各国实力变化及时做出调整，其机制效率的低下和代表性的不公平饱受诟病。于是，在欧洲和亚洲，分别建立了欧洲稳定机制和清迈倡议等区域性安排，以解决区域性问题；而在全球层面，G20则开始作为一个重要论坛，用以针对国际经济面临的主要问题和政策协调进行讨论，这个机构正在发挥越来越大的作用。[3]

---

[1] [美] 马德里克，张一峰译："国际金融危机幕后——乔治·绍罗什访谈录"，《现代外国哲学社会科学文摘》1999年第6期，第20—27页。
[2] 李向阳："国际金融危机与世界经济前景"，《财贸经济》2009年第1期，第12—17页。
[3] [法] 马克·乌赞："走出危机需要调整国际经济治理机制"，《全球化》2013年第7期，第48—50页。

为此，有观点认为，新兴大国都是在现行治理体系下发展起来的，它们与发达国家联系的频繁度和重要性超过了它们相互之间的关系，因此新兴国家之间不可能形成强有力的国家集团并在短期内展开全面的国际合作，而应采取议题联盟的形式推进彼此间的合作，其合作的具体形式就是从现在的中—俄—印、金砖国家等发展到将 G20 中的九个发展中国家纳入进来。① 为此，应在巩固 G20 集团这一平台的基础上，建章立制，加强国际金融与经济体制改革，减少八国集团对 G20 机制过多的干预和影响，以此"树立起'平等、公正、正义'的大旗，制衡西方价值中心主义和西方利益中心主义的国际话语权"。② 这就引出了一个新的问题，G20 能够充当未来全球经济治理的一个主要机制吗？特别是，它能够成为一个容纳更多新兴经济体在内、与霸权发达国家进行全球经济协同治理的主要平台吗？如果说 BRICS 的成员数量过少，缺少代表性，那么 G20 能成为中印等新兴经济体参与全球经济治理的主要平台吗？

第一节 金融危机与 G20 的创立

从 G20 的创建发展历程看，它是国际社会应对两次国际金融危机的产物。危机催生了变革的意识，令 G20 这一以当今世界主要经济体为主体的新型治理框架得以诞生，并向前演进。这一框架的新颖之处不仅在于它所容纳的主体规模更大，更在于它反映出由霸权国家阵营垄断治理全球经济的时代已经成为过去，新兴经济体以更加合法且活跃的姿态参与到全球经济治理中来。

1997 年始于泰国并逐渐蔓延到整个东南亚和东亚地区的亚洲金融风暴

---

① 朱锋："新兴大国的合作机制建设——推动国际制度发展的新动力？"，《当代世界》2010 年第 11 期，第 7—10 页。

② 同上，第 9 页。

构成了 G20 得以初创的大背景，这是 G20 发展历程的第一阶段。

自 20 世纪 70 年代起，直到 20 世纪 90 年代，亚洲涌现出一批以"四小龙"和"新四小龙"为代表的新兴经济体，出现了所谓的"东亚奇迹"，亚洲呈现出一派繁荣兴旺的景象，吸引了大批外资的关注和流入。但从 1995 年起，美元开启上涨趋势，造成亚洲各国货币承压。泰国因为在 20 世纪 90 年代已经累积了大量的资产泡沫，且实行盯住美元的固定汇率制度，汇率高估态势明显。[①] 进入 1997 年，泰国经济疲弱、出口下降，泰铢脆弱性愈发明显，这使国际投机资金找到了可乘之机。由美国"金融大鳄"索罗斯主导的量子基金乘势进军泰国，大量卖空泰铢，与试图维持固定汇率的泰国政府展开互搏。1997 年 7 月 2 日，败下阵来的泰国政府被迫宣布放弃固定汇率制，允许泰铢自由浮动，使得当天泰铢兑换美元的汇率就狂跌 18%，[②] 东南亚金融风暴由此引爆。在泰铢波动的影响下，菲律宾比索、印度尼西亚盾、马来西亚林吉特等多个新兴经济体的货币相继成为国际炒家的攻击对象。大量资本外逃新兴市场国家，股市受此牵连也大跌。此后，金融风暴蔓延至香港地区、台湾地区以及韩国、日本等，甚至俄罗斯也受到国际炒家攻击，深陷经济困境之中，东南亚金融风暴至此演变为一场重大的亚洲金融危机。这场危机也带动了美欧国家股市与汇市的全面剧烈波动，在 IMF 等的干预以及各国的自救和互助下，直到 1999 年才宣告结束。

亚洲金融危机爆发后，为了应对这场危机，出现了两个国际性集团，它们构成了 20 国集团（G20）的前身。[③] 一个是 22 国集团（G22），它由美国提议于 1998 年 4 月成立，该集团成员都是在经济上具备系统重要性的国家与地区的财政部长和央行行长，包括：7 国集团国家、阿根廷、澳大利亚、巴西、中国、中国香港、印度、印尼、韩国、马来西亚、墨西哥、

---

① http://finance.qq.com/a/20161124/036859.htm.
② "1997 年成功抗击亚洲金融危机：中国展现大国风范"，http://china.haiwainet.cn/n/2014/0901/c345646-21030835.html。
③ ［加］哈吉纳尔，朱杰进译：《八国集团体系与二十国集团：演进、角色与文献》，上海人民出版社 2010 年版，第 188—191 页。

波兰、俄罗斯、新加坡、南非和泰国等。1999年初,在7国集团提议下,33国集团(G33)又取代了G22,其成员构成仍是各主要国家和地区的财长与央行行长,其成员增加了比利时、智利、科特迪瓦、埃及、摩洛哥、荷兰、沙特、西班牙、瑞典和瑞士等。G33分别在1999年3月和4月召开了两次会议,讨论世界经济及国际金融体系改革问题。同时,G33也像G22一样,提出了降低世界经济经受危机冲击的脆弱性的建议。此后,经过G7成员的进一步磋商,基于各国经济实力、政治稳定性、民主传统、地域代表性等因素,G7确定了G20的入选成员。1999年9月,八国集团在华盛顿财长会上宣布,成立由G8与欧盟及中国、韩国、印度、印度尼西亚、澳大利亚、南非、土耳其、沙特阿拉伯、巴西、墨西哥和阿根廷等主要国家财长和央行行长参加的G20,从而标志着G20的正式诞生。同年12月,由二十国及欧盟的财长和央行行长参加的第一次G20国际经济合作非正式论坛会议(IMF与WBG列席论坛会议)在德国柏林正式举行,标志着G20作为布雷顿框架下的全球经济治理协调新机制进入运行阶段。

G20成立后,各成员国财长和央行行长会议每年举行一次,各成员轮流主持,旨在寻求在工业化国家和新兴国家间围绕全球经济治理中的重要问题开展对话,为有关实质问题的讨论和协商奠定广泛基础,并寻求合作以推动全球经济治理的变革优化,促进全球经济的稳定和持续增长。如同其创始公报中明确指出的:"本集团的创立,是为了在布雷顿森林体系框架内提供一个非正式对话的新机制,以扩大在具有系统重要性的经济体之间就核心的经济金融议题进行讨论并进行合作,以取得惠及所有人的稳定的、可持续的世界经济增长。"[1]

G20成立后,其价值日益获得认可,[2] 其议题领域也不断拓展,在第一个五年里,就"从一个一般性的协商论坛发展为综合机制,通过扩大议

---

[1] [加]哈吉纳尔,朱杰进译:《八国集团体系与二十国集团:演进、角色与文献》,上海人民出版社2010年版,第190页。

[2] Kirton, John J., "Towards Multilateral Reform: The G20's Contribution", In *Reforming from the Top: A Leaders' 20 Summit*, edited by J. English, R. Thakur, and A. F. Cooper, Tokyo: United Nations University, 2005, pp. 141–168.

程、加强自身机构、自觉加强与其他多边组织以及 G8 的相互联系，来发展起新的规范，采取集中决策，发展全球治理"。① 在 2005 年中国任轮值主席的会议上，达成了多项贸易承诺，意味着 G20 已经超越传统意义上的多边自由贸易措施，开始将南南贸易合作、贸易与投资以及发展性贸易包括在内。

但是部长级协调会议的问题解决能力和影响力终究有限。因此，早在 2001 年，就有学者提出将其由财长和央行行长会议升级转变为领导人峰会（L20）的设想。② 这一设想受到诸多政要和学者的赞同。如加拿大前总理及财政部长保罗·马丁（Paul Edgar Philippe Martin）、墨西哥前财长和外长安杰尔·古里亚（Angel Gurria）以及加拿大著名思想库国际治理创新研究中心（CIGI）和联合国改革问题高级别名人小组报告"威胁、挑战和变革问题"等，均支持此种转变。然而，由于美国对此立场和态度并不明确，这一提议被搁置了下来。直到 2007 年美国次贷危机爆发并引发国际金融危机，G20 才取得美国的支持，正式升级为领导人峰会论坛。

美国次贷危机起于住房抵押贷款大量违约，发展到大型金融机构瓦解重组，信贷紧缩造成经济严重衰退，引发国际金融危机和全球经济负增长。③ 自 20 世纪 90 年代以来，在 IT 革命推动下，美国经济迎来了二战后前所未有的高速增长。2001 年 IT 泡沫破灭，美国经济进入衰退期，为刺激经济发展，美联储采取了极具扩张性的货币政策，经过十余次降息，联邦基金利率到 2003 年 6 月被下调至 1% 的 45 年来最低水平。宽松政策导致美国住房泡沫急剧扩大，为日后的危机爆发埋下隐患。④ 为了抑制日益形成的通货膨胀，从 2004 年 4 月到 2007 年 6 月，美联储又加息 17 次，利率

---

① [加] 安德鲁·库珀，史明涛、马骏译：《全球治理中的新兴国家》，上海人民出版社 2009 年版，第 52—53 页。
② [加] 哈吉纳尔，朱杰进等译：《八国集团体系与二十国集团：演进、角色与文献》，上海人民出版社 2010 年版，第 207 页。
③ 戴相龙："当前的国际金融危机及我国的应对措施"，《中国人民大学学报》2009 年第 3 期，第 34—44 页。
④ 余永定："美国次贷危机：背景、原因与发展"，《中国信用卡》2008 年第 5 期，第 14—32 页。

由 1% 上升至 5.25%，[①] 如此急速的利率飙升，令次级房屋抵押贷款持有者（收入和信用较低的中低收入人群）难以按期偿付贷款。从 2006 年春季起，次贷偿付危机就逐步显现；2007 年 8 月席卷全美国，多家大型次级抵押贷款机构破产；进入 2008 年，危机继续发酵，"两房"（房地美、房利美）和美国国际集团（AIG）被政府接管，雷曼兄弟等五大投资银行解体，很多商业银行宣告破产或被政府接管，美国陷入了自 20 世纪 30 年代大萧条以来最为严重的金融危机。不仅如此，此次危机的传递速度还非常快，转眼间所有的发达国家都被危机波及。[②]

这场新的国际金融危机爆发后，改革国际金融体系的呼声空前高涨，欧洲和新兴经济体及发展中国家强烈要求召开 G20 首脑会议。美国此时需要有关国家帮助克服金融危机，答应了这一要求。2008 年 11 月，首次 G20 领导人峰会在华盛顿举行，围绕当前国际金融危机展开了对话协调，达成多项共识和决定。2009 年 4 月和 9 月，又连续在英国伦敦和美国匹兹堡召开了两次峰会，发布了一系列政策宣示和承诺，如伦敦峰会决定新建一个金融稳定委员会取代现在的金融稳定论坛，并与 IMF 一道对全球宏观经济和金融市场上的风险实施监测，同时表示 IMF 和世界银行将实施改革，以赋予新兴经济体和发展中国家更大的发言权。而在匹兹堡峰会的《领导人声明》中，则首次明确指定 G20 成为国际经济合作的主要平台，自 2010 年后每年举行一次峰会。至此，G20 机制正式形成了 G20 财长央行行长会议和 G20 会议（简称峰会）并行召开的国际经济协调合作框架，也意味着原本主宰世界经济秩序的以强国为主体的 G8 机制开始向同时吸纳了发达国家以及新兴经济体在内的全球治理机制转变。[③]

随着 G20 峰会的机制化建立，此前围绕如何将新兴经济体纳入全球治理体系中的各种讨论也暂告一段落。这些讨论中包括了著名的"G8+5"

---

① 郭松克："次贷危机的成因、影响及启示"，《创新科技》2008 年第 9 期，第 14—15 页。
② 白泳力、梁泳梅："当前世界金融—经济危机的原因与后果——资本主义经济基本矛盾的总爆发"，《经济学动态》2008 年第 12 期，第 49—55 页。
③ 崔志楠、邢悦："从'G7 时代'到'G20 时代'——国际金融治理机制的变迁"，《世界经济与政治》2011 年第 1 期，第 134—154 页。

海利根达姆进程等方案。但 G20 的风格更为激进,以"大爆炸"方式一次性成组地纳入了主要新兴大国,从而顺应了新兴国家在国际经济格局中地位不断上升的现实,为新兴国家和发展中国家提供了一个与发达国家平等坐在一起商讨国际经济和金融问题的平台,改变了原有的发达国家单独协调决策国际经济问题的局面,开启了建立国际经济新秩序的序幕。① 当然,对于发达国家来讲,从 G7 到 G20 的切换,也有助于提升布雷顿森林体系在全球经济治理中的合法性,使其能够以可控的方式主导未来的变革进程,防止新兴经济体被迫另起炉灶,从而带来更大挑战。换言之,G20 之所以最终能够得以组建,既是由于危机推动了国际合作的出现,也是因为其符合发达国家与新兴经济体的共同利益。

第二节　中印的 G20 战略:共识与分歧

一、中国的 G20 战略

国际金融危机的频繁爆发不仅直接打击了当事国的经济,也间接影响到以外向型经济增长模式为特征的中国经济。危机造成世界经济增长萎缩,投资意愿下降,中国出口和投资就业连带受损。特别是当 2008 年的国际金融危机爆发时,中国经济已经更加深度地融入了全球经济,所受危机的冲击更为剧烈,这就使得中国抱有较大的热情积极参与到 G20 的创建和协调进程中去。随着中国经济实力的不断增长和在国际经济格局中的分量日益加重,中国在 G20 中的角色也更受瞩目。2016 年,中国作为主办国精心筹备了 G20 杭州峰会,全面展示了中国的全球经济治理理念和政策主

---

① 曹广伟:"一种新的国际经济协调机制的建构——简评 G20 机制在应对全球经济危机中的作用",《东南亚纵横》2010 年第 5 期,第 103—106 页。

张,也标志着 G20 在中国的外交战略中占有不容忽视的一席之地。

结合中国参加历次 G20 会议的表态和领导人声明的内容来看,中国的 G20 战略具有以下几方面的特点:

其一,中国将 G20 视为推动全球经济治理的重要平台。恰如有观点所指出的,G20 也是中国唯一能在其中扮演着重量级角色的全球经济治理平台。① 因为除了 G20,真正对全球经济治理施加决定性影响的是 G7 集团,而中国并不属于这一组织。即使 G7 邀请中国参加,中国也会因顾虑到可能远离发展中国家的身份定位而予以拒绝。即使中国真的考虑加入 G7,中国在其中也至多充当配角或依附角色。而 G20 则不同,其成员构成的包容性和多元性可以打消中国的身份被模糊或孤立的担忧,又使中国对全球经济治理的变革具有制度化的影响力。因此,在目前的制度框架下,G20 是中国借以对现有的全球金融和经济体系施加影响、推动其变革的最佳选择之一。

其二,G20 也是中国开展多边外交与多边合作的重要机制。尽管大国通常偏好于以双边管道来发挥自己的实力优势,但是多边组织与多边合作的兴起是当今世界的一大潮流,也是全球化和区域化态势下国际互动交往的新重点,中国必然会更加积极主动地参与到多边性论坛和国际机制中去。结合 G20 的情况看,它包括了当今世界最重要的大国和新兴经济体,在功能定位上以协调应对全球性的金融、经济和发展事务为目标,堪称除了联合国以外最有代表性、最有实力的全球性治理机制之一。它为中国与各成员国开展高层会晤和进行面对面的沟通交流提供了一个集中而高效的平台,在这一平台上,中国可借此与美国以及其他西方大国展开谈判、协作,共同商讨国际金融体系的改革和其他全球治理议题,并避免直接的交锋。这一特点和功能是难以替代的,也可以部分解释 G20 由部长级会议升级为领导人峰会的必要性。

其三,G20 是中国维护自身和发展中国家利益,寻求推动全球经济治

---

① 何兴强、陈博:"对中国 G20 目标和战略的评论",《国际经济评论》2014 年第 6 期,第 76 页。

理变革的重要机制。从参与动机来看，中国赋予了 G20 两大核心功能：一是替中国利益发声；二是替发展中国家代言。这两者在很多方面是完全一致和统一的。虽然 BRICS 等也具有这一功能，但是 G20 比 BRICS 机制所涵盖的范围更大，直接参与互动的主体更多，解决问题更直接。在具体诉求上，中国聚焦于重大的国际金融改革和贸易开放，提出要积极推进国际金融体系改革以提高发展中国家的发言权、参与权和决策权，[1] 同时致力于推动建立开放的世界贸易体系，反对贸易保护主义，这一开放体系还应当与各国实行负责任的宏观经济政策相结合，避免其不当的外溢影响。在实施手段上，中国注重加强与新兴经济体国家的协调合作，围绕特定的金融、贸易或发展议题，与新兴经济体国家组建"议题联盟"，以此增强新兴经济体国家的分量和议价权。

其四，在对 G20 的功能定位和机制建设上，中国强调其应该致力于全球金融和经济事务，而将安全和政治议题留给联合国处理。中国也不希望 G20 过度正式化、机制化，因为这可能会对中国自身的经济政策自主性造成损害。这一点从中国在匹兹堡峰会上对多边相互评估方案的犹疑就可见一斑，中国认为这一程序应该是建议性的，而不是更为规范化且强制性的。[2]

其五，关于中国在 G20 中的角色，中国认为应扮演一个重要、平等和受人尊敬的伙伴角色，而非争当领导者。中国并不寻求全面挑战发达国家在全球经济治理中的既有格局，也不打算彻底颠覆或推翻现有国际机制，只是寻求改良性变革。比如，中国只是希望提升在 IMF 和 WBG 的份额，另外要求在特别提款权（SDR）中纳入的货币更有代表性。

总之，G20 已经成为中国参与和影响全球经济治理变革的综合性平台之一。通过这一平台，中国既可以与 G7 等发达国家展开平等的对话协作，也可以整合新兴经济体与发展中国家的力量，施压于霸权国家和发达国家

---

[1] 徐凡："G20 机制化建设与中国的战略选择——小集团视域下的国际经济合作探析"，《东北亚论坛》2014 年第 6 期，第 35—45 页。

[2] 何兴强、陈博："对中国 G20 目标和战略的评论"，《国际经济评论》2014 年第 6 期，第 77 页。

集团来推进改革。更重要的是,这一平台也为中国传播以建立更加公正、合理的国际治理体系以及打造全球命运共同体等为内容的新型国际关系理念提供了新的管道。

二、印度的 G20 战略

印度对于 G20 在态度上经历了一个由冷淡到日渐重视的转变。有报告指出,最初印度对于 G20 的反应非常冷淡,这是因为印度感觉受到了轻视。即在 2008 年峰会机制建立之前,有新兴经济体参加的 G20 部长级会议总是作为 G8 领导人峰会之后的补充会议而召开。新兴经济体有一种寄人篱下的被歧视感。所幸发达国家这种高高在上的自负心理被 2008 年的金融危机打破。在此后建立起来的 G20 峰会机制中,新兴经济体不再是 G8 的附庸,而是以平等的伙伴身份应邀参与国际金融危机的处理和世界事务的磋商。这令印度对 G20 的热情有所上升。[1] 如印度财长在参加 2008 年 11 月的首届 G20 峰会后曾表示,G20 已经取代 G7 成为全球最重要的经济论坛,"七国集团终于意识到了他们并不是全能的"。[2] 尽管首届 G20 峰会通过的行动方案令人满意,但他认为各成员国未能成立一个统一机构来监督和保证各国落实这些行动方案,却是一大遗憾。

印度对于 G20 的态度转变,更与印度的发展形势变化和大国抱负有关。虽然印度在外向型程度上远远不及中国,受到国际冲击的影响要小得多,但是印度作为体量较小和发展相对落后的国家,同样难逃国际经济动荡和国际经济衰退的池鱼之殃。2008 年的国际金融危机也令印度经济下滑,[3] 这为印度积极参与 G20 事务提供了动力。另外,印度历来具有强烈的大国抱负,也是发展中国家阵营中具有领导性意识的大国之一,印度政

---

[1] 佚名:"G20 中的印度:宏观经济、政策合作、协调世界治理",《文化纵横》2010 年第 2 期,第 11 页。

[2] "印度财政部长:G7 已经被 G20 所取代",http://sputniknews.cn/russia/20081118423-36564/。

[3] 张立:"印度经济近期走势及前景展望",《四川大学学报(哲学社会科学版)》2009 年第 5 期,第 83—90 页。

府一直主张要"引领世界建立更加民主的国际秩序,采取多种途径解决国际问题","努力创建更加开放、公正的贸易和金融格局"。[①] 因此,随着G20平台的搭建,印度自然会参与进来,以此营造有利的外部发展环境,发挥对国际经济事务的影响力和促进国际性合作。近年来,印度经济继续保持较高的增长速度,印度在国际经济格局中的地位也持续上升,其也就更有实力、更有需要来主动参与全球经济治理,以此构建对自身更为有利的国际经济秩序。据《印度时报》2016年1月的报道称,印度准备第一次申请主办该峰会,[②] 这表明印度更为重视G20的影响了。

对印度而言,G20具有以下三方面的功能:(1)参与多边外交,提升自身大国地位的重要平台。无论是BRICS还是G20,印度都是以新兴大国的身份加入其中的,这两大机制充分体现了对印度实力和地位的认可,也为印度通过这些平台框架与世界主要大国展开紧密的沟通协作提供了方便。(2)捍卫自身在全球经济治理中的利益。印度作为发展中国家,在诸多议题上的利益和立场与发达国家有着根本性的不同。比如在金融议题上,印度也是金融危机的被动受损者之一,希望国际金融体系能够保持稳定,加强金融和银行监管,减少投机性资本流动的冲击。印度也支持IMF进行份额和投票权改革,增加其在IMF中的份额。在贸易问题上,印度希望维护开放的贸易体系,这将有助于将其人口红利优势转变为真正的经济优势。(3)充当新兴经济体和发展中国家的利益代言人。作为不结盟运动的发起人和领导国之一,印度在发展中国家中享有较高的声望。印度到2017年末人均GDP不过2000美元左右,但仍是不折不扣的发展中大国,因此利用G20等机制发声,既可以捍卫自身的利益,也可以巩固其在发展中国家中的领导地位。在G20峰会议程形成初期,印度就表示希望G20保

---

① [印]曼莫汉·辛格,印度驻华使馆译:"21世纪的印度与中国——在中国社会科学院的演讲",《深圳大学学报(人文社会科学版)》2008年第2期,第5—7页。
② Sidhartha and Surojit Gupta: "India to pitch for hosting G20 meet", Jan. 14, 2016, https://timesofindia.indiatimes.com/business/india-business/India-to-pitch-for-hosting-G20-meet/articleshow/50569521.cms.

持"发达与发展中国家对话平台"的定位。① 印度在金融危机爆发后也提出发达国家应当对此负责,并且给予发展中国家更多援助和支持。基于这些原因,在 G20 由 G8 机制的附庸变成独立的大国领导人峰会机制之后,印度对于 G20 的态度变得更加积极。如在 G20 杭州峰会上,印度代表团协调人阿尔温德·本戈里亚(Arvind Panagariya)就曾表示,G20 成员应该求同存异,用同一种"语言"发声,以实现共同发展。②

然而,基于印度的实力限制和 G20 机制的特点,印度对于 G20 并没有抱太高期望,所以对 G20 的投入和参与也较为谨慎。首要的任务是力求消除全球经济治理失效对印度带来的不利冲击,比如金融危机引发的全球经济衰退损害到印度的出口和资本流入,印度也愿意通过加强政策协调帮助发达国家走出危机;但印度国内也认为,由于印度经济增长以内需拉动为主,对国际市场的依赖度较低,因此印度受到国际金融危机的冲击实际上并不算大,印度对 G20 也就抱有一种务实而低调的期待。印度也避免在 G20 峰会上承担过高的国际责任或国际义务。③

三、中印 G20 战略的共识与分歧

从中印等新兴经济体在 G20 历次峰会的表现来看,新兴经济体国家的战略具有很大的趋同性和一致性。它们在 G20 中事实上组成了同一个阵营,与 G8 阵营构成两极性力量格局。它们在 G20 中的合作一面大于竞争一面。从根源上讲,这是由它们相似的经济发展水平和在全球经济治理体系所处的共同地位决定的。正如克莱斯纳曾指出的,发展中国家由于抵御外来冲击的能力较弱,对于新自由主义所崇尚的自由市场信念持有保留态度,更倾向于加强政治力量对市场力量的束缚,无论是通过国内的政府力

---

① 徐凡:"印度的 G20 战略与全球治理利益诉求",《南亚研究》2015 年第 3 期,第 43—58 页。

② "印度 G20 峰会代表团协调人:G20 各成员求同存异 共同发展",http://news.163.com/16/0904/10/C046GNDJ00014JB5.html。

③ 李杨:"印度对 G20 的定位、立场与参与策略",《社会科学战线》2016 年第 9 期,第 191—197 页。

量或是国际上的政治协调，它们都要确保在市场经济的收益与风险之间求得一个平衡。太过封闭或太过开放都是极端之举，它们需要全球经济能够在基本稳定的环境下不断增长。随着 G20 逐渐由危机应对机制转变为常规性的全球经济协调，新兴经济体的关注点也更多地转向全球经济格局的重塑和发展问题等方面。在这些议题上，它们也有着诸多共识。更重要的还有，G20 为它们提供了一个与发达国家平等交流的平台，在某种意义上具有大国俱乐部性质，因此 G20 虽然往往议而不决或决而不实，但这种有助于显示其国际地位的声誉效应却绝非可有可无，也是 G20 机制能够获得新兴经济体认同的原因之一。

新兴经济体国家在 G20 上也有分歧存在。比如，尽管新兴经济体早就在 G20 上达成了避免"贸易保护主义"的共识，并且反对发达国家实行贸易保护主义，但实际上，新兴国家之间的贸易主义行为却屡禁不止。如印度对中国的贸易保护主义举措就尤其引人注目，是对华反倾销最积极的国家。在国际金融治理改革上，新兴经济体国家的诉求也各不相同。对中国而言，推动国际货币多元化，提升人民币的地位，是顺应中国国力增强和世界经济需要的正常之举，也是维护新兴市场国家利益的正当要求。然而，其他新兴经济体的重点却在于增加发展中国家在 IMF 等机构中的投票权和决策权，对于货币体系的改革并不像中国这样热心，因为它们的货币在眼下并不具备充当国际货币的实力。随着 G20 的议题领域变得愈加宽广，新兴经济体国家的分歧也会相应增多。

第三节　G20 中的中印经济治理合作进展与限制

从中印新兴经济体自 G20 成立以来的表现情况看，其在全球经济治理中的地位不断得到增强已是不争的事实。主导全球经济治理的国家性主体，从 G7 发展到 G8，再过渡到"G8+5"，直到建立 G20，这一扩展过程本身就是新兴经济体的角色和价值不断得到认可与尊重的体现。而自 1999 年 G20 部长级论坛组建后，印度、墨西哥、中国、南非和巴西五个新兴经济体国家分别充当了 2002 年、2003 年、2005 年、2007 年以及 2008 年的 G20 论坛轮值主席国。[①] 在 G20 由部长级论坛升级为领导人峰会论坛后，新兴经济体国家已经主办了五次峰会：2010 年的韩国首尔峰会、2012 年的墨西哥洛斯卡沃斯峰会、2013 年的俄罗斯圣彼得堡峰会、2015 年的土耳其安塔利亚峰会以及 2016 年的中国杭州峰会。论坛主办国的身份赋予了它们发起和设定议程的协调权与决策权，这不仅直接关系到会议将会取得何种成果，也为全球经济治理的发展指引了方向。如在 G20 部长级会议时期，作为主办国的印度将发展和援助议题纳入了 G20 的考虑范围，这两个议题是对印度以及其他发展中国家都具有重大意义，但却不太为发达国家所看重的问题。中国则借助 G20 主办国身份强调了"发展模式的多样性"，并敦促 G20 关注布雷顿森林体系的改革问题。在中国提出的这两个议题中，前一议题可以用以抵御发达国家对非西方发展模式（特别是中国自身的发展模式）的诋毁攻击，而后一议题则是发达国家力图回避或拖延的问题。在此后由新兴经济体主办的五次峰会中，其议程也几乎包括了推动国际金融机构改革、促进包容性和可持续性发展等发展中国家普遍关心的问题。[②]

除了影响议程设置，从而使得新兴经济体国家关心的议题能够被提交会议讨论之外，作为 G20 内平等的参与方，新兴经济体还拥有修正政策提议和批准或否决政策的权力。这两项权力也相当重要，它可以防止包括 G7 在内的其他国家冒用或滥用权力。这正是 G20 与 IMF 等机制的不同之处，后者不是按一国一票而是按份额多少的原则来决定权力的分配的，而 G20 却是基于成员国的共识来做出协同行动的，这就从制度上和程序上保证了

[①] ［加］安德鲁·库珀，史明涛、马骏译：《全球治理中的新兴国家》，上海人民出版社 2009 年版，第 38 页。
[②] 甄炳禧："G20 转型面临的难题及破解之策"，《国际问题研究》2016 年第 4 期，第 115—130 页。

新兴经济体国家的地位及影响力。① 事实上，在 G20 财长、央行行长和领导人等所有层级会议中达成的全部协议、意见、建议、政策改革等成果，都是成员国之间协商一致后达成的，与 IMF 和 WBG 等国际治理机构中的决策机制截然不同。在 IMF 和 WBG 这两个组织中，至今只有美国一家掌握着否决权或主导性控制权。个别成员国就算对某些决议持有异议，但是如果该决议获得了超过规定的赞同票，那么其反对也将完全无效。

由于 G20 在决议达成机制上具有上述以共识为基础的特点，这就意味着其迄今为止所取得的全部成就既是发达国家与新兴经济体国家之间，也是新兴经济体国家相互之间紧密协作的成果。它也说明，G20 机制的合法性和有效性离不开对新兴经济体国家要在全球治理中发挥重要作用的认同。它们不再只是听从霸权国家的单向操控或指使，而是凭借自己日渐增强的实力，跻身于影响全球核心性公共品提供的决策位置。

然而，新兴经济体的地位不断强化，就等于新兴经济体在 G20 中与霸权国家真正处于平等共治的地位了吗？G20 的建立运行也就标志着非霸权合作开始具有主导全球经济治理前进变革的影响力了吗？进一步的深入考察将会表明，这种看法是过于乐观了。

首先，作为一种机制创新，G20 的倡导者和推动者始终是发达国家。它是在 G7 的基础上发展而来，带有 G7 的扩大版性质。它不是新兴经济体施压于发达国家的产物，而是发达国家基于自身利益做出的前瞻性选择。其初始目的正是为了更好地借助新兴经济体的力量，克服金融动荡对全球经济造成的冲击。因此，G20 就其制度创新的动因而言，是为了增进霸权国家或发达国家的利益，而非解决发展中国家所面临的困难与关切。正如有研究所指出的，结合 G20 历次峰会的核心议题和峰会宣言来看，发展中国家围绕改革国际货币体系和推进国际货币多元化等提出的建议并没得到回应，更没有取得实质性进展。② 在对危机原因的认定上，美国将其归结为全球经济失衡所致，否认是其自身消费过度、货币政策不当和监管松懈

---

① 李因才："G20：议题置换与权力之争"，《世界知识》2011 年第 22 期，第 41 页。
② 赵瑾："G20：新机制、新议题与中国的主张和行动"，《国际经济评论》2010 年第 5 期，第 7—22 页。

等原因所致,而在解决其所提出的全球经济失衡问题上,美国也要求顺差国也就是新兴经济体国家来承担主要的调节责任,而自己作为逆差国却置之不理。这一点完全有悖于 IMF 的通行做法,在此前 IMF 针对发展中国家开出的应对金融危机的药方中,都是由收支赤字国承担主要的调节责任。而从峰会的影响来看,迄今为止,峰会的最大功效就是通过各国的一致行动,迅速遏制住国际金融危机的蔓延深化,使得发达国家避免深陷金融危机的泥潭,然而对发展中国家而言,其所获得的收益却堪称乏善可陈。新兴经济体一直呼吁要改革国际金融机构的要求,尽管在匹兹堡峰会上得到发达国家积极的回应,但按最后通过的 IMF 投票权改革方案看,发达国家所让渡的份额并未从根本上改变美国和欧盟对 IMF 所拥有的绝对控制权。发展中国家所关心的贸易保护主义也未取得实质成果。因此,总体而言,G20 对于新兴经济体的象征意义大过实际意义。新兴经济体与发达国家共同主导全球经济治理之说,徒有虚名而已。

其次,G20 机制的"临时体系"性质以及非正式性等特点决定了其对于改善全球经济治理所能发挥的作用有限。[1] 如前所述,G20 是应对国际金融尤其是爆发于发达国家的金融危机的产物,它不是精心设计的正式机制,而是带有松散性、非正式性的临时性协商机制。在 G20 框架下,既没有常设秘书处,也没有执行或监管的治理实体,更不像 IMF、WBG 或 WTO 那样具有正式的法律地位。在 G20 会议上达成的所有协议以及发表的公报、宣言和行动计划等都没有实际的法律拘束力,不构成各国的法律义务,至多只有声誉上的约束,并不能有效约束各成员国的行为。成员国在 G20 峰会上所做的国际承诺只是一种保证型的政治承诺,而非契约型的法律承诺。就 G20 建立的"三驾马车"式峰会制度而言,虽然看似由前任、现任和候任主席国来合作协调议题设置可在一定程度上保障 G20 议题的连续性,但是在缺少执行机制的情况下,许多议题华而不实,只能沦为漂亮的噱头或空洞的口号。随着国际金融危机的破坏性冲击渐渐消散,G20 的

---

[1] 甄炳禧:"G20 转型面临的难题及破解之策",《国际问题研究》2016 年第 4 期,第 115—130 页。

凝聚力呈现出下降之势，各国围绕各种议题争吵不休，最终达成的共识很多只能限于一些大而化之的原则性表述和决心宣誓。

第三，G20 框架中的结构性力量对比态势和利益冲突制约着新兴经济体变革全球经济治理的合作努力。有观点将由 19 个国家和一个区域性组织欧盟构成的 G20 成员按照利益的不同分为三大阵营：第一个阵营是以美国为核心的、坚持维护旧秩序的发达国家阵营。在以美元为主导的现行国际货币体系中，美国可以用极低的成本席卷全球财富，因而美国希望保住其在现行全球经济治理体系中拥有的巨大利益和规则制定权，对 G20 的目标是局限于救灾应急，在尽量少地交出既得利益的前提下，借助 G20 中新兴经济体的力量渡过难关。第二个阵营是以法国和德国为核心、倡导金融改革的欧元区国家阵营。它们对于美国量化宽松的货币政策后果也表示担忧，积极呼吁建立超国家金融监管机制，以此减少美国华尔街的过度投机行为和资本过度流动对全球造成的各种危害。同时，欧元区国家还大力推动气候议题和以欧元计价的碳交易市场，以达到既限制新兴经济体的工业化发展，又拉拢新兴国家共同对抗美元的霸权地位，从而提高欧元影响力的目的。第三个阵营则是以 BRICS 国家为代表的新兴经济体阵营。它们在资源和工业上具有优势，其国际储备和经济实力也不断上升，是前两个阵营应对金融危机必须倚靠的外部力量，这正是它们在全球经济治理中能够获得一定的规则制定权与话语权的资本。它们的目标是摆脱美元霸权，建立更加公平合理的国际金融、贸易和投资规则等。[1] 在上述三大阵营的力量对比中，前两个阵营仍然处于绝对优势地位。这是当前国际体系中最为基本的结构性特征之一，即 G7 无论是在经济实力，或是政治地位（它们占有联合国常任理事国的三席），抑或是军事实力，以及在重要的国际经济治理机构（IMF 等）中的决策权上，其优势都是不容质疑的。而且，它们在相互认同和各自政治经济体制特征上也更为接近，因此有学者将 G7 对全球的治理称为"集体霸权"式治理，这一治理显示出"国际霸权和国

---

[1] 王文、王瑞晶："G20 框架中的利益阵营及中国的战略空间"，《国外社会科学》2013 年第 6 期，第 34—36 页。

际制度两方面因素的融合"，① 既具有国际霸权的因素，即由大国集团代替某一个大国来联合扮演"全球稳定器"的角色，同时又具备国际制度的特征，大国之间通过 G7 实现了制度性的互动，在提供全球性公共品以及主导全球经济交往规则制定上展开密切合作。G20 中的这种利益分化格局和各阵营间的实力结构分布，决定了新兴经济体难以对 G20 的运行施加能产生实质性成果的重大影响力。这也正是随着国际金融危机的阴影淡去，人们对 G20 的存在必要性持有越来越多疑问的原因之所在。因为霸权国家或集体霸权不会再对一种可能动摇到自身既得利益的分权或变革机制给予太多的热情与支持。

最后，新兴经济体在 G20 中的合作还受限于相互间的整合力度不足与领导权的缺失。从某种意义上看，霸权国家的力量基本是趋于集中的，它们通过 G7 这一机制已经足以实现有效的团结。另外，从领导权方面看，美国仍充当了 G7 当仁不让的领导者角色。这意味着发达国家集团的力量得到了很好的组织，其力量组合效果远远胜过力量的简单加总汇合。相比之下，新兴经济体却显得大为不足。BRICS 虽然作为一种新兴机制，可以在一定程度上凝聚起新兴经济体国家和发展中阵营的共识，但是这一机制中并没有名副其实的领导者或充当领导力量的国家，而且它们之间也缺少整合更加广泛的发展中国家意志与诉求的渠道与机制。而从 G20 成员的产生情况看，被邀请进入 G20 机制中的新兴经济体国家是由发达国家按照特定的标准遴选出来的，而非新兴经济体和发展中国家阵营推举出来的代表，它们并不具有代表发展中国家利益的正式合法性，也就无法以所有发展中国家成员的名义来增强自身的谈判权力。

总之，由于以上各方面的原因，对于新兴经济体借助 G20 机制所能对全球经济治理产生的作用不应给予过高的评价，只有从纵向的角度比较，新兴经济体合作所取得的一些进步才能有所体现。

---

① 朱杰进："八国集团与全球性公共产品的供给：集体霸权的视角"，《国际政治研究》2009年第 1 期，第 126 页。

第四节　G20 合作的启示及中印 G20 治理合作前景

一、G20 合作的启示

能够从 G20 的运行实践中得出什么结论与启发呢？至少有两点是比较显著的。

一是重大的、系统性的金融危机或经济危机能够成为推动合作的重要动因。这是在理解国际合作问题上的一个极其重要的因素。如果现行全球经济治理运转良好，那么改进的理由又何在？总是由于某些矛盾或问题，变革才成为必需，而危机则是这种矛盾累积的结果。从这种意义上讲，霸权的衰落不是根本的问题之所在，而在于这种衰落是否对全球经济治理产生了负面影响，造成了既有体系的不可持续。正如国际金融危机的爆发显示出美国在货币和金融政策上的恣意妄行已经愈发不可行了，国际金融体系已经无力承受其绝对的独断专行，这也正是 G20 成立的深层次背景。G20 需要在加强国际金融治理方面取得更大范围的集体支持。这就是 G20 成功的秘诀之一。认识到这一点的意义还在于，要求新兴经济体国家能够运用辩证思维去发掘并努力把握住每一次危机所蕴含的机遇。

二是新兴经济体与霸权国家能够实现共治的设想并不成立。如果说 G20 也取得了不少的共识或成果，那也是以成果的有限性或共识的空泛性为代价的。同时，G20 机制的特点决定了它并没有赋予新兴经济体主导全球经济治理秩序的实际权力。它所取得的议程设置权、决议修正权或否决权都只能影响到决议以何种内容形成，但却不能保证决议的落实。这只是一种纸面上的权力，或者说是一种话语权而已。真正具有法律效力且对各国的利益产生实际影响的仍是传统的国际经济治理机制，G20 离发展到这一步还相距甚远。

二、中印 G20 治理合作前景与建议

如果说 G20 现阶段尚未成为中印等新兴经济体国家增强自身在全球经济治理中的实际影响力的有力机制，那么未来有可能成为吗？它能够成为一种理想的目标机制，来容纳新兴经济体以和平的方式推进全球经济治理变革的努力吗？

作为能将当今世界主要大国领导人召集一堂的新兴机制，每一次 G20 峰会的召开都吸引着全世界的广泛关注。特别是在国际金融危机爆发后的最初几年中，在发达国家之间以及发达国家与新兴经济体国家之间，围绕危机的责任认定以及应当如何治理展开了激烈的争论，但最终 G20 还是成功地达到协调全球力量以共渡时艰的目标。如在 2009 年 4 月的伦敦峰会前，英美与法德就在如何拯救世界经济的问题上存在巨大分歧，美英日等要求各国协同扩大经济刺激规模，呼吁其他国家各尽所能恢复经济增长，但法德等欧洲国家却反对采取进一步的刺激措施，强调需要对监管规则进行深度调整，呼吁各国加大对避税天堂、对冲基金的监管力度，但会议最终的成果却超出预期，与会国家拟通过各种机制向世界经济注入总额达 1.1 万亿美元的资金，这将极大地提振危机后处于衰退的世界经济。[①] 然而，随着国际金融危机的冲击逐渐得到控制，G20 机制本身以及成员国相互间的矛盾就显露出来，令人对 G20 在全球经济治理可能发挥的真正功效和未来的发展前景感到怀疑。这种质疑声早在 2010 年 11 月的首尔峰会甫一结束之际就浮出了水面，有文章这样写道："人们开始担心这个开始于 2008 年金融危机、代表'21 世纪全球治理'的大会正在失去初建时的共识，滑向分歧和碌碌无为的深渊。……似乎金融危机的猛兽在身后追逐的脚步稍见放松，当初的果断与凝聚力便不见踪影，本国和小集团利益再次迅速占据了主导。与会各国首脑根据各自不同的货币政策、贸易收支以及

---

① 方颖："G20 注入逾万亿美元 萨科齐称结果超出想象"，《中国日报》2009 年 4 月 3 日。

经济复苏状况在各个议题之间合纵连横,几乎无法在遏制全球经济失衡的基本框架下达成具体实施细节的共识。这是继多伦多峰会(2010年6月)之后更大的失败。"①

事实上,唱衰G20的论调绝非个例,也并非是在国际金融危机逐渐得到控制之才出现的,瑞士学者让·皮埃尔·莱曼(Jean-Pierre Lehmann)2008年就认为G20峰会将会颓败。② 在他看来,G20实质上就是G8基础上的扩充,然而G8却早已成为一个过时的机构,且数年前就该解散或大换血。他认为,从包括WB、IMF在内的所有或大部分国际机构的治理情况来看,G8的成员构成和运作方式都无法适应时代发展需要。G8最初被定位于全球经济领导人共同参与的旨在解决紧急经济问题的非正式会议,但后来却已退化成一场华而不实的拍照大集会。

G20包含的成员数太多,增加了合作的交易成本,而一些重要的新兴市场国家(如波兰、泰国、埃及、巴基斯坦等)等却未被纳入,加上机制的内在缺陷,都使得对G20有效性的怀疑之声渐起,③ 而且这些论据并非没有道理。

当然,悲观论调并非全部,也有认同G20的声音。这种声音认为,即便G20未能取得预期中的成就,但是世界主要经济大国的领导人能够聚在一起,对于国际合作而言也是一种有用的促进。同时,新兴经济体可以利用这一机制,成为发达国家与发展中国家的桥梁和向G20框架外的发展中国家传达观点的重要通道。④ 不仅如此,G20还将可能增加新兴经济体国家等这一批中层性力量(相对于发达国家和不发达中国家这两端而言)的关联性,以加强它们在议程、建议上的整合。就算是与发达国家进行坐而论道式的"清谈",这种讨论也将有助于传递发展中国家的诉求、理念和

---

① "G20,不给力",http://business.sohu.com/20101122/n277820090.shtml。
② [瑞士]让·皮埃尔·莱曼,《中国企业家》杂志社译:"G20峰会因何颓败?",《中国企业家》2008年第23期,第54页。
③ [美]丽贝卡·M.纳尔逊,熊爱宗译:"二十国集团与国际经济合作",《国际经济评论》2013年第4期,第157—160页。
④ [墨西哥]约瑟·路易斯·什可马·卢卡,仝真译:"G20的新势力:新兴市场国家的崛起",《国外社会科学》2013年第6期,第30—34页。

优先项，从而有助于提醒霸权主导国家树立一个更加全面的世界观和治理观。因此，所有这些最终都会不可避免地导致全球经济及更广泛领域治理的去中心化。

因此，这类支持 G20 的观点坚称，即便有缺陷，G20 也仍将是 21 世纪全球治理模式中最重要的创新点，也是在没有找到建立世界政府的条件下实现全球治理的有效手段。① 毕竟，日渐一体化和各国高度依存的世界经济离不开相应的全球公共品的供给。为了生产这些公共品，需要有国际合作的存在。随着霸权的衰落和新兴经济体的崛起，全球公共品的供给模式需要做出调整，G20 就填补了多边合作机制的空白。因为至少到目前为止，还没有 G20 之外的一个国际组织或平台能够富有效率地就全球性问题进行及时有效的应对。而且，随着 G20 议程的不断扩展，它虽然是协调全球经济事务的首要平台，但是它也正在被塑造成一个协调全球性问题的综合平台。② 从未来看，尽管新兴经济体的快速发展目前尚未动摇美国的政治、军事、经济、文化领域的支配地位，但应对全球权力格局转变的唯一有效途径仍将是依靠这些新兴大国实行全球共治，以共同应对气候变化、恐怖主义和核扩散等一系列全球性问题。

站在中印等新兴经济体的角度看，到底应当接受哪一种声音呢？正如此前介绍的路径依赖原理指出的，尽管各方对 G20 的功效褒贬不一、争议四起，但是将其解散似乎是不太现实的。考虑到机制建立后的路径依赖性特征和全球经济的治理需求，显然 G20 持续存在的可能性更大。因为制度一旦创设后，其维系成本就大大降低了。同时，悲观论的评价标准也过于追求绝对完美。G20 仍将是未来全球经济治理中的重要机制之一，中印两国为此应当重视 G20 的价值，拓展并深化两国在 G20 中的合作，推动 G20 的机制发展完善，为维护两国共同利益而付出努力。

一是建立中印 G20 事务合作机制。设立该机制的目的是，要在 G20

---

① ［阿根廷］卡洛斯·马格里诺斯，全真译："G20 的未来以及中国在其中的角色"，《国外社会科学》2013 年第 6 期，第 23—27 页。

② 张海冰："G20：全球性大国的竞争与合作"，《人民论坛·学术前沿》2015 年第 21 期，第 39—51 页。

年度峰会召开前就双方关心的议题和政策主张等进行交流沟通，寻求或建立共识。该机制可由两国的峰会筹备人士参加，以互访对话的方式予以落实。

二是加强两国智库对 G20 的联合研究，为 G20 的发展提供有别于发达国家的新路线图。对发达国家而言，经合组织（OECD）具有雄厚的研究能力，为其主导 G20 发展提供了强大的智力支撑，但 OECD 的身份属性使其难以充分反映新兴大国的利益，中印等新兴大国应当借助自身的研究力量，结合自身实际提出 G20 建设的新方案、新措施，从而为引导 G20 变革提供更加丰富的选择，这也有助于体现和维护中印等国的利益。在具体方式上，两国可通过联合设立课题和加强两国相关智库交流的方式予以实现。

三是把握合作重点，促进 G20 在全球经济治理重要议题上取得实效。结合当前实际看，经济增长、国际金融稳定以及贸易自由化等是事关两国根本利益的重大议题。两国可以在这些领域加强沟通，设立合作目标，持之以恒地予以推进，使之在 G20 峰会中获得足够的重视与支持。

四是成为 G20 机制变革完善的积极推动者。鉴于 G20 机制的效率和有效性饱受质疑，中印两国可以就此积极提出建议，同时争取其他国家的支持，以改变其机制弊端。比如一种可行的方案是，将 G20 公报中将要达成的内容分为两个部分，其中一个部分是对各国具有约束力的要求，而另一部分内容则由各国自愿履行，这样既有助于保持 G20 承诺的灵活性，也可以使其避免成为漂亮而无用的外交辞令。

五是保持两国关系的稳定向前发展，妥善管控好双边分歧，避免局部问题溢出并对两国的全球合作产生冲击。作为两大邻国，中印两国应当以战略思维看待和定位双边关系，同时理性认识双边正常存在的各种矛盾与竞争。否则，两国都难以获得和平安宁的发展环境，也可能丧失世界范围内的发展机遇。只有认识并努力做到这一点，两国才可能不断扩大在双边、地区和全球层面的合作，让潜在的合作收益变成现实。

— 第七章 —

地区层面的中印经济治理合作：以孟中印缅经济走廊（BCIM）为例

区域主义兴起的潮流表明，地缘邻近往往会推动地区经济合作。尤其是在经济大国之间，这种合作可能会变得更加有利和迅猛。如在欧盟和北美，欧盟一体化和北美自贸区的建立就是例子。这一规律是否也适用于新兴经济体国家呢？本书以中国和印度这两个相邻的新兴经济大国为例，检验地缘因素的影响。

总的来看，经济崛起和共同利益因素推动了中印在全球经济治理中的合作，但是基于地缘政治因素考量的现实主义思维又对两国的合作带来了不利影响。特别是孟中印缅经济走廊（BCIM）的推进迟缓表明，地缘邻近未必就能转化为合作优势，这还要取决于次区域经济发展水平、国家间更深的认同以及国家战略等因素的影响。在能否共同塑造地区治理秩序这一问题上，中印两国仍需克服相当艰巨的内外挑战。这也反映出新兴经济体的合作前景仍充满复杂性和不确定性，不能想当然地将其视为全球经济治理舞台的天然盟友。

第一节　地区主义及其与全球经济治理的内在关联

地区主义的兴起包括两个层面的内容：一是实践层面的兴起；二是理论层面的兴起。这两个层面互相推动，共同向前发展。自二战以后，地区主义尽管偶有曲折，或缓步不前，但是总的趋势是进步和深入，[1] 地区主义已经成为与全球化竞相发展的重要潮流之一。美国知名政治学家卡赞斯坦提出，要从"地区主义"来认识这个世界。[2] 以下归纳了地区主义理论发展所取得的一系列重要观点，有助于我们理解正在欧洲、东盟等地演进发展的地区主义进程。

第一，地区主义的概念与渊源。目前学术界对于地区主义并没有一个统一的标准定义，但对其实质内涵仍然有着相当的共识，即通常是指以地缘关系为纽带而形成的地区内各行为体为实现共同利益，通过经济、政治和社会文化等方面的制度性安排来进行合作的思想与实践。[3] 地区主义不同于地区化，地区化指的是由市场、贸易、投资和公司决策而产生的地区整合进程，它不是国家或者地方政府事前决定的结果。[4] 较早时期，伴随着欧洲共同市场及欧洲共同体的发展，出现了一些关于地区经济和政治合作的理论，如关税同盟、最佳货币区理论、财政联邦主义、功能主义、新功能主义、政府间主义等，[5] 这些理论对跨越民族国家主权界限的经济和政治合作现象给出了解释。如果把合作列为界定地区主义的核心词，那么凡是与国际合作相关的理论都可以与地区主义挂上钩。由此，国际政治中的三大理论流派中都可以找到与地区主义重叠的交集。如：现实主义的霸权合作论，就从权力的视角提供了地区合作的源泉之所在；新自由制度主义从制度功能和交易成本等视角解释了制度机制等对地区合作的促进；建构主义则从身份认同和主体间互动的视角分析了地区主义的形成。

第二，新老地区主义之分。按照时间先后顺序和内涵的不同，存在着

---

[1] 庞中英："地区主义浪潮陷入低谷"，《人民论坛》2012年第4期，第4页。
[2] [美] 卡赞斯坦，秦亚青、魏玲译：《地区构成的世界：美国帝权中的亚洲和欧洲》，北京大学出版社2007年版，第1—3页。
[3] 卢静："全球治理：地区主义与其治理的视角"，《教学与研究》2008年第4期，第55—60页。
[4] Shaun Breslin, Richard Higgot, Ben Rosamond, "Regions in Comparative Perspective", in Breslin et al, eds., *New Regionalism in the Global Political Economy*, (Routledge, 2002), pp. 13–14.
[5] 魏玲："地区构成的世界——卡赞斯坦的地区主义理论"，《外交评论》2006年第3期，第18—27页。

新老地区主义的划分。美国美利坚大学教授阿查亚（Amitav Acharya）认为，①目前的新地区主义与20世纪50—70年代的地区主义有三方面区别：（1）前者是在多极的世界政治经济情势下出现和发展的，后者则以两极格局为背景；（2）前者具有自主的性质，地区主义主要来自于内部的自愿选择，而后者中霸权的角色起着主导作用，地区主义来自于外界的霸权压力；（3）前者是全面和多维度的，而后者则是有限的，只聚焦在特定的问题上。还有学者认为，所谓的"老地区主义"，特别强调"自上而下"的方式，注重那些决定了地区行动者内部合作形式的形成、规模和议程的政府行动者和当局所做出的决定和采取的行动，而新"新地区主义学说"则质疑旧地区主义理论的几乎所有方面，并把非政府行动者的参与视为对地区化过程极其重要的。新地区主义的性质是多种多样的，包含了各种各样的问题、参与地区化过程的行动者和机构。②

第三，地区主义的演进阶段。英国学者安德鲁·赫内尔（Andrew Hurrell）提出了一个庞杂而系统的地区主义分析框架，认为应从社会内聚力（包括民族性、种族、语言、宗教、文化、历史和共同的遗产等）、经济内聚力（包括贸易模式、经济互补性）、政治内聚力（包括政权类型、意识形态）和组织内聚力（即正式的区域制度的存在）的程度，并结合体系理论（包括新现实主义、霸权理论、结构相互依存、全球化）、区域主义与相互依存理论（包括新功能主义、新自由制度主义、建构主义）和国内层次理论（包括区域主义与国家内聚力、政权类型与民主化、趋同理论）三个理论层次来分析当代区域主义。③依据协调与合作程度的不同，他把地区主义依次划分为地区化、地区意识与认同、地区内国家间的合作、地区一体化以及地区聚合五种依次递进的类型，认为它们都具有地区主义的基

---

① Amitav Acharya, "Regionalism and the Emerging (Intrusive) World Order", paper presented for the conference on "After the Global Crisis", CSGR, the University of Warwick, 16 - 18 Setember 1999.

② [英]亚历山大·C. 钱德拉，向来译："印度尼西亚的非政府行动者在东盟：东南亚的地区主义新议程？"，《南洋资料译丛》2004年第3期，第38—47页。

③ 郑先武："新区域主义理论：渊源、发展与综合化趋势"，《欧洲研究》2006年第1期，第39—58页。

本含义。[1] 但他也指出，这种分类只是要反映出一种进化逻辑而不是对真实世界的描述，真实历史中各阶段的演进要远比这复杂。[2]

第四，地区主义高涨的动力。从宏观上看，冷战后地区主义的重新兴起与高涨被视为民族国家内外两方面条件变化的结果。[3] 从外部来看，冷战的终结以及随之而来的全球政治权力的重新分配消除了超级大国力量与影响对世界所有地区的严密覆盖，地区事务管理摆脱了外来压制，地区的自主性与整体性特征得以恢复；从内部来看，冷战的结束也揭开了众多民族国家难以驾驭的地区性问题的盖子，地区协调与合作的内在动力陡然增强。而从微观（如企业层面）上看，像地理上的接近和文化上的亲近等自然因素意味着明显的交易成本优势，从而明显倾向于主要在邻近地区物色经济伙伴。[4] 规模报酬、外部效果和稳定政策都要求适当的权限范围，也就是小于世界而大于许多国家的地区。[5]

第五，地区主义的功效。按照德国学者莫尔（Hanns W Maull）的观点，地区主义首先是为本地区国家带来了调整机遇，即促进该地区国家针对国际环境进行调整的能力，并为进一步的自由化开拓空间；其次有助于缓和地区内各国间的政治经济冲突，[6] 如地理位置邻近的国家能更好地理解地区争端，更好地对冲突和侵略的受害者提供紧急援助。国际体系的新兴国家发现，地区主义是一个重要的外交政策工具，它使其能够避免遭受

---

[1] Andrew Hurrell, "Explaining the Resurgence of Regionalism in World Politics", *Review of International Studies*, No. 21, 1995.
[2] [瑞典] 赫特、[瑞典] 索德伯姆，袁正清译："地区主义崛起的理论阐释"，《世界经济与政治》2000 年第 1 期，第 66—71 页。
[3] 王学玉："论地区主义及其对国际关系的影响"，《现代国际关系》2002 年第 8 期，第 29—35 页。
[4] [德] 阿·博尔曼、[德] 格·科奥普曼，吴德融译："世界贸易的地区化和地区主义"，《国际经济评论》1994 年第 12 期，第 21—27 页。
[5] [德] 德特勒夫·洛伦茨，慕海平译："地区化与地区主义：世界经济变化中的问题"，《国际经济评论》1991 年第 11 期，第 88 页。
[6] [德] 汉斯·W. 莫尔，郎平译："地区主义和全球主义：相互矛盾还是相互推动的进程？"，《世界经济与政治》2000 年第 9 期，第 68—71 页。

大国对其主权和自主权的干预。① 实际上，按照新西兰学者博拉德（Alan Bollard）等人的看法，即便像亚太经合组织和亚欧会议这样的象征意义大于实际意义的地区性组织，其宣言和象征性也并不是空泛的，它们表达了一些规范，这也有利于就此达成一致，塑造人们的观念，并最终改变人们的行为。②

第六，地区主义的限度。地理上的邻近并不必然就会通向地区主义。首先，这与国家能力相关。英国学者尼尔（S. Neil Macfariane）等认为，通常来说，弱国与弱国之间不会成为很好的伙伴；相反，霸权则能够产生坚固的合作。其次，地区国家之间的经济互补也有助于促进合作，而缺少这种互补则可能减少追求合作并使之制度化的动力。第三，跨边界资源（如水资源）的共享也会导致合作或者竞争。最后，外部行为体也会带来正面或负面影响，例如外部威胁的缺乏将削弱潜在的合作动力，或者外部力量的干预介入也将限制本地区加强合作的能力。③

以上所述概括了近年来地区主义理论体系的基本轮廓。地区主义作为与全球化进程并行发展的一种现象，其实质是对地区发展进程进行共同、综合型的治理，它超越了过去的民族国家各自内部治理的传统，各国交出一定的自主权和独立性，让渡给区域性经济组织或政治机构，按照统一的新规范来构建新的地区发展运行秩序。因此，地区主义进程实际上也是全球治理中的一部分，是全球治理在地区层面的体现。各国在地区化进程中的合作，也可以纳入全球经济治理的概念范畴中来。它在性质上与全球经济治理一致，而与国内治理有本质差异。

---

① ［加］阿米塔夫·阿齐亚，肖欢容译："地区主义和即将出现的世界秩序：主权、自治权、地区特性"，《世界经济与政治》2000年第2期，第66页。
② ［新西兰］艾伦·博拉德、［新西兰］戴维·梅斯，宇泉译："地区主义与环太平洋"，《国际经济评论》1992年第12期，第19—25页。
③ ［英］S. 尼尔·麦克法兰尼，彭萍萍译："美国和中亚的地区主义"，《当代世界社会主义问题》2005年第4期，第91—98页。

第二节　BCIM 的提出

孟中印缅经济走廊是 21 世纪初由中国学者提出的一个区域经济一体化战略构想，旨在依托中印这两大新兴经济体的力量推动区域经济合作，促进地区经济发展，从而重塑区域经济治理秩序，增进区域内相关国家的共同利益。该走廊包括两个层面的含义：一个是直接层面的含义，主要是指以交通干线或综合运输通道为发展主轴，以昆明、曼德勒、达卡、加尔各答等经济城市为主要节点，连接覆盖中国西南地区、缅甸、孟加拉国和印度东北部的国际区域经济带，其面积达 165 万平方公里，覆盖人口超过 4 亿；[①] 另一个是间接或宏观层面的含义，就是指通过该走廊的连接，将中国、缅甸、孟加拉国以及印度四大邻国整合起来，建立起一个次区域经济合作区。从未来看，该经济区还可与东盟等进一步加强融合，建立起一个泛东南亚经济共同体，从而使得整个东亚、东南亚与南亚国家在地缘相邻的优势下加强分工合作，不断提高经济效率，在推动区域发展的同时，也提升亚洲新兴发展中国家在全球经济格局中地位和影响，意义十分重大。

早在 20 世纪末，就有中国学者提出了应在孟中印缅地区开展区域经济合作的倡议。[②] 1999 年 8 月，中国、印度、孟加拉国、缅甸四国的学者在中国昆明召开了首次中印缅孟地区经济合作与发展国际研讨会（后按国际惯例更名为"孟中印缅地区经济合作论坛"），会议发表了《昆明倡议》，正式提出开展四方经济合作的建议，标志着 BCIM 构想的正式出台。[③] 此

---

① 刘金鑫、陈嘉欣："孟中印缅经济走廊金融合作"，《中国金融》2016 年第 12 期，第 72—73 页。
② 张立、王学人："从地区主义视角看孟中印缅经济走廊建设"，《南亚研究》2017 年第 3 期，第 33—48 页。
③ 彭靖里、王崇理、谭海霞："推动孟中印缅国际能源大通道建设的战略与对策"，《东南亚纵横》2007 年第 9 期，第 17—22 页。

后,四国学术界和民间部门围绕这一构想继续展开学术研究与交流活动,使得 BCIM 概念的社会反响越来越大,并受到四国官方的重视与认可。2013 年底,由四国官方人士组成的联合工作组举行了首次会议,意味着 BCIM 自此由学术性概念转变为官方主导下的地区治理与发展战略。与金砖机制的建立相类似,学术界的前瞻性构想和民间机制的大力推动,只是 BCIM 正式成为地区性合作新规划的表层性原因。从深层次上分析,其应当是地区主义潮流兴起的示范效应、地区认同意识的形成、地区合作利益的显现以及地区性大国的崛起等诸多因素共同作用的结果。

一、地区主义潮流的兴起

BCIM 是在地区主义潮流兴起的大背景下出现的。从 20 世纪末至今,全球化和地区主义总体上仍处于同步并进的阶段。在欧洲,地区主义纵深前行,并在统一货币政策和成员国扩大等方面取得了重要进展。1999 年 1 月 1 日,欧盟国家开始实行单一货币欧元和在实行欧元的国家实施统一货币政策。2002 年 7 月,欧元成为欧元区唯一的合法货币。与此同时,欧盟多次扩员,到 2013 年 7 月,欧盟从其前身——欧洲经济共同体初建时的法国、德国、意大利、荷兰、比利时、卢森堡六个成员扩大为 28 国。[①] 在北美,包含美加墨三国的北美自由贸易区自从 1994 年 1 月 1 日正式建立后就大大促进了北美的经济发展和贸易关系,改善了区域经济一体化,取得了不俗的成效。如美同加、墨的贸易量增加了两倍多,其增长速度超过其他国家和地区的贸易量。[②] 在东亚,1997 年金融危机的发生推动了东亚一体化进程的起步和不断发展。1999 年 11 月第三次"10 + 3"(东盟 10 国加上中日韩 3 国)领导人会议的召开是东亚一体化历史上的一个里程碑,会议就推动东亚地区合作的原则、方向、重点领域达成了共识,发表了《东亚

[①] 邢骅:"欧盟东扩进入深水区",《国际问题研究》2014 年第 4 期,第 22—32 页。
[②] 林欣:"北美自由贸易区二十年发展的回顾与展望",《理论月刊》2015 年第 9 期,第 182—188 页。

合作联合声明》。① 此后，加上澳大利亚、印度、新西兰三国在内的"10＋6"机制也得以建立。2012年11月，包含"10＋6"成员在内的由东盟倡议的"区域全面经济伙伴关系"（RCEP）正式启动。由此可见，在全球三大经济重心地区，区域主义都呈现出蓬勃向前迈进的势头。而在 BCIM 的四个成员国中，除了孟加拉国之外，其他三国都已加入东亚地区主义进程，地区主义已经成为各国对外经济战略中的重要工具。

二、地区认同意识的形成

之后，形成了 BCIM 地区认同意识。认同原本是一个哲学、心理学概念，是指建立在共同体成员相同特性基础之上的区别于他者的共有形象与归属感。地区认同是集体认同的一种，是若干地理上接近并相互依存的国家在观念上与本地区其他国家的认同以及将自身视为地区整体一部分的意识。按照建构主义的看法，地区认同不是地理相邻的自动产物，它还要根植于政治实践的社会和认知建构。② 地理相邻当然也是地区认同的基本前提。这是因为地理接近的国家、群体或社会往往有着共同的历史经历、文化渊源，而且有着承受同样问题的感受，也就容易产生亲近感和群体意识，这是属于同一地区的国家的基本特性。③ 与此同时，地区内部各国互动实践的情况如何，也是决定地区意识能否形成的又一个重要原因。而从 BCIM 的实际看，自从20世纪80年代以来，中印两国纷纷走上了改革开放的发展道路，BCIM 各成员国之间的政治、经贸和人文交流取得了长足发展。此外，四国学术界一直轮流组织孟中印缅地区合作论坛，到2012年已经召开了十次会议，这些都为地区意识的塑造和强化起到了积极的促进作用。

---

① 陆建人："从东盟一体化进程看东亚一体化方向"，《当代亚太》2008年第1期，第21—35页。
② 汪长明："南亚地区合作：从地区认同的构建到地区主义的形成"，《东南亚南亚研究》2010年第1期，第22—27页。
③ 王学玉："论地区主义及其对国际关系的影响"，《现代国际关系》2002年第8期，第29—35页。

三、地区合作利益显现

接着,地区合作利益也得以显现。根据前述安德鲁·赫内尔的理论,任何地区主义的发展最终都要从社会内聚力、经济内聚力、政治内聚力和组织内聚力等方面去找原因,而在 BCIM 地区,这些方面都有合作的动能存在。这四个国家有着悠久的交往历史和千丝万缕的宗教文化联系,在国际体系中都属于发展中国家,面临着巨大的发展压力,在资源禀赋和经济产业结构上具有较强的互补性,在政治上奉行相似的规范准则,而四国地区合作论坛也为四国合作提供了一个非正式的制度模板,因此这四国间的地区合作既是可能的,也是必要的。这种必要性最突出地体现在经济方面,即通过贸易和投资的增加,有助于激活各国经济发展潜力、提高资源配置效率,同时经济相互依赖的加深还将外溢到政治和社会领域,增进互信和促进其他领域的合作。面对跨越边界的各种传统和非传统安全挑战,联合管控才是唯一可行的道路。

四、中印的同步崛起

最后,中印两个地区大国同时兴起。如尼尔等所论,地区或全球合作带有一定的公共品或准公共品性质,需要付出不菲的成本投入,是霸权国家的强大实力才克服了集体行动的困境,因此国力的强弱在一定程度上决定了地区合作的大小限度。而自 BCIM 的构想提出到最终被官方所接受,这一过程一直伴随着中印两国的不断壮大和崛起。自 20 世纪末以来,中印两国的年均经济增长速度在世界主要经济体中遥遥领先。[1] 到 2010 年,中国 GDP 总量已经超过日本,成为世界第二大经济体;印度 GDP 排名则在

---

[1] 文富德:"中印经济关系中的问题、原因与对策",《南亚研究季刊》2015 年第 3 期,第 47—54 页。

2016年上升到全球第五位。① 随着中印的崛起，两国在地区主义进程上的最大作用是发挥了引领功能，使得BCIM最终上升成为政府介入的地区合作倡议。从印度方面来看，其自20世纪90年代初就提出了"东向"战略，面向东亚和东南亚开展合作；进入21世纪后，印度将"东向"改为"东进"，更加注重与东盟和东亚的合作，而BCIM正处于印度向东部扩展辐射力和影响力的必经地带，因此从某种意义上讲，BCIM可以视作印度"东向"大战略中的子系统，是印度向东推进其参与亚洲一体化进程的主动选择。从中国方面看，中国在BCIM中也扮演了最为能动的引领角色。鉴于中国的快速增长在很大程度上得益于以投资和贸易为主导的外向型经济模式，中国对于推动全球与地区合作具有浓厚的兴趣和利害关系。随着中国将经济发展的目光由东部沿海转向注重全国平衡，扩大西部地区的开放合作以促进内陆地区发展也就成为题中之义。已经具有一定民意和民间基础的BCIM，正是在这种背景下被中国选定为正式的官方倡议并向印度官方予以推介的。BCIM由此从学术界的论资转变为实实在在的社会工程，中印两国毫无疑问承担了负责任的大国职责。

第三节　BCIM的进展与问题

在BCIM尚处于学术探讨层面时期，联通四国的基础设施工程也在持续建设，四国经贸合作不断攀升。如，昆明已经开通了到仰光、曼德勒、达卡、加尔各答和新德里等地的航线；在贸易方面，中国与印度、孟加拉国和缅甸的贸易额从2000年的44.53亿美元上升到2012年的818.95亿美

---

① "福布斯称印度GDP仅次美中日德　首超英国"，http://news.sohu.com/20161220/n476446600.shtml。

元。① 2013 年 2 月，经过此前长达六年时间的精心准备，首届孟中印缅四国汽车集结赛成功举行，该赛段从中国昆明出发，途经中国瑞丽、缅甸曼德勒、印度英帕尔、孟加拉国达卡等重要城市，最终抵达印度加尔各答，全程达 2800 公里，成为四国陆上连接的一条大通道。然而，2013 年下半年，BCIM 获得四国政府的肯定并被纳入官方合作项目之后，BCIM 的建设却并未因政府的介入而迅速取得飞跃性发展，有限的成果除了 BCIM 的概念得到更加充分的认可之外，最为重要的进步就表现在成立了以政府联合工作组为代表的 BCIM 合作机制。

2013 年 12 月，四方联合工作组第一次会议在中国昆明举行，会议梳理了地区合作论坛达成的共识，签署了会议纪要和孟中印缅经济走廊联合研究计划，并正式建立了四国政府机构推进合作机制。② 这也是迄今为止 BCIM 建设所取得的主要成果。在次年的 12 月，联合工作组又在孟加拉国科克斯巴扎尔召开了第二次会议，会议讨论了四国提交的孟中印缅经济走廊国别报告，探讨了在互联互通、能源、投融资、货物与服务贸易及贸易便利化、可持续发展与扶贫及人力资源、人文交流等重点领域开展合作的设想和推进机制建设，还接受了中方提出的早期收获倡议。③ 尽管这两次会议对于后续工作的推进具有基础性意义，但是成果的有限性和实施步骤上的缺失，却令人对 BCIM 产生了"具体落实困难重重，深陷'雷声大雨点小'窘境"的感受。④

这正如有学者指出的，⑤ 地区合作的推进往往会遇到诸多困难，这些问题包括基础条件较差、经济互补性不足、存在跨边界资源竞争以及外部

---

① 伍晓阳："孟中印缅四国代表在昆明研究经济走廊建设规划"，http://politics.people.com.cn/n/2013/1218/c70731 - 23879702.html。
② 张丹、和晓莹："孟中印缅四国签署经济走廊联合研究计划"，http://finance.sina.com.cn/world/yzjj/20131219/215817691081.shtml。
③ 刘春涛："孟中印缅经济走廊联合工作组探讨加强联通与合作"，http://news.xinhuanet.com/world/2014 - 12/19/c_1113708351.htm。
④ 朱翠萍、[印] 斯瓦兰·辛格：《孟中印缅经济走廊建设：中印视角》，社会科学文献出版社 2015 年版，第 32 页。
⑤ [英] S. 尼尔·麦克法兰尼，彭萍萍译："美国和中亚的地区主义"，《当代世界社会主义问题》2005 年第 4 期，第 91—98 页。

行为体干预等。从 BCIM 的情况看，其同样深受这些因素的制约，因而整个建设在实际推进上显得迟缓乏力，远不能与新马印尼增长三角、泛北部湾区合作等其他一些迅速发展的次区域合作项目相提并论。

一、基础设施条件过于落后

首先是基础条件过于落后。仅就狭义上的 BCIM 地带而言，都属于经济欠发达地区，基础设施水平较差，投资改造需要花费巨额资金，这严重限制了合作的迅速推进。如在孟加拉国，大多数道路的状况很差，沥青道路不到30%，40%的人没法用电；[1] 印度东北部地区也是印度经济最为落后的地区之一；缅甸约50%的人仍无法保障用电。要改善整个区域的铁路、航空和海运等交通设施以及能源运输、网络通信设施的系统调配等，预计将需高达600亿—800亿美元的基础设施投入资金，[2] 这对于四国特别是对欠发达的孟加拉国和缅甸来说，资金筹集问题很难解决。而对于中国和印度而言，这也是不小的负担。

二、贸易不平衡

在经济互补性方面，虽然四国在产业和经济结构上存在着一定的落差，同时贸易数据也表明四国在资源、资本、技术密集型产品上存在较强的互补性，但是除了中缅贸易外，中印、中孟贸易不平衡问题都较为明显。[3] 如2015年中孟贸易达到130亿美元，[4] 中国对印度的贸易顺差也有加大之势。2016年财年，按印方统计，中国对印度的贸易顺差达到了526

---

[1] 王新萍、孟祥麟："孟中印缅经济走廊蕴含发展潜力"，《人民日报》2015年10月14日。

[2] 王艳红、孟猛、林玉杰："孟中印缅经济走廊建设面临的问题与对策"，《对外经贸实务》2016年第10期，第35—38页。

[3] 李艳芳："推进孟中印缅经济走廊贸易投资的战略意义与可行性分析"，《太平洋学报》2016年第5期，第61—70页。

[4] http://yzs.mofcom.gov.cn/article/t/201602/20160201250091.shtml.

亿美元。① 贸易失衡使得印度对中印经贸合作产生了不满情绪，对华贸易保护主义也愈益彰显。在1995—2010年印度提起的对外反倾销调查中，中国高居榜首，达到142件，远远高于排在第二位韩国的48件，② 印度已成为世界上发起对华反倾销案件最多的国家，并且打击力度不断增强。③ 尽管中印等贸易失衡问题非中国主观所为，但对中印扩大经贸和区域经济合作产生了不利影响。

三、边界地区非经济因素影响

边界地区非经济因素的影响也不能忽视。对印度而言，BCIM所涵盖的印度东北地区，无论是从地理、政治还是经济上看都较为特殊。该地区仅通过一条宽约20公里的狭长地带与印度其他地区相连，生活着多民族多宗教群体，长期以来冲突频发。该地区也被《印度时报》称为"禁止中国进入"、为印度所实际控制的中国藏南地区（印度称"阿鲁纳恰尔邦"）。④ 印度担心开放该区域会导致其他国家对该地区的影响力扩张，并常通过安全视角来限制外来投资和贸易活动。而在中缅接壤地区，缅北"民地武"与缅国防军之间的矛盾也并未有效解决，从而连累到中缅的一体化联通与合作深入。

四、域外国家的介入

美国等域外国家的介入也是重要因素。随着中国的崛起，美国加强了对亚太和印太地区的关注度和战略投入。缅甸和印度由于既毗邻中国，地

---

① http://www.mofcom.gov.cn/article/i/jyjl/j/201608/20160801370790.shtml.
② 王孝松、谢申祥："发展中大国间贸易摩擦的微观形成机制——以印度对华反倾销为例"，《中国社会科学》2014年第2期，第86—107页。
③ 王孝松、付乙含、林发勤："印度对华反倾销：行业分布与成因探究"，《国际商务研究》2016年第6期，第45—58页。
④ 吕鹏飞："在印度东北看中印孟缅走廊：曾是禁中国进入地区"，《环球时报》2014年4月22日。

缘意义又突出，成为美国和日本等拉拢争取的重要对象。原本中缅经贸合作长期发展不错，但近年来，随着美国积极介入缅甸国内政治改革，中缅经贸合作受到冲击，中国投资缅甸密松水电站、中缅铁路等项目不同程度地受到西方势力的恶意鼓吹煽动，项目实施受到阻挠。① 而在印度方面，美国近年来更是不断加强与其在核能和国防等重要领域的合作，试图在中印合作关系中打入强有力的楔子，这使得印度对与中国开展更为紧密的合作存在疑虑，试图在中美之间左右逢源、两头获利。②

第四节　不容乐观的 BCIM 建设前景

近年来全球形势的新发展表明，地区主义面临诸多挫折。东亚的区域多边合作瓶颈凸显，进展缓慢甚至局部搁浅。③ 部分大国对东亚地区经济合作机制的主导权争夺，阻碍了经济合作的深入推进。④ 在欧洲，英国"公投"通过脱欧，引起了对欧盟会否解散的怀疑；实际上，所有的地区主义都因美国对那些具有挑战美国霸权的地区主义进行打击而陷入低谷。⑤ 这似乎正如瑞典学者赫特（Bjorn Hetten）等所说："既然地区是政治和社会工程，它是由人类行为体设计，用来保护或改变现存的结构，那么这些工程就像民族国家工程一样也可能失败。"⑥ 如果将 BCIM 视作地区主义浪

---

① 吉香伊："中缅经贸合作出现的问题及对策"，《对外经贸》2016 年第 10 期，第 8—9 页。
② 张立："美国'印太'联盟战略的困境与中国的应对"，《南亚研究季刊》2016 年第 4 期，第 28 页。
③ 韩彩珍、时殷弘："东亚区域合作的瓶颈问题与中国"，《现代国际关系》2014 年第 2 期，第 32—36 页。
④ 李巍："东亚经济地区主义的终结？——制度过剩与经济整合的困境"，《当代亚太》2011 年第 4 期，第 5 页。
⑤ 庞中英："地区主义浪潮陷入低谷"，《人民论坛》2012 年第 4 期，第 4 页。
⑥ ［瑞典］赫特、［瑞典］索德伯姆，袁正清译："地区主义崛起的理论阐释"，《世界经济与政治》2000 年第 1 期，第 66—71 页。

潮中的一部分，那么BCIM是否也将止步不前、看不到成功的希望呢？

　　显然，BCIM失败的可能性完全存在。因为BCIM要想继续推进下去，需要克服资金筹集、政治稳定、提高政治互信度以及排除外来势力干扰等一系列难题。即便随着中国和印度等地区的经济实力日渐增强，加上亚投行（AIIB）等地区基础设施开发银行已经成立，资金融通问题可以找到出路，但是能否克服各国间不必要的猜疑和防范心理，更是充满不确定性的问题。有研究指出，缅甸为了弱化中国的影响，刻意降低对中国的依赖，采取了外交多边化的"反避险"战略，即亲近印度，巩固和东盟的关系，鼓励欧盟、日本、新加坡等国来缅投资以平衡中国和印度的影响。[①] 这对于深化地区内四个邻国合作关系的BCIM构想当然是个直接的打击。

　　除了缅甸因素之外，更大的问题还在于印度这个重量级的地区大国能否与中国一道在BCIM进程中充分发挥引领作用。而从实际情况看，这一点并不乐观。印度在该区域已经推出了以自身为唯一主导大国的多个地区主义建设规划，试图以此提升其在周边地区的战略影响力，同时阻止中国的进入。这些地区性合作倡议包括环孟加拉湾技术和经济合作倡议（BIMST-EC）、环印度洋地区合作联盟（IOR-ARC）、湄公河恒河合作组织（MGCI）以及"湄公河—印度经济走廊"（Mekong-India Economic Corridor）等。在这些倡议中，印度纳入了孟加拉国和缅甸，但却都将中国排除在外，甚至带有防范中国的考量在内。[②] 这些倡议与BCIM在成员上存在着一定的重合性，在优先级上却高于BCIM，BCIM被冷落搁置的可能性也就大大增加了。

　　此外，如果美国或日本等实力雄厚的域外国家坚持介入区域内事务，阻挠次区域一体化合作，那么BCIM建设所面临的阻力也就更大了。

　　如上所述，BCIM虽然已经纳入官方的规划之中，并且为中国和印度这两大新兴经济体推动地区经济治理提供了新的平台与合作机制，但是它

　　[①] 李捷：“中缅老柬区域三角合作机制构建研究”，《世界经济与政治论坛》2016年第4期，第1—13页。

　　[②] 蔡鹏鸿：“互联互通战略与中国国家安全——基于地缘政治视角的互联互通”，《人民论坛·学术前沿》2015年第7期，第50—63页。

向前顺利推进的可能性相当有限。

第五节　结论与启示

勿庸置疑，中印加强全球经济治理合作，符合双方以及世界的共同利益。美国对外关系委员会主席哈斯（Richard Haass）、美国欧亚集团总裁布雷默（Ian Bremmer）、美国政治学家布热津斯基（Zbjgniew Brzezinski）等指出，二战后形成的旧国际关系体系已消耗殆尽，当今世界正进入新型无序状态，国际关系正经历一个复杂的发展阶段，多中心的、更为复杂的新世界秩序正在缓慢形成。[①] 从历史经验和长远的角度看，适时推进世界秩序及全球治理体系的平稳转型，避免"修昔底德陷阱"重演，符合世界各国的共同利益。在这一进程中，如果中国和印度自行其是，那么由于与西方发达国家在实力上存在显著差距，两国将不得不继续长时期地接受"被治理"的无奈，忍受现行体制的种种弊端。而两国以及其他新兴国家一旦抱团联合，那么其巨大合力将足以引起世界的重视，变革国际规则的动力将更加强劲，构建一个与时俱进的、符合两国及世界发展进步需要的新的全球治理体系的愿望将更有希望得到实现。这一远景或许正为看好中印两国全球经济治理合作前景的观点提供了依据。

然而，作为两个相邻的新兴经济体，同时也是世界上人口最多的新兴发展中大国，中印合作的潜力远未得到充分挖掘。特别是，地域优势本可以成为中印联手推进地区经济治理的有利条件，但 BCIM 的实际表现却远不尽如人意。这说明，新兴经济体的身份认同并不足以超越传统地缘战略因素和现实主义政治思维的影响。

从未来看，以中印为代表的新兴经济体国家在全球经济治理中的合作

[①] 孙豫宁："2015 年世界政治思潮的主要特点"，《当代世界》2016 年第 4 期，第 43 页。

既有动力与机遇，也会受到各自国内因素和国际因素的牵制和干扰，各国的动机、愿望和实施能力也有所不同。另外，全球经济治理改革涉及到的国家数量众多，各国利益分化多元，协调难度大，这就注定了它是一项长期性的任务，因此对于新兴经济体国家间的合作不应寄予不切实际的过高期许或持有急功近利的心态，而是要遵循自愿稳妥、互利共赢的务实原则，确保合作稳步推进，落到实处。

— 第八章 —

新兴经济体全球经济治理合作前景与中国选择

新兴经济体合作变革全球经济治理体系的努力能够取得成功吗？本书前面章节的理论与案例研究已经对此展开了探讨。这一方面取决于对成功所下的标准或定义，另一方面取决于时间段的限制。按照吉尔平对国际政治变革的一般看法，体系的变革通常包括三个层次的内容：首先是体系变更，即指国际体系中行为者性质的变化，因为"国际体系的特征是由该体系最重要的实体如帝国、民族国家或多国公司决定的"；其次是系统性变革，指"统治某个特定国际体系的那些居支配地位的国家或帝国的兴衰"；第三是互动的变化，其"具体体现在国际体系中权利和规则的变化"上。结合吉尔平的这一定义看，目前新兴经济体推动全球经济治理体系变革的努力只能说是进展极其有限，远远谈不上从根本上动摇或改变了全球经济治理体系的整体面貌。[①] 因为无论是从行为者的性质，还是系统内的权力结构对比，以及全球经济治理规则等方面看，现行的全球经济治理体系仍由霸权国家美国或以 G7 为代表的集体霸权所支配，这是战后至 21 世纪初这段时间内已经表现出来的事实。而从未来看，无论是小多边式的金砖合作，还是双边式的中印合作以及全球层面的 G20，同样未能表现出新兴经济体合作能够取得突破性成就的明显趋势。这说明，尽管新兴经济体在全球经济治理中的合作态势颇受关注，且取得了一些实在的合作成果，但是这些努力并不足以推动全球经济治理体系的深度变革，而对于新兴经济体相互间的合作也不应抱以过度乐观的期望。那么，这是否反映出新兴经济体间的非霸权合作存在着致命

---

① ［美］罗伯特·吉尔平，武军、杜建平、松宁译：《世界政治中的战争与变革》，中国人民大学出版社 1994 年版，第 41—43 页。

性的缺陷，以至无法成为变革全球经济治理的有效推手呢？对于中国而言，从中又能学到什么有益的启示呢？此外，中国应当如何处理与其他新兴经济体国家的关系，以推动全球经济治理的不断改善呢？本章将围绕以上问题展开讨论，事实上，这些讨论也是对前述章节相关研究的总结和延伸。

第一节　新兴经济体非霸权合作模式的特点

从战后新兴经济体在全球经济治理中的表现来看，可以根据其对现存体系的态度不同而将其行为归为两大类：一类是融合行为，其特点是主动加入并接受既有体系的治理，该既有体系由霸权国家打造和支配，新兴经济体处于从属位置，其合作主要体现为新兴经济体与霸权国家或霸权阵营的合作；另一类是变革行为，其特点是对既有体系的治理提出异见和挑战，新兴经济体处于与霸权国家相对立的位置，其合作主要体现为新兴经济体之间或新兴经济体与发展中国家之间的合作。在前一类融合行为的合作中，由于霸权国家是最有影响力和起决定性作用的行为体，可将其称为霸权主导下的合作（简称"霸权合作"）；而在后一类变革行为下的合作，由于并不存在起绝对的领导作用或支配作用的行为体，各主体的关系无论就名义或是实质而言都大致是平等的、相互协调的关系，因而可将其称为非霸权主导下的合作（简称"非霸权合作"）。非霸权合作正是变革全球经济治理的根本动力，也是本书研究的主要对象，那么迄今为止的非霸权合作表现出哪些鲜明的特点呢？

第一，非霸权合作是一种基于平等关系的合作。在非霸权合作框架下，各成员的地位是平等的，这种平等是由各国相近的经济实力、相似的发展阶段和相当的国际地位决定的。即便在各新兴经济体或发展中国家阵营内部，从最不发达到最发达这两极之间所涵盖的差距仍然极为显著，但是，总体来讲，目前并没有出现占据绝对和全方位优势的强国。最具有代表性的几个新兴经济大国中，如 BRICS 国家，都仍具有重大的不足，如中国在经济质量上仍较落后，地区之间发展极其不平衡，对外部市场依赖过大，体制问题饱受质疑；印度虽然在增长速度上有超过中国之势，但其起点更低，庞大的人口也造成了巨大的就业压力；俄罗斯的经济结构过于单一，优势主要集中在能源、原材料与军工产业之上，在国际经济领域已经算不得是重量级玩家；巴西和南非作为资源密集型国家，同样依赖国际大宗商品市场，而且其增长基础也并不牢固，自 2010 年以后已经相继陷入下行模式，显示出其发展的脆弱性。因此，新兴经济体国家间还缺少像美国那样的全能型巨人，各成员国也不具备对他国颐指气使的实力与底气。而从建构主义的角度看，在新兴经济体和发展中国家中，各国大多曾是帝国主义、霸权主义的受害者，对霸权主义带有本能的抵制和厌弃。而威斯特伐利亚体系所确立并得到广泛传播的主权平等理念则深入人心。这也是非霸权合作的基本规范之一。

第二，非霸权合作是一种合意性合作。各国关系的平等性决定了非霸权合作不是以强制为手段的合作，而只能是一种合意性合作，即所有的合作都是建立在各国自愿接受的基础之上的。各国是基于自身的利益判断，而考虑与某些国家在某些领域展开合作的。合意性合作增强了非霸权合作的合法性，也使得非霸权合作在持续性和包容性上更强，这是它相比霸权合作而言的一大优势。

第三，非霸权合作较为偏好非正式合作。从合作机制的正规性、约束程度等特点看，国际合作可分为正式合作和非正式合作。所谓正式性国际合作，也就是具有正式的组织、章程和决策程序，且其合作决议具有法定或严格的约束力等特点的合作。这类正式合作通常需要国家让渡一定的主权，并且在一定程度上损害国家行为的灵活性，因此它并不为对主权敏感的新兴经济体和发展中国家所偏好。这些国家更倾向于以非正式合作的方式来加强相互协调，具体方式主要是通过定期或不定期的领导人峰会进行沟通、协商与合作，汇聚并达成共识，就相关问题采取共同行动，以期化解危机、解决问题以及避免类似问题的重演。①非正式合作注重的是多边平等协商，反对咄咄逼人的单边主义。松散的组织结构、灵活的议事日程、共识式的软约束等构成了非正式合作的优势，也有助于摆脱传统正式多边组织的官僚化和强制性，因而非霸权合作通常采取非正式合作模式，以在较为宽松、非正式的对话环境下，就共同关心的议题展开磋商，为集体行动做出铺垫。

第四，非霸权合作是一种开放式合作。由于非霸权合作的非正式性，它在成员和议题领域等方面都更为开放。各国不必受制于严格的规章限制，随时可以择机加入议题的商讨，这意味着新兴经济体合作具有广阔的发展空间。

总之，与霸权合作相比，新兴经济体之间的非霸权合作具有不少明显的优点，从道义上讲，它更符合当今时代的伦理特点，也能更好地顺应当今及未来发展中国家有可能不断崛起、国际经济治理主体更趋多元化的现实；同时，它还能较好地照顾和平衡各方利益，使合作具有合法性和包容性。但是，无论是从理论或是从实践表现看，非霸权合作也有重大的缺陷和不足，那就是合作效率不够高，难以调和成员国之间相互冲突的利益，即各国通常只能求同存异，难以求同化异。

从理论上看，两方面原因决定了非霸权合作的低效性。一是各国利益的存在的差异性。虽然新兴经济体国家在金融、贸易或投资等多个领域有着相似的治理政策需求，但是由于各国经济结构、发展模式等有所不同，各国在各领域的具体治理主张并不绝对一致。例如，逐渐改变美元在国际货币体系中的垄断地位是新兴经济体的共同愿望，但是在如何构建新的货币体系问题上，各新兴国家的想法又有所差异。一些自身货币远不具备成为国际货币条件的国家，其推进国际货币改革的热情，远没有另一些有条件使自身货币成为国际货币的国家强烈；在推进国际金融改革的问题上，一些资本市场较发达、金融基础较好的国家也比另一

---

① 陈伟光、曾楚宏：“新型大国关系与全球治理结构”，《国际经贸探索》2014年第3期，第94—106页。

些国家更能接受市场化导向的国际金融机制。二是非霸权合作的合意性和共识性。这意味着各国只有在利益完全融合的交集部分，才有可能真正取得实质性成果。否则，各国的合作就只能停留于象征性的口号式呼吁，无法提出可操作的变革方案。即便各国可以通过反复的沟通协调来求得共识，但是无形中又增加了合作的交易成本，使得合作效率大大降低。

由于非霸权合作并不具备霸权合作下的强力压制可能，这也令各成员国之间的利益冲突问题难以得到迅速而有效的解决。只要有任何一个成员国不愿意做出妥协，那么即便符合集体的共同利益，或者说得到其他多数成员的支持，非霸权合作机制也会因未能取得一致共识而导致合作受阻。最终，有可能因为存在细小的利益隔阂或单个成员国的任性阻挠，集体合作水平一直在低位徘徊。

从实践来看，新兴经济体的合作虽然颇受关注，但实质性的成果并不太多。这里所谓的实质性成果，是指非口号式表达的、具有实际功效的政策出台或合作机制的建立。金砖峰会作为最有代表性的新兴经济体合作机制，其实际成果也主要体现在金砖开发银行和金砖国家应急储备基金的建立上。然而，金砖开发银行才刚刚组建，未来能否顺利运行、发展壮大，以及能够发挥多大的作用，能否成为像世界银行集团（WBG）那样带有权威性的国际发展机构，还存在着诸多变数，目前不宜过度乐观；在中印两国的 BCIM 合作中，进展也非常迟缓；G20 作为更权威的全球治理新平台，新兴经济体的合作在其中也未能获得多少实质性的代表性成果。

因此，非霸权合作既有其长处，也有其缺陷。非霸权合作未来能否成功，将取决于非霸权合作能否在保持其长处的前提下，尽量克服其缺陷，提高其效率与效果。否则，非霸权合作有沦为聊胜于无的"清谈馆"之风险；被视为可能对霸权带来严峻挑战的新兴经济体合作风起云涌之说，其实不过是一种带有捧杀性质的夸夸其谈。

第二节　非霸权合作的效率提升之道

一、创意推进合作

正如金砖合作所揭示出来的那样,创意与灵感是推动国际合作的一大重要元素。这里的创意可以被视为有关全球经济治理的知识创新与智慧创造。国际合作既离不开以共同利益为前提,同时也需要以恰当的方式或载体来实现。有效的创意则促进了从潜在利益转化为现实利益这一问题的解决。事实上,布雷顿森林体系的最终形成也是得益于相关创意的支撑。如美元与黄金的挂钩、固定汇率的实现等,都是具体的创意而非空洞的霸权主义理念。创意与理念有所不同,理念是头脑中关于价值观或原则方面的选择,而创意则更多地倾向于知识性的、技术性的方案描述或政策工具设计。所以,创意与理念相比更为客观,需要有真实的事实或逻辑为支撑。但它又超越了简单的数据或现象堆积,而是带有想象力的飞跃,以及在此基础上提出的新方案、新政策。

在霸权合作模式下,合作框架已较为成熟,其主要目标是守成而非创新,因此对合作创意的需求远不如非霸权合作模式的大。即便如此,霸权国家也没有放弃以新的创新来对治理模式做出于己有利的调整。正如近年来美国等提出区域全面经济伙伴关系(TPP)等案例所显示的,[1] 变革国际贸易秩序、引入新的贸易规范与贸易标准,以此排挤如中国和印度等新兴经济大国的贸易成长,正是霸权国家在全球经济治理秩序上表现出的重大新动向之一。与霸权合作相比,新兴经济体合作仍处于起步阶段,其合作潜力巨大,更加需要提出更有智慧的合作新方案、新思路。因此,加强

---

[1] 李向阳:"国际经济秩序的发展方向",《现代国际关系》2014 年第 7 期,第 20—22 页。

对合作创意的开发，是提高非霸权合作水平和合作成效的重要路径之一。

如何有效开发创意呢？这涉及到创意人才的培养，也涉及到各国加强相互间的交往，密切的交往可以为创意的产生奠定经验基础，足够丰富的经验积累可能会导致质的转变，促成新的创意出现。因此，新兴经济体加强对国际合作方面的人才培养和增加相互间的人际交流，对于合作创意的取得具有积极意义。

二、危机应对推进合作

G20 机制的建立发展印证了危机对于促进国际合作的重要意义。这背后的原理在于，危机冲击增强国家的脆弱性，重大的、系统性的危机所产生的破坏效应可能令最强大的国家也难以承受，因此通过合作加强力量来抵御冲击成为自然的选择。危机的辩证效应并不仅仅体现于此，危机的出现也意味着既有体制或机制失灵了，以至于难以使问题或矛盾得到及时管控，避免造成巨大的损失，因而危机也是一种特殊的反馈机制，证明需要对既有的控制体系做出修补或改进，使之能够应付新形势、新问题。从这种意义上讲，危机中确实既有危险，也蕴含着机遇。

从全球经济治理的角度而言，每一次危机都可能成为变革既有治理体系、加强各相关国家合作的一次契机。这里的危机不仅包括国际性的金融或经济危机，也可以是国内性的金融或经济危机，后者尽管发生于一国之内，但基于当代全球经济的一体化和各国的相互依存，其影响实际上将会通过贸易、投资和金融等渠道溢出国界而产生国际性影响，只是由于各国的国力和影响力有所不同，不同国家的国内危机所造成的国际影响也有所不同。如2008年的次贷危机本是美国国内的债务危机，但由于美国的霸权地位，其却带来了全球性的破坏效应；与之相比，新兴经济体国家的内部经济衰退或金融动荡，其影响却只能局限于地区或相关国家之中。但即便如此，危机仍能为相关国家加强合作创造机遇。如1997年东南亚金融危机的爆发，促成了中国与东盟国家加强货币合作以共同抵御美元冲击。

可以预见的是，未来伴随着新的全球问题的不断涌现，以及既有体系中的矛盾日渐积聚并趋于尖锐，各种或大或小的危机可能还会爆发。新兴经济体国家应当在应对危机的同时，有意识地加强应对危机的长效合作机制建设。如 G20 作为一种机制创新，有效地帮助发达国家克服了国际金融危机的冲击，并将部分新兴经济体国家纳入了其影响力所及的治理框架之下。从 G20 的成效来看，与其说是给新兴经济体参与全球经济治理提供了舞台与机遇，不如说是霸权体系的影响力以一种隐蔽的方式变得更加合法和更可持续。

三、增强领导力以推进合作

非霸权合作的缺陷之一是缺少像霸权国家那样行使国际领导职能的国家。如果将合作群体视为一个集体，那么正如现代管理学理论所指出的，领导对于集体目标的达成和集体效能的实现具有至关重要的作用。领导的职责就是规划、指引、组织和控制等。如果一个集体没有有力和正确的领导，那么该集体就无法有效地整合和分配资源，也无法聚焦目标，整个集体将会成为一盘散沙，非但不能取得倍增效应，而且无法有效克服内耗问题。

国际关系中的领导概念与霸权概念既有共性又有区别。中国学者庞中英对此这样写道："每个国家都在影响着国际关系，只是程度不同。那些能让国际关系大体按照其设计（规划）、提议和推动的方向演变的国家就变成领导国家，这时，领导和追随这样的国际关系模式就产生了。大国尤其是超级大国具有成为国际领导的天然条件。一个大国在国际制度中占据影响甚至支配地位，一旦提出、支持和推动某种动议，即担当倡议者、支持者和推动者，就是发挥了领导作用。这样的国家能发挥'国际领导'作用，是因为它们建立在实力基础上的影响或者支配地位吗？其实不然。……在宏观政治学的意义上，领导不能与霸权混为一谈。在国际思想史上，与霸权紧密结合在一起的国际领导也能清楚地说明，是领导支持（导致）了霸权，而不是霸权导致领导。更为重要的是，在国际历史尤其是最近的历史（1989 年以后）上，许多国际领导作用并不是霸权提供的，而恰恰是那些公认的非霸权'扮演'的,霸权不愿意领导。这一点更加提醒我们,至少在某种程度上,把领导混同于霸权是荒谬的。"[1]

从上段论述中可以看出,霸权基本是个单数概念,而领导却可能是个复数概念。另外,国际关系中的霸权国家一定是在综合实力上具有绝对优势的国家,而领导国家却可能因议题而异。但无论如何,两者的共同点都是要能够为集体提供必需的领导功能支持,这是集体能够避免自行其是,进而保持有序高效运行的必备前提。

如果将新兴经济体视为全球经济治理体系中具有相似立场的一大阵营,那么该阵营面临的核心问题之一正是其是否拥有发挥领导职能的成员国。轮值主席国机制在部分程度上解决了领导国缺失的问题,使得每次新兴经济体峰会能够在轮值国的精心组织下成功召开,但是这一机制过于松散,承担的也更多是形式上的组织工作,这与实质上的规划引领职能还相距甚远。然而,除此之外,在新兴经济体或更为广泛的发展中国家群体中,尚且未能找到催生领导国家或刺激领导行为的其他有效机制。

第三节　中国与新兴经济体的全球经济治理合作的意义与策略

中国应当如何看待新兴经济体合作的影响和意义?中国应当如何定位新兴经济体在中国外交战略中的地位?这是对中国而言值得关注的根本性问题,而这一问题也决定着中国的策略选择。

---

[1] 庞中英:"效果不彰的多边主义和国际领导赤字——兼论中国在国际集体行动中的领导责任",《世界经济与政治》2010年第6期,第4—18页。

一、全球经济治理中非霸权合作对于中国的意义

随着中国与全球经济的联系日渐加深,全球经济治理的运行发展对于中国的利害关系变得越来越大。在金融领域,国际货币格局的调整、汇率体制的变革以及资本流动等,对中国贸易状况、货币发行以及宏观经济稳定具有十分重要的影响;在贸易方面,自由主义继续占主导地位,还是以邻为壑的贸易保护主义加速上升,也直接影响着中国的进出口、经济增长、就业与社会稳定;在投资方面,稳定、安全、公平和非歧视的投资氛围对中国"引出来"和"走出去"影响颇大;除此之外,世界经济整体的发展好坏同样会对中国经济产生同向的外溢效应。与经济发展紧密相关的气候协定问题,更是关系到中国经济发展模式的未来调整。如果全球气候治理施加的条件苛刻,那么中国经济转型的压力更大,所需克服的阻力也越大。正是由于存在以上种种复杂而深入的利益纠葛,中国对于全球经济治理的关注才有增无减。寻求改善全球经济治理对于中国不仅是一句漂亮的口号,而是具有实际利益的外交行动指南之一。在中国共产党十八大第一次会议中,"加强同世界各国交流合作,推动全球治理机制变革"和"坚持权利和义务相平衡,积极参与全球经济治理"等,[1] 被作为中国对外战略的重要指导原则与任务而提出,充分表明了中国官方对于全球治理的高度重视。

中国全球经济治理的目标根植于中国国家追求的基本目标与原则理念,这些目标及理念包括安全、财富、权力地位的提升等多个方面。首先是经济安全,即确保一个国家在重要的经济事务和经济领域上的健康正常运行,常见的有金融安全、能源安全、粮食安全以及产业安全等。其次是财富的增加,要能够有利于中国的经济持续增长。中国是一个人口密集的发展中国家,经济增长既是摆脱贫困的必由之路,也是维持充分就业和促

---

[1] 胡锦涛:"坚定不移沿着中国特色社会主义道路前进为全面建成小康社会而奋斗——在中国共产党第十八次全国代表大会上的报告",《中国共产党第十八次全国代表大会文件汇编》,人民出版社2012年版,第4、44页。

进社会稳定的重要前提。财富的增加不仅体现为增长，更重要的还在于发展质量的提高，即财富不能以环境的破坏和资源的枯竭为代价。第三是权力地位的提升。这表现为中国不但在绝对量上保持增长，同时也要保持相对的发展，即与其他国家做比较，不应低于世界平均发展水平，这是一个具有上进心的国家所应持有的基本目标。第四还需强调的是，中国并不盲目以利为先，还要与"义"相结合，即在正确的"义利观"指导下实现国家利益的最大化。取之有道谓之义，取之无道则为不义。正如论语所言："不义而富且贵，于我如浮云。"这里的"义"，实际上就是指一种公平公正的伦理观与价值观，即中国追求的全球经济治理体系目标，是一种有伦理规范和社会责任感约束的利益最大化追求。因此，中国追求的实际上是一种把现实主义与理想主义相结合的全球经济治理观，它与以谋取霸权利益为目的的霸权主义经济治理观和以新自由主义思想为信条的所谓自由主义经济治理观有着重要的差异。

以上这些根本性的目标决定了中国的全球经济治理战略目标与需求。现行全球经济治理体系中，有利于中国实现上述目标的，中国将成为其积极的捍卫者；反之，不利于或严重阻碍中国发展的，中国将成为其积极的变革者或创新者。中国并不盲目要求推翻现行全球经济治理体系，而是主动融入，并给予区别性的支持或反对，其原因正在于此。中国与新兴经济体在全球经济治理问题上的关系，也受上述目标与战略的驱使。结合过去的实践与未来的需求看，新兴经济体与中国仍存在诸多利益交集，与新兴经济体的合作有利于中国全球经济治理目标的实现，加强与新兴经济体的合作仍与中国利益攸关。

一是有助于共同应对全球问题，增加全球公共品的供给。全球化时代催生了全球化问题，全球化既带来了机遇，也带来了风险和挑战。在经济领域，自由市场主义疯狂发展的同时，市场失灵的后果也更显严重。贫富两极分化、市场动荡加剧、气候变暖、垄断盛行、环境污染以及不正当竞争的兴起等，都使得加强与改善全球经济治理势在必行。全球所有国家都有责任与义务来参与全球问题的治理。这是中国与包括新兴经济体在内的所有国际社会成员开展全球经济治理合作的最基本的出发点。

二是有利于对抗发达国家的霸权，推动全球经济治理体系的变革。从权力分配的角度看，中国与新兴经济体国家事实上处于同一地位和同一阵营，与发达国家在治理权力的分配上存在着一定的零和博弈关系。为了改变不公平、不合理的既有治理体制，中国与新兴经济体国家联合起来可以增加谈判权和影响力，迫使全球经济治理体系朝着有利于新兴经济体的方向进行调整改革。

三是有助于拓展与新兴经济体的合作空间，深化与新兴经济体的利益关系。这意味着中国与新兴经济体国家之间的互动不仅限于双边性的政治经贸和文化等领域，更有地区和全球层面的合作。不同层面合作的外溢性效应是相互影响的，将有助于加深中国与新兴经济体国家的沟通。随着新兴经济体国家的继续崛起，中国将通过发展与新兴经济体国家的伙伴关系，降低对发达国家市场和经济的依赖度，为一个"非西方主导世界"的到来创造条件。

四是有助于培育国际合作文化，彰显全球命运共同体的世界和谐意识。中国的发展离不开和平和谐的国际环境，与新兴经济体合作实践的深入也将有利于激化共同体意识，加强相互认同，减少隔阂误解。正如建构主义所强调的，进程可以塑造关系和利益，密切的协调合作总是胜过不声不响的"凉战"与对抗。[1]

二、中国与新兴经济体的全球经济治理合作策略

首先是要明确合作目标定位。在中国当前的对外战略中，大国与周边国家被视为关键与首要，发展中国家被视为基础，新兴经济体国家未被列为一个专门的类别予以对待。[2] 这部分是由新兴经济体群体的复杂性所致，它们有的属于大国（如俄罗斯），有的属于周边国家（如印度），还有的仍

---

[1] ［美］诺厄·费尔德曼，洪漫译：《凉战：全球竞争的未来》，新华出版社2014年版，第1—3页。

[2] "习近平的'新型大国关系'外交战略是这样炼成的"，http://news.163.com/16/0213/09/BFMPV1EM00014AED.html。

属于发展中国家（如南非、巴西与印尼等），还可能与新兴经济体在中国战略利益中的优先次序有关。毕竟，从中国目前实际看，大国与周边国家对于中国的经济利益和安全利益影响更大。如中国与美国的年度贸易额远远超过与其他金砖四国的贸易总和，中国的安全挑战也更多源于美国及周边国家，因此在未来相当长的一段时期内，中国与新兴经济体国家的合作仍然只具有补充地位。但是考虑到新兴经济体的不断崛起之势，中国又应当加强对新兴经济体的关注与重视，从战略视角培育发展与新兴经济体的合作关系，将与新兴经济体的合作作为中国外交拓展的新空间、新内容。正如有学者指出的，可将中国与新兴经济体的合作目标分解为近期、中期和长期目标三类：近期目标是实现"议题"合作，特别是加强在全球性议题上的合作，积极推动全球经济治理体制变革；中期目标则是提升以新兴经济体为代表的非霸权国家阵营在国际治理体系中的地位和作用；长期目标则是在国际战略议题上享有相当的话语权和议题议程设定能力。[①] 一句话，中国与新兴经济体的合作将是一个长期推进的过程，不必寄予过高期望，更不宜操之过急。应当保持战略耐力，持之有恒地攻坚克难，让合作迈向深入。

其次是要加强合作机制建设。中国与新兴经济体国家的全球经济治理合作离不开机制的支撑，这些机制既是双方合作的成果，也是加强未来合作的重要途径。BRICS 和 G20 是新兴经济体合作最为重要的两大机制，可以考虑就完善这两大机制展开研究，提出优化方案，特别是要在如何提升这两大机制的效率上精心考虑，使之可以更好地整合新兴经济体国家的力量。与此同时，新兴经济体还可考虑围绕其他治理议题或功能领域，构建新的合作机制。比如在发展议题、气候议题以及投资和区域贸易议题上，新兴经济体国家可以结合亚投行、"基础四国"以及区域全面伙伴关系协定（RCEP）等机制，展开深入而有效的合作。这些可以成为未来新兴经济体全球经济治理合作的新亮点。

---

① 朱锋："新兴大国的合作机制建设——推动国际制度发展的新动力？"，《当代世界》2010年第11期，第7—10页。

第三是要带头在一些力所能及的治理领域扮演领导或引领角色，积极推动全球经济治理体系的变革，应对非霸权合作中的领导力缺失问题。与霸权合作相比，新兴经济体合作的一个最大劣势是缺少公认的、强有力的领导。新兴经济体国家在实力上的不足和分散状态，严重制约了其推动治理体系创新的能力。随着中国实力的上升及与全球经济治理的利害关系越来越大，中国有能力也有责任站出来，在基础设施、发展或金融领域等议题上发挥引领作用，为全球治理提供公共品。① 目前中国已是全球第二经济大国、第一货物贸易大国及第一出口大国、第三投资大国、最大外汇储备拥有国等，经济实力与影响力显著，国内市场容量巨大，资金实力雄厚，已有能力成为其他国家产品的消费市场与投资资金来源。② 在基础设施领域，中国的基建能力和成就举世瞩目，完全可以在推动全球基础设施建设上发挥核心作用。2016年1月16日，由中国发起的亚洲基础设施投资银行（AIIB）在北京宣布正式成立，该银行拥有57个创始成员国，其中有37个域内国家、20个域外国家，涵盖了除美日等外的主要西方国家，以及亚欧区域的大部分国家，成员遍及五大洲，印证了中国在基础设施领域的影响力。在发展领域，中国2013年提出的"一带一路"倡议，也是当今及未来最有国际影响力的发展规划之一。在金融领域，人民币于2016年10月1日被IMF正式纳入特别提款权（SDR），标志着中国在金融领域的影响力和话语权也得到提升。未来中国还应在推动国际金融监管和货币体系改革上发挥更大作用。

第四是要增强对全球经济治理规范方面的影响力，推动全球经济治理理念的变革。规范或观念对政策结果有着相当程度的影响，③ 这既是由于观念为行为者提供了路线图，明确了目标或目标与手段之间的关系，也是

---

① Gerald Chan, Pak K. Lee and Lai-Ha Chan, *China Engages Global Governance: A New World Order in the making*? London and New York: Routledge, 2012, p.4.

② 邹志强："全球经济治理变革对中国与新兴国家合作的启示"，《世界经济与政治论坛》2014年第4期，第72—84页。

③ [美]朱迪斯·戈尔茨坦、[美]罗伯特·O.基欧汉："观念与外交政策：分析框架"，[美]朱迪斯·戈尔茨坦、[美]罗伯特·O.基欧汉，刘东国、于军译：《观念与外交政策：信念、制度与政治变迁》，北京大学出版社2005年版，第3页。

由于观念影响着战略形势的结果，另外观念还能嵌入到政治制度当中。实际上，全球经济治理体系不仅包含有形的制度框架，同时也包括无形的规范观念。因此，变革全球经济治理体系不能仅注重有形层面，还要重视意识层面。有学者认为，全球经济治理分别经历了内嵌的自由主义、新自由主义主导之后，正处在一个观念竞争的不确定时期。① 按照英国著名政治学家海德伍德（Andrew Heywood）的归纳，目前几种相互竞争的观念模式包括：一是规制自由主义，即以规制克服市场缺陷的自由主义；二是世界自由主义，即一种全新的、充分考虑全球公民社会之意愿的、以世界主义民主为基础的自由主义；三是更具颠覆性的、强调要在全球及国家层面实施大规模的权力与财富再分配的激进治理模式。② 结合新兴经济体的实际看，完全接受或彻底颠覆以市场自由主义为基础的现有模式并不现实，因为前者不符合新兴经济体的利益，而后者则不符合新兴经济体的实力，因此比较可行的举措是渐进推动全球经济治理规范的变革，增强新兴经济体变革全球经济治理体系的认同感和合法性，塑造全球命运共同体这一集体身份，减少各国间的恶性竞争或对抗。中国和一些新兴大国已经强化了一些传统国际规范，并且提出了一些更适应当今国际格局的新规范，未来应当围绕构建一个更加公正合理的国际新秩序这一核心诉求，提出相应的全球治理的规范，使之成为霸权规范之外的竞争性理念。③

第五是要加强与新兴经济体国家的智库与学术界合作，努力开发新的全球经济治理创意与知识。治理知识缺陷（Knowledge Gaps）被一些学者视为全球经济治理问题产生的原因之一，④ 如在全球气候变化的问题上就存在着很多不确定性；在经济发展问题上同样存在着不少知识缺陷，阻碍了有效解决这些问题的努力的发挥；其他的知识缺陷也存在于对复杂的新

---

① 孙伊然："全球经济治理的观念变迁：重建内嵌的自由主义？"，《外交评论》2011 年第 3 期，第 16—32 页。
② Andrew Heywood, *Global Politics*, New York: Palgrave Macmillan, 2011, pp. 475-476.
③ 陈伟光、曾楚宏："新型大国关系与全球治理结构"，《国际经贸探索》2014 年第 3 期，第 94—106 页。
④ 薛澜、俞晗之："新兴经济体发展与全球治理"，《经济体制改革》2015 年第 1 期，第 22 页。

型国际格局缺乏全面的认识。为此，应当大力加强中国与其他新兴经济体国家知识界的交流合作，改变过去发达国家在知识供给上的垄断局面，结合新兴经济体国家的利益和立场，提出新的全球经济治理理念与方案。

总之，全球经济治理体系变得更加公正、公平、合理、有效，既是新兴大国和整个发展中国家的共同目标，也是时代的必然趋势，但仍任重道远，需要中国与新兴大国和发展中国家精诚团结，携手合作，朝着这一目标奋勇前进。

参考文献

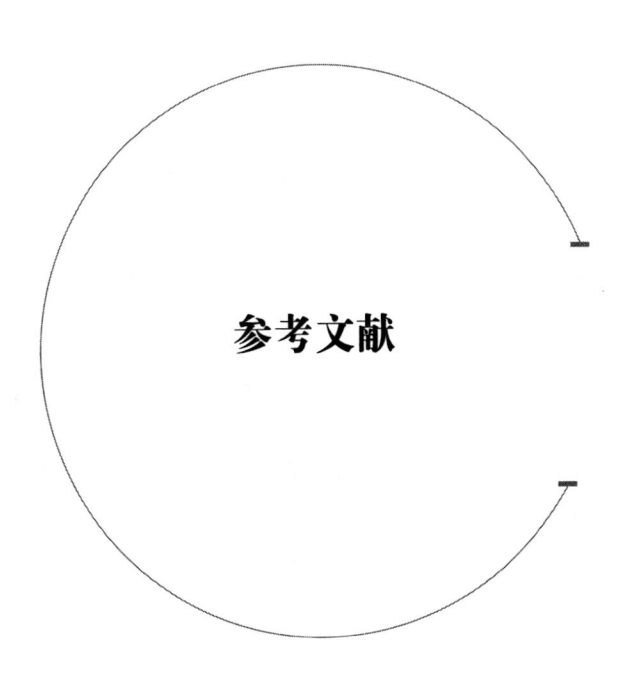

（一）中文著作（含译著）

1. ［加］安德鲁·库珀、阿加诺·安特科维茨，史明涛、马骏等译：《全球治理中的新兴国家：来自海利根达姆进程的经验》，上海人民出版社2009年版。

2. ［加］彼得·哈吉纳尔，朱杰进等译：《八国集团体系与二十国集团：演进、角色与文献》，上海人民出版社2010年版。

3. ［美］奥兰·扬，陈玉刚、薄燕译：《世界事务中的治理》，上海世纪出版社2007年版。

4. ［美］大卫·A.鲍德温，肖欢容译：《新现实主义和新自由主义》，浙江人民出版社2001年版。

5. ［美］戴维·波普诺，李强等译：《社会学》，中国人民大学出版社1999年版。

6. ［英］戴维·赫尔德等，杨雪冬等译：《全球大变革：全球化时代的政治、经济与文化》，社会科学文献出版社2001年版。

7. ［英］戴维·赫尔德、［英］安东尼·麦克格鲁，曹荣湘、龙虎等译：《治理全球化：权力、权威与全球治理》，社会科学文献出版社2004年版。

8. ［美］查尔斯·金德尔伯格，高祖贵译：《世界经济霸权1500—1990》，商务印书馆2003年版。

9. ［美］詹姆斯·多尔蒂、［美］小罗伯特·普法尔茨格拉夫著，阎学通、陈寒溪等译：《争论中的国际关系理论》，世界知识出版社2002年版。

10. ［美］肯尼思·沃尔兹，胡少华、王红缨译：《国际政治理论》，中国人民公安大学出版社1992年版。

11. ［美］罗伯特·吉尔平，杨宇光译：《国际关系政治经济学》，经济科学出版社1989年版。

12. ［美］罗伯特·吉尔平，杨宇光、杨炯译：《全球政治经济学：解读国际经济秩序》，上海人民出版社2003年版。

13. ［美］罗伯特·吉尔平，宋新宁、杜建平译：《世界政治中的战争与变革》，中国人民大学出版社1994年版。

14. ［美］罗伯特·O. 基欧汉，苏长和等译：《霸权之后：世界政治经济中的合作与纷争》，上海人民出版社2001年版。

15. ［美］曼瑟尔·奥尔森著，陈郁等译：《集体行动的逻辑》，上海三联书店、上海人民出版社1995年版。

16. ［美］斯蒂芬·克莱斯勒，李小华译：《结构冲突：第三世界对抗全球自由主义》，浙江人民出版社2001年版。

17. ［美］约瑟夫·奈，张小明译：《理解国际冲突：理论与历史》，上海人民出版社2002年版。

18. ［美］罗伯特·O. 基欧汉、约瑟夫·奈，门洪华译：《权力与相互依赖》，北京大学出版社2002年版。

19. ［美］詹姆斯·罗西瑙，张胜军、刘小林等译：《没有政府的治理》，江西人民出版社2001年版。

20. 陈岳：《国际政治学概论》，中国人民大学出版社2010年版。

21. 樊勇明：《西方国际政治经济学》，上海人民出版社2001年版。

22. 金应忠：《国际关系理论比较研究,》中国社会科学出版社1992年版。

23. 肖欢容：《地区主义理论的历史演进》，中国社会科学院研究生院2002年版。

24. 时殷弘：《战略问题三十篇》，中国人民大学出版社2008年版。

25. 张静：《身份认同研究：观念、态度、理据》，上海人民出版社2005年版。

(二) 中文论文（含译文）

1. 蔡拓："全球治理的中国视角与实践"，《中国社会科学》2004 年第 1 期。

2. 陈承新："国内'全球治理'研究述评"，《政治学研究》2009 年第 1 期。

3. 陈凤英："新兴经济体与 21 世纪国际经济秩序变迁"，《外交评论》2011 年第 3 期。

4. 陈伟光、申丽娟："2014 全球治理和全球经济治理的边界：一个比较分析框架"，《战略决策研究》2014 年第 1 期。

5. ［德］德克·梅斯纳、［德］约翰·汉弗莱："全球治理舞台上的中国和印度"，《世界经济与政治》2006 年第 6 期。

6. ［俄］E. 科尔杜诺娃，汪隽译："金砖国家在全球治理中的作用"，《俄罗斯文艺》2014 年第 1 期。

7. ［俄］谢·卢涅夫、［俄］谢尔盖·伊万诺维奇·卢涅夫，刘锟译："金砖国家的合作潜力与文化文明因素"，《俄罗斯文艺》2014 年第 4 期。

8. ［法］让—彼埃尔·戈丹，陈思译："现代的治理，昨天和今天：借重法国政府政策得以明确的几点认识"，《国际社会科学杂志》1999 年第 2 期。

9. 樊勇明："霸权稳定论的理论与政策"，《现代国际关系》2000 年第 9 期。

10. ［法］弗朗索瓦—格扎维尔·梅理安，肖孝毛译："治理问题与现代福利国家"，《国际社会科学杂志》1999 年第 2 期。

11. 复旦大学新兴市场经济研究中心课题组："新兴经济体当前动荡的原因及中国的应对"，《复旦学报（社会科学版）》2014 年第 6 期。

12. 广东国际战略研究院课题组："中国参与全球经济治理的战略：未来 10—15 年"，《改革》2014 年第 5 期。

13. 韩彩珍、时殷弘："东亚区域合作的瓶颈问题与中国"，《现代国际关系》2014 年第 2 期。

14. ［荷］亨克·奥弗比克，来辉译："作为一个学术概念的全球治理：走向成熟还是衰落？"，《国外理论动态》2013 年第 1 期。

15. ［加］约翰·柯顿，朱杰进译："强化全球治理：八国集团、中国与海利根达姆进程"，《国际观察》2008 年第 4 期。

16. 金灿荣："中国外交须给予中等强国恰当定位"，《国际展望》2010 年第 5 期。

17. 金亨真："西方国际关系理论中新现实主义和新自由主义的国际合作论"，《国际论坛》2004 年第 5 期。

18. 林跃勤："新兴经济体加速崛起与金砖国家赶超发展"，《中共宁波市委党校学报》2011 年第 4 期。

19. 刘宏松："中国在全球治理中的改革倡议：基于 WTO 多哈回合谈判和 G20 进程的分析"，《国际展望》2012 年第 5 期。

20. 刘兴华："印度的全球治理理念"，《南开学报（哲学社会科学版）》2012 年第 6 期。

21. 刘雨辰："韩国的中等强国外交：动因、目标与策略"，《国际论坛》2015 年第 5 期。

22. 卢锋、李远芳、杨业伟："'金砖五国'的合作背景和前景"，《国际政治研究》2011 年第 2 期。

23. 隆国强："新兴大国的竞争力升级战略"，《管理世界》2016 年第 1 期。

24. ［美］马丁·休伊森、［美］蒂莫西·辛克莱，张胜军编译："全球治理理论的兴起"，《马克思主义与现实》2002 年第 1 期。

25. ［美］佩里·安德森，海裔译："霸权之后？——当代世界的权力结构"，《文化纵横》2010 年第 1 期。

26. ［美］罗伯特·O. 基欧汉、［美］约瑟夫·奈："多边合作的俱乐部模式与世界贸易组织：关于民主合法性问题的探讨"，《世界经济与政治》2001 年第 12 期。

27. 庞中英："效果不彰的多边主义和国际领导赤字——兼论中国在国际集体行动中的领导责任"，《世界经济与政治》2010 年第 6 期。

28. 庞中英："1945 年以来的全球经济治理及其教训"，《国际观察》2011 年第 2 期。

29. 庞中英、王瑞平："从战略高度认识金砖国家合作与完善全球经济治理之间的关系"，《当代世界》2013 年第 4 期。

30. 庞中英："全球治理的转型——从世界治理中国到中国治理世界？"《华夏时报》2012 年第 93 期。

31. 庞中英："全球治理的中国角色：复杂但清晰"，《学术前沿》2015 年第 8 期。

32. 庞中英："中国在国际体系中的地位与作用"，《现代国际关系》2006 年第 4 期。

33. 裴长洪："全球经济治理、公共品与中国扩大开放"，《经济研究》2014 年第 3 期。

34. ［日］星野昭吉，刘小林译："全球治理的结构与向度"，《南开学报（哲学社会科学版）》2011 年第 3 期。

35. 孙伊然："全球经济治理的观念变迁：重建内嵌的自由主义？"，《外交评论》2011 年第 3 期。

36. 时殷弘："当代中国的对外战略思想——意识形态、根本战略、当今挑战和中国特性"，《世界经济与政治》2009 年第 9 期。

37. 时殷弘："传统中国经验与当今中国实践：战略调整、战略透支和伟大复兴问题"，《外交评论》2015 年第 6 期。

38. 时殷弘："中国崛起与世界秩序"，《现代国际关系》2014 年第 7 期。

39. 时殷弘："金融大危机与国际大格局"，《现代国际关系》2009 年第 4 期。

40. 时殷弘："中国近期主要对外战略问题——兼谈长期性基本战略机遇"，《战略与管理》2003 年第 6 期。

41. 时殷弘："全球化潮流中的国家—关于国家在当今世界政治中的地位、权能和积极作用的系统论说"，《战略与管理》2002 年第 4 期。

42. 宋德星、时殷弘："印度和平崛起问题及中美印三角关系"，《国际展望》2009 年第 3 期。

43. 石斌："秩序转型、国际分配正义与新兴大国的历史责任"，《世界经济与政治》2010 年第 12 期。

44. 王存刚："关注议题联盟：新兴大国参与全球治理的新方式"，《中国社会科学报》2015 年第 311 期。

45. 王跃生、马相东："全球经济'双循环'与'新南南合作'"，《国际经济评论》2014 年第 2 期。

46. 王珏、陈雯："全球化视角的区域主义与区域一体化理论阐释"，《地理科学进展》2013 年第 7 期。

47. 魏光启："中等国家与全球多边治理"，《太平洋学报》2010 年第 12 期。

48. 薛澜、俞晗之："迈向公共管理范式的全球治理——基于'问题—主体—机制'框架的分析"，《中国社会科学》2015 年第 11 期。

49. ［英］鲍勃·杰索普，漆燕译："治理的兴起及其失败的风险：以经济发展为例的论述"，《国际社会科学杂志》1999 年第 2 期。

50. ［英］戴维·赫尔德，杨娜译："重构全球治理"，《南京大学学报（哲学、人文、社科版）》2011 年第 2 期。

51. ［英］格里·斯托克，华夏风译："作为理论的治理：五个论点"，《国际社会科学杂志》1999 年第 2 期。

52. ［英］玛丽—克劳德·斯莫茨，肖孝毛译："治理在国际关系中的正确运用"，《国际社会科学杂志》1999 年第 2 期。

53. ［英］托马斯·韦斯、［英］罗登·威尔金森，谢来辉译："反思全球治理：复杂性、权威、权力和变革"，《国外理论动态》2015 年第 10 期。

54. ［英］托尼·麦克格鲁，陈家刚编译："走向真正的全球治理"，《马克思主义与现实》2002 年第 1 期。

55. 杨洁勉："新兴大国群体在国际体系转型中的战略选择"，《世界经济与政治》2008 年第 6 期。

56. 俞可平："全球治理引论"，《马克思主义与现实》2002 年第 1 期。

57. 余万里："相互依赖研究评述"，《欧洲研究》2003 年第 4 期。

58. 张宇燕、田丰:"新兴经济体的界定及其在世界经济格局中的地位",《国际经济评论》2010年第4期。

59. 周方银:"金砖合作机制能走多远?对国家博弈过程与利益基础的分析",《学术前沿》2014年第11期。

60. 朱锋:"新兴大国的合作机制建设——推动国际制度发展的新动力?",《当代世界》2010年第11期。

61. 朱杰进:"金砖国家合作机制的转型",《国际观察》2014年第3期。

(三) 英文论著

1. Alexander Wendt, *Social Theory of InternationalPolitics* (Cambridge: Cambridge University Press, 1999.

2. Andrew Heywood, *Global Politics*, Pal-grave Macmillan, 2011.

3. Ba, Alice, and Matthew J. Hoffmann, Eds. *Contending Perspectives on Global Governance: Coherence, Contestation and World Order*, London: Routledge, 2005.

4. Barnett, Michael, and Raymond Duvall, Eds. *Power in Global Governance*, Cambridge, UK: Cambridge University Press, 2005.

5. Barrett, Scott, *Why Cooperate? The Incentive to Supply Global Public Goods*, Oxford: Oxford University Press, 2007.

6. Beausang, F., *Globalization and the BRICs: Why the BRICs will not rule the world for long*, Basingstoke: Palgrave, 2012.

7. Bruce Gilley, Andrew O'Neil, *Middle Powers and the Rise of China*, Georgetown University Press, 2014.

8. Charles. P. Kindleberger, *The World in Depression 1929-1939*, The Penguin Press, 1973.

9. Coyle, Diane, *Governing the Global Economy*, Cambridge, UK: Polity Press, 2000.

10. Commission on Global Governance, *Our Global Neighborhood*, Oxford

University Press, 1995.

11. D. Held, et al. , *Global Transformations: Politics, Economics and Culture*, Stanford University Press, 1999.

12. Duggan, Niall, *BRICS and the Evolution of a New Agenda within Global Governance*, Springer International Publishing, 2015.

13. Duggan, Niall, *The Rise of China within Global Governance. Interpreting China as a Regional and Global Power*, Palgrave Macmillan UK, 2014.

14. Held, David, Anthony McGrew, Eds. , *Governing Globalization*. Cambridge, UK: Polity Press, 2002.

15. James N. Rosenau, Ernst – Otto Czempiel, *Governance without Government: Order and Change in World Politics*, Cambridge University Press, 1992.

16. Kennedy, Paul, and E. N. Luttwak, *The Rise and Fall of the Great Powers*: Unwin Hyman, 1988.

17. Kingah, Stephen, and C. Quiliconi, *Introduction: The BRICS in Global and Regional Governance*, *Global and Regional Leadership of BRICS Countries*, Springer International Publishing, 2016.

18. Marc Lanteigne, *China and International Institutions: Alternate Paths to Global Power*, Routledge, 2005.

19. Martha Finnemore, *National Interests in International Society*, Ithaca, N. Y. : Cornell University Press, 1996.

20. Martin Feldstein, *Economic and Financial Crises in Emerging Market Economies*, The University of Chicago Press, 2003.

21. M Hewson, TJ Sinclair, *Approaches to global governance theory*, State University of New York Press, 1999.

22. Nye, J. S. Jr. , Donahue, J. D. , *Governance in a Globalizing World*. Brookings Institution Press: Washington D. C. , 2000.

23. Peter J. Katzenstein ed. , *The Culture of National Security*, New York: Columbia University Press, 1996.

24. R. Cox, Globalization, *Multilateralism and Democracy, Approaches to World Order*, Cambridge: Cambridge University Press, 1996.

25. Robert O. Keohane, *After Hegemony: Cooperation and Discord in the World Political Economy*, Princeton University Press, 1984.

26. Robert O. Keohane, *International Institutions and State Power*, Boulder: Westview Press, 1989.

27. Samuel P. Huntington, *The Clash of Civilizations and the Remaking of World Order*, Simon & Schuster Inc., 1996.

28. Samuel P. Huntington, *Who Are We? The Challenge of America's National Identity*, New York and London: Simon & Schuster, 2004.

29. Peet, Richard, *Unholy Trinity: The IMF, World Bank and WTO*, London: Zed Books, 2003.

30. Pigman, Geoffrey Allen, *The World Economic Forum: A Multi-Stakeholder Approach to Global Governance*, London: Routledge, 2007.

31. Prakash, Aseem, and Jeffrey A. Hart, Eds., *Globalization and Governance*, London: Routledge, 1999.

32. Weiss, Thomas G., *Global Governance: Why? What? Whither?*, Cambridge, UK: Polity Press, 2013.

（四）英文论文

1. Armijo, Leslie Elliott, "The Brics Countries (Brazil Russa, India, and China) as Aanalytical Category: Mirage or Insight?", *Asian Perspective*, 2007 (31) 4.

2. Blanchard, Jean Marc F., "The Dynamics of China's Accession to the WTO: Counting Sense, Coalitions and Constructs", *Asian Journal of Social Science*, 2013, (4) 1.3 -4.

3. Carlson, Allen R., "China and International Institutions: Alternate Paths to Global Power", *China Journal*, 2005 (57) 1.

4. Christian Thimann, Christian Just, Raymond Ritter, "Strengthening

the Governance of the International Monetary Fund: How a Dual Board Structure Could Raise the Effectiveness and Legitimacy of a Key Global Institution", *Global Governance*, Vol. 15, No. 2 (April – June 2009).

5. C P. Kindleberger, "Dominance and Leadership in the International Economy: Exploitation, Public Goods, and Free Rides", *International Studies Quarterly*, Vol. 25, No. 2, 1981.

6. David A. Lake. Leadership, "Hegemony, and the International Economy: Naked Emperor or Tattered Monarch with Potential?" *International Studies Quarterly*, Vol. 37, No. 4, 1993.

7. Destradi, Sandra, C. Jakobeit, "Global Governance Debates and Dilemmas: Emerging Powers' Perspectives and Roles in Global Trade and Climate Governance", *Strategic Analysis*, 2015 (39) 1.

8. Ferdinand, Peter, Jue Wang, "China and the IMF —From mimicry towards pragmatic international institutional pluralism", *International Affairs*, 2003, 89 (4).

9. Fred Halliday, "Global Governance: Prospects and Problems", *Citizenship Studies*, 2000, volume 4 (1).

10. Fred Halliday, M. Doornbos, " 'Good Governance': The Rise and Decline of a Policy Metaphor?", *Journal of Development Studies* 37. 6 (2001).

11. Gary A. Dymski, "The Global Crisis and The Governance of Power in Finance", *World Review of Political Economy*, Vol. 2, No. 4 (Winter 2011).

12. Hellenier, Eric, and Stefano Pagliari, "The End of an Era in International Financial Regulation? A Post – Crisis Research Agenda", *International Organization*, 2011, 65 (1).

13. H. F. Cheng, M. Gutierrez, A. Mahajan, Y. Shachmurove, M. Shahrokhi, "A future global economy to be built by BRICs", *Global Finance Journal*, 2007 (18) 2.

14. Hou, Zhenbo, Z. Hou, "The BRICS and global governance reform: Can the BRICS provide leadership", *Development*, 2013 (56) 3.

15. James A. Yunker, "Rethinking World Government: A New Approach", *International Journal on World Peace*, Vol. 17, No. 1 (MARCH 2000).

16. James N. Rosenau, "Governance in the Twenty-first Century", *Global Governance*, Vol. 1, No. 1 (Winter 1995).

17. Jonathan Luckhurst, "Building Cooperation between the BRICS and Leading Industrialized States", *Latin American Policy*, Volume 4, Issue 2, December 2013.

18. Kaplinsky, Raphael, Dirk Messner, "The impact of Asian Drivers on the Developing World", *World Development*, 2008, 36 (2).

19. Keohane, Joseph P. Nye, Eds., "Transnational Relations and World Politics", *International Organization*. 1971, 25 (3).

20. Kettl, D. F., "The transformation of governance: globalization, devolution, and the role of government", *Public Administration Review*, 2000, 60 (6).

21. Kingah, Stephen, C. Quiliconi, "Introduction: The BRICS in Global and Regional Governance", *Global and Regional Leadership of BRICS Countries*, *Springer International Publishing*, 2016.

22. Krueger, A., "The rise of the emerging markets", *Law and Business Review of the Americas*, 2012 (118).

23. M. A. Glosny, "China and the BRICs: A real (but Limited) partnership in a unipolar World", *Polity*, 2010 (42) 1.

24. Mark Beeson, Stephen Bell, "The G-20 and International Economic Governance: Hegemony, Collectivism, or Both?", *Global Governance*, Vol. 15, No. 1 (January-March 2009).

25. Mark T. Berger, Heloise Weber, "Beyond State-Building: Global Governance and the Crisis of the Nation-State System in the 21st Century", *Third World Quarterly*, Vol. 27, No. 1, From Nation-Building to State-Building (2006).

26. Matthew D. Stephen, "Rising Regional Powers and International Institutions: The Foreign Policy Orientations of India, Brazil and South Africa", *Global Society*, Volume 26, Issue 3, 2012.

27. M. Zürn, "Global Governance under legitimacy Pressure", *Government and Opposition*, Vol. 39, No. 2, 2004.

28. Ngaire Woods, "Good Governance in International Organizations", *Global Governance*, Vol. 5, No. 1 (Jan. – Mar. 1999).

29. Paul Gilroy, "Diaspora and the Detours of Identity", ed. Kathryn Wood – ward, *Identity and Difference*, London: Sage Publications and Open University, 1997.

30. Paul Gil Adriana, Erthal Abdenur, "China and the BRICS Development Bank: Legitimacy and Multilateralism in South – South Cooperation", *Ids Bulletin*, Volume 45, Issue 4, July 2014.

31. Richard A. Higgott, Helen E. S. Nesadurai, "Rethinking the Southeast Asian Development Model: Bringing Ethical and Governance Questions", *ASEAN Economic Bulletin*, Vol. 19, No. 1, April 2002.

32. Robert Howse, Multilateralism and Diversity, "Rethinking the Structure of WTO Agreements, Proceedings of the Annual Meeting", *American Society of International Law*, Vol. 103 (March 25 – 28, 2009).

33. Robert Keohane, "Governance in a Partially Globalized World", *American Political Science Review*, Vol. 95, No. 1, March, 2001.

34. Stefan A. Schirm, "Leaders in Need of Followers: Emerging Powers in Global Governance", *European Journal of International Relations*, 2010, 16 (16).

35. Stephan Keukeleire, Bas Hooijmaaijers, "The BRICS and Other Emerging Power Alliances and Multilateral Organizations in the Asia – Pacific and the Global South: Challenges for the European Union and Its View on Multilateralism", *Journal of Common Market Studies*, Volume 52, Issue 3, May 2014.

36. Steven Bernstein, Benjamin Cashore, "Complex Global Governance

and Domestic Policies: four pathways of influence", *International affairs*, Vol. 88, Issue 3, 2012.

37. Thomas G. Weiss, Rorden Wilkinson, "Rethinking Global Governance? Complexity, Authority, Power, Change", *International Studies Quarterly*, Volume 58, Issue 1, March 2014.

38. Timothy M. Shaw, Andrew F. Cooper, Agata Antkiewicz, "Global and/Or Regional Development at the Start of the 21st Century? China, India and (South) Africa", *Third World Quarterly*, Vol. 28, No. 7 (2007).

39. Oran Young, "Political Leadership and Regime Formation: On the Development of Institutions in International Society", *International Organization*. Vol. 45, No. 3, 1991.

40. Weaver, Catherine, "The Rise of China: Continuity or Change in the Global Governance of Development?" *Ethics & International Affairs*, 2015 (29) 4.

41. Werlin, H. H., "Poor nations, rich nations: a theory of governance", *Public Administration Review*, 2003, 63 (3).

42. Weiss, T. G., "Governance, good governance and global governance: Conceptual and actual challenges", *Third World Quarterly*, 2000 (21), 5.

43. Zaki Laidi, "BRICS: Sovereignty Power and Weakness", *International Politics*, Vol. 49, No. 5, 2012.

致 谢

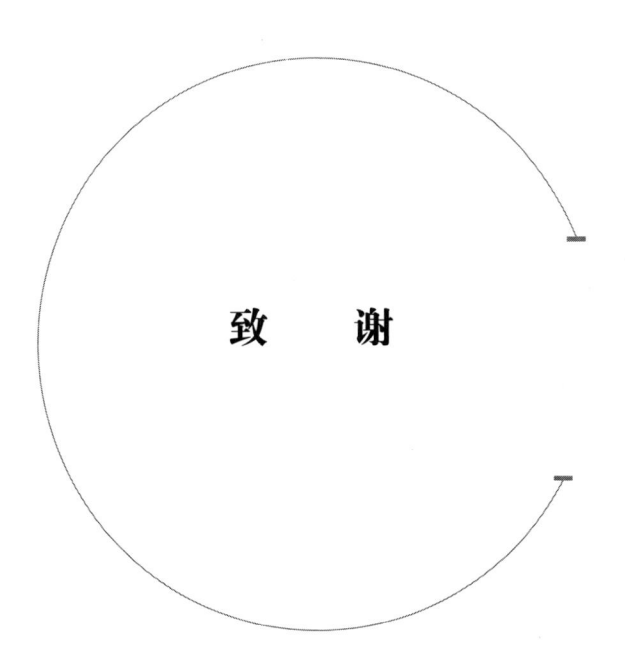

本书系在我的博士论文基础上修改而成，在此，特别感谢我的导师时殷弘先生的精心指导，感谢中国人民大学国际关系学院各位领导、老师和同学的帮助支持，感谢关心我学业的亲友，感谢全力支持我的家人。

张 立

2018 年 6 月

图书在版编目（CIP）数据

全球经济治理中的新兴经济体合作／张立著 . —北京：时事出版社，2018.7
ISBN 978-7-5195-0245-4

Ⅰ . ①全… Ⅱ . ①张… Ⅲ . ①世界经济—研究
Ⅳ . ①F11

中国版本图书馆 CIP 数据核字（2018）第 125667 号

出 版 发 行：时事出版社
地　　　　址：北京市海淀区万寿寺甲 2 号
邮　　　　编：100081
发 行 热 线：（010）88547590　88547591
读者服务部：（010）88547595
传　　　　真：（010）88547592
电 子 邮 箱：shishichubanshe@ sina. com
网　　　　址：www. shishishe. com
印　　　　刷：北京朝阳印刷厂有限责任公司

开本：787×1092　1/16　印张：15.25　字数：250 千字
2018 年 7 月第 1 版　2018 年 7 月第 1 次印刷
定价：95.00 元
（如有印装质量问题，请与本社发行部联系调换）